한국어 관형사와 중국어 대응어 대조 연구

한국어학총서

한국어 관형사와 중국어 대응어
대조 연구

주 위

푸른사상
PRUNSASANG

한국의 국력 신장과 함께 한국어에 대한 관심이 높아지고 있다. 특히 이웃 나라인 중국에서 한국어를 외국어로서 학습하고자 하는 학습자 수가 급격히 늘었다. 그러나 한국어를 갓 배우기 시작한 학생들로부터 한국어 관형사가 어렵다는 말을 자주 들어 왔다. 따라서 저자가 몇 년 전부터 한국어 관형사에 대하여 관심을 가져 왔다. 이 연구는 원래 학위 논문으로 제출되었던 것이지만, 한국어 교육에 종사하는 사람들을 대상으로 하는 관형사 개론서가 필요하다는 판단에서 이 책을 구상하고 계획하였다.

이 책은 모두 6장으로 구성되었다. 책의 도입부인 1장과 2장은 한국어 관형사에 대한 전반적인 소개와 쟁점을 제시하였다. 3장은 한국어 관형사에 대하여 계량적 분석 방법으로 살펴봤다. 4장은 관형사의 세부 유형별로 대응 양상을 분석하였다. 5장은 한국어 관형사의 중국어 대응 양상을 토대로 함의 관계를 제시하였다. 6장은 본 연구의 결론을 제시하며 앞으로 개선할 방향에 대하여 제안했다.

막상 원고를 끝내고 보니 느낌이 남다르다. 이루어진 것보다는 남은 것이 크고 높은 것을 느끼게 된다. 다만 이 책이 앞으로의 한국어 관형사 연구에 한 디딤돌이 되었으면 한다. 이 한 권의 책이 한국어 교육에 종사하는 사람들, 한국어 연구에 대하여 관심을 갖는 사람들에게 조금이나마 도움이 될 수 있기를 바란다. 한국어 교육 현장에 있는 많은 교사들에게 한국어 관형사 교수를 위한 하나의 참고서가 될 것이라고 본다.

이 책이 나오기 전까지 많은 분들로부터 귀중한 도움을 받았다. 이 책은 각종 도표와 그림이 많아서 책을 편집하는 데 많은 어려움이 있었을 것이다. 그럼에도 불구하고 출판을 흔쾌히 맡아 주신 푸른사상사 관계자 분들께 깊은 감사의 뜻을 표한다. 앞으로 이 책이 더욱 발전된 모습으로 다시 태어나기를 기대한다.

2019년 4월
저자

제3장 한국어 관형사의 통합 관계

제4장 한국어 관형사와 중국어 대응어의 대조

제5장 한국어 관형사와 중국어 대응어의 대조 결과

제6장 결론

서 론

제1장 서론

1. 한국어 관형사 연구의 필요성

본 연구는 한국어 관형사와 중국어의 대응 양상을 밝히고, 한국어 관형사 수식 명사구와 중국어 대응 표현 간의 구조적 차이를 고찰하여 이들 간의 언어 유형론적 경향성을 모색하는 것을 목적으로 한다.

한국어와 중국어는 각각의 고유한 문장 구조를 가지고 있기 때문에 품사의 종류도 각기 다르다. 그간 한중 품사별 대조 연구는 간혹 있어 왔으나, 관형사를 다룬 연구가 거의 없다. 하지만 언어학 연구의 기타 분야와 마찬가지로 관형사에 관한 연구도 다른 언어의 연구 결과를 참고하고 유형적으로 대조·고찰하는 것이 필요할 것이다. 일반적으로 중국어는 한장어족(漢藏語族, Sino-Tibetan Family)에 속하고 한국어는 알타이어족(Altai語族)에 속하는 것으로 알려져 있다. 한국어와 중국어는 비록 언어의 계통이 다르고 교착어와 고립어라는 언어 유형론적인 차이가 존재하는 반면, 언어에서 공통된 요소를 많이 가지고 있다. 이러한 특성은 관형사와 중국어의 대응 양상에도 드러난다. 관형사는 서구 문법에 없는 한국어만의 특징을 갖고 있는 독립품사이며, 한국어 관형사는 다른 품사에 비하여 어휘수가 적다. 그럼에도 불구하고 독립

된 품사의 대접을 받는 것은 형태 및 기능상의 특수성으로 인해 품사
적 독립성이 인정되기 때문이다.

   (1) 가. 이 집

        나. 한 사람

        다. 새 옷

   (1′) 가. 這(個)房子[1]

        나. 一個人

        다. 新衣服

   (1가, 나, 다)의 '이', '한', '새'는 한국어 관형사이다. (1)의 '이'는 발
화 현장이나 문장 밖에 존재하는 사람이나 사물을 가리키는 지시관형
사로서 후행 명사 '집'을 수식하고 '한'은 사람이나 사물의 수량을 나
타내는 수관형사로서 후행 명사 '사람'을 수식하며, '새'는 꾸밈을 받
는 명사의 성질이나 상태를 실질적으로 제한하는 성상관형사로서 후행
명사 '옷'을 한정·수식한다. 이들은 (1′가, 나, 다)의 지시대사 '這', 수
사 '一', 형용사 '新'과 대응된다. 그러나 리우완잉(2017)에서는 성상관
형사 '새'의 경우 중국어 형용사 '新'을 통해 설명되고 있지만 중국어
의 '新'은 중한사전에서 '새롭다'를 통해서만 제시되고 관형사 '새'는
해석에서 빠져 있는 것이 일반적이라고 지적했다. 이렇듯 한국어와 중
국어의 관형사의 양상은 매우 상이하기 때문에 이중 언어 사전을 이용

---

[1] 본 논문에 쓰인 한국어 예문은 『표준국어대사전web version』과 '연세 문어 균형
   말뭉치(20151210버전)'에서 추출한 것이며, 한국어 관형사 수식 명사구의 중국어
   대응 표현은 필자에 의해서 번역한 것임을 밝혀 둔다. 그러나 연구의 객관성 및
   정확성을 확보하기 위하여 관형사의 중국어 대응어는 『現代韓中中韓詞典』을 참
   고하였다.

하여, 단순 대역을 기반으로 학습하는 한국어 학습자들에게는 한국어 관형사의 이해와 산출에 있어서 어려움을 겪을 수 있다.

관형사와 같은 한국어 고유한 품사에 대한 교육에 있어서 학습자들에게 도움이 될 수 있도록 실제적인 연구가 필요하다. 중국 학습자에게는 한국어의 관형사가 낯선 품사이므로, 관형사라는 범주에 있어서 모국어의 긍정적 전이를 받기 어렵다. 따라서 목표어인 한국어의 관형사의 특성을 면밀하게 분석하는 작업이 선행되어야 하며, 이에 대응하는 중국어의 양상을 분석하는 일이 중요하다.

한국어 관형사와 중국어 대응어 간 차이는 오류로 이어지는데, 강현화(2017)에서 문어 자료를 바탕으로 제시한 '중국어권 학습자의 오류 위치별 분석' 결과를 살펴보면 관형사 분야에서 전체 학습자의 161개 오류 빈도에 비해 중국인 학습자가 범하는 오류 빈도는 72개로 달하므로 44.72%를 차지하고 있다.

이러한 관형사와 중국어의 대응 양상에 대하여 일부 선행 연구에서도 다루어진 바 있지만 개별 특성에 초점을 맞추었을 뿐 말뭉치 자료를 토대로 한 대조 연구가 아직 없다. 따라서 본 연구는 말뭉치에 기반하여 한국어 관형사와 중국어의 대응 양상을 분석하고, 이를 기반으로 대응 양상을 대조 분석할 것이다. 한·중 말뭉치 자료를 토대로 대조언어학의 관점에서 관형사와 중국어 대응어를 대조·분석함으로써 중국인 학습자들에게 관형사를 정확하게 이해시키고 나아가 능통하게 사용하도록 도움을 주고자 한다. 언어 교육에서는 모국어 화자들의 실제 사용 양상에 주목할 필요가 있는데 관형사에 대한 교육도 마찬가지다. 그러나 관형사가 중국어와의 대응 양상에 대한 기존 연구들은 연역적 연구가 거의 대부분이며 말뭉치를 기반으로 한 실증적인 대조 연구가 부족하다. 말뭉치언어학의 발달로 실제 언어 자료에 대한 분석을 기본으로 하는 실증적 연구가 주목받게 되었다. 말뭉치 기반 연구는 실제 언어 사용 양상을 직접적이고 전반적으로 관찰할 수 있다는 장점을 가지고 있다. 따라서 본 연구에서는 직관에 의존한 연구 한계를 보완하기 위하여 말뭉치의 용례를 통하여 관형사가 대응하는 중국어 양상을 제대로 파악하고자 한다.

본고는 한국어 관형사를 세부 유형에 따라 중국어와 대조 분석하고자 한다. 구체적으로 지시관형사, 수관형사, 성상관형사가 각각 관형어로서 후행 체언과 어떤 결합 양상을 보이는지, 중국어와의 대응 양상이 무엇인지에 대하여 살펴볼 것이다. 대조 결과를 토대로 기존 연구에서 밝히지 못한 공통점과 차이점을 찾아내고 이들의 어순적, 구조적 경향성을 찾기로 하겠다. 아울러 말뭉치를 기반으로, 관형사와 중국어의 대응 양상, 후행 요소의 분포 양상, 공기 양상 등을 파악하여 한국어 교육에 활용할 수 있는 기초 자료를 구축하고자 한다.

2. 한국어 관형사와 중국어 대응어의 선정

본 논문은 한국어 관형사와 중국어 대응어를 연구 대상으로 삼고 그들의 쓰임과 사용 양상을 살피고자 한다. 우선 대조 연구의 출발 언어인 한국어 관형사의 범위를 한정한다. 한국어 관형사는 명사, 수사, 동사, 형용사 등의 단어가 재구조화하여 관형사의 범주에 들어온 것이 많으므로 그 기준과 유형을 결정하는 것이 쉽지 않다.2) 또한 논의에

---

2) 유창돈(1965)은 현대 한국어에서 고유한 품사로 인정받는 관형사는 존재하지 않았고 다른 품사들이 전용되어 관형사적 기능을 했다고 본다. 즉, 체언, 용언 등의 다른 품사들이 체언 앞에 놓이며 한정어의 구실을 하게 되었고 오랜 세월을 거쳐

따라 관형사 목록은 큰 차이를 보이며 각종 사전류의 관형사 목록도 다르다. 『표준국어대사전web version』3)에 관형사로 처리되어 있는 관형사의 수는 1,743개이다. 『연세한국어사전』4), 『우리말큰사전』, 『금성국어대사전』 등 기타 사전 및 각종 문법서에서 제시된 관형사도 함께 참고한다. 직관에 의해 관형사를 판단하기가 어려우므로 관형사 목록을 전부 제시하는 데 한계가 있다. 『표준w』은 표준어를 비롯하여 북한어5), 방언, 옛말이 두루 수록되었으며 흔히 쓰는 비표준어도 수록되었다. 또한 일반어뿐만 아니라 전문어, 고유명사도 수록되었다. 『표준w』에서 수록된 관형사는 논란의 중심에 있는 '－적'류 관형사 외에 옛말 관형사와 방언 관형사도 함께 포함되어 있다. 본 연구는 '－적'류 관형사, 옛말 관형사, 방언 관형사를 제외한 나머지 331개의 관형사를 연구 대상으로 한다. 제3장과 제4장에서는 고빈도 관형사를 연구대상

관형사로 고정화하게 된 것이 오늘의 관형사란 품사이다.

3) 『표준국어대사전』은 국립국어원에서 1999년에 편찬한 이후 2008년 10월부터 현재까지 국립국어원 홈페이지(http://stdweb2.korean.go.kr/main.jsp)에서 공개되고 있다. 본 연구에서는 살피는 『표준국어대사전(web version)』은 2008년에 국립국어원에서 개정한 『표준국어대사전』을 바탕으로 하는데 이후 웹버전에서 여러 차례 수정 보완이 이루어지고 있기 때문에 1999년에 편찬한 『표준국어대사전』 및 2008년에 개정한 『표준국어대사전』과는 그 내용이 조금 다르다. 이하에서 『표준국어대사전(web version)』을 『표준w』로 약칭한다.

4) 『연세한국어사전』은 연세대학교 언어정보연구원에서 1998년 10월 1일에 편찬한 이후2008년 1월10일 출간하여 현재까지 홈페이지(http://yonseidic.drd.kr/yonseidic/)에서 공개되고 있다. 『연세한국어사전』은 1960년 이후에 사용된 한국말과 글을 4300만 어절의 말뭉치(18만 쪽에 해당)로 구축되고 여기에 나타나는 어휘의 사용빈도에 근거하여 5만여 개의 표제어를 뽑았고 예문도 이를 바탕으로 하여 생생한 한국말의 모습을 그대로 보여 주고 있는 사전이다.

5) 북한어는 『조선말대사전』(1992)에 수록된 단어 가운데 남한에서 쓰임이 확인되지 않은 단어와 어문 규정의 차이로 달리 표기하는 단어를 편찬 원칙에 따라 선정하여 수록되었다. 남한에서 쓰는 단어라도 북한에서만 쓰는 용법이 있다면 북한어 뜻풀이를 덧붙였다.

으로 선정하되 전반적 중국어 대응 양상을 파악하기 위해 '지지난', '왼, 오른', '여느', '맨', '대모한' 등 저빈도 관형사도 함께 고찰할 것이다. 본 연구에서 품사 정보를 상세히 제시하고 있는 『표준w』에서 '「관형사」'로 표시한 단어들을 추출하여 검토함으로써 목록을 제시한다. 목록은 〈부록 1〉과 〈부록 2〉를 참고할 수 있다. 또한 사용한 용례는 『표준w』의 사전적 용례와 '연세 문어 균형 말뭉치'에서 추출한 것들이다. 이 말뭉치는 균형 말뭉치로서 관형사의 다양한 쓰임을 확인할 수 있는 언어 자료가 될 것이다.

또한 대조 연구의 목표 언어인 중국어를 이차적 연구 대상으로 삼는다. 한국어 관형사의 중국어 대응 표현을 고찰할 때 『現代韓中中韓詞典』을 참고하였다. 한국어 관형사의 중국어 대응어는 품사적으로 지시대사, 의문대사, 특수대사, 수사, 형용사, 명사, 구별사, 부사 등이 있는데 이러한 품사 정보는 『現代漢語詞典』(第六版)의 뜻풀이 정보를 참고하였다. 그 이유는 첫째, 『現代漢語詞典』은 일종의 공인된 사전의 성격을 지니고 있으며, 그 편찬 목적이 현대 표준 중국어의 어휘 항목을 확정 짓는 데 있었기 때문에 현대 중국어에서 사용되고 있는 표준 어휘들을 살펴볼 수 있는 좋은 자료라 할 수 있다. 또한 『現代漢語詞典』(第六版)은 표제자와 표제어에 품사 표시를 상세히 하였다. 둘째, 문법서와 사전류에서 제시한 구별사 목록의 차이가 크고 학자들의 의견이 분분하여 그 목록을 제시하는 데 어려움을 겪고 있다. 따라서 본 연구에서는 『現代漢語詞典』(第六版)에 수록된 구별사를 참고하였다.6)

---

6) 『現代漢語詞典』(第六版)에 등재된 속성사(屬性詞)는 구별사에 해당한다. 제2장에서 자세히 논의하겠지만 학계에서 區別詞, 屬性詞, 非謂形容詞 등 다양한 명칭을 사용하고 있다.

본 연구에서 제시한 표제어 및 용례 등은 말뭉치 용례 외에 『표준w』, 〈연세w〉, 『現代漢語詞典』(第六版), 『現代漢語八百詞』(2005) 등을 참고하였다.

3. 대조언어학과 말뭉치언어학

Johansson & Hofland(1994 : 25)는 대조언어학은 이론언어학과 응용언어학의 양면성을 지니며 이론적 언어학으로서 두 개 혹은 두 개 이상의 개별 언어를 대조·분석하여 언어학의 제차원에서 개별 언어들의 차이점과 유사점을 총괄적으로 기술하고 언어적 보편 요소를 규명하는 것은 이론적 측면의 대조 분석의 목적이고, 외국어 교육의 과학화와 효율성을 추구하는 가운데 간섭 효과를 최소화하고자 하는 것은 응용언어학 측면의 대조 연구의 목적이라고 하였다.

대조언어학과 언어유형론의 유연관계[7]를 살펴보도록 하겠다. 허웅·김선정(2013)은 언어유형론(Linguistic Typology)은 공시적인 시각에서 세계의 많은 언어들을 대상으로 조사하여 그들의 공통적인 특징을 파악하고 이를 바탕으로 유형을 분류하는 것을 말한다고 하였다. 역사적

---

7) 김기석(2016)에서 대조연구는 언어유형론으로 흐르는 경향이 있다고 지적하였다. 許余龍(2008)에서는 '언어의 공통성, 유형과 대조 연구는 분공과 중점이 다르지만 공동한 목표를 위한 연구'라고 인정하고 있다. 沈家煊(2009)에서는 '개별 언어의 특징과 인류언어의 공통성은 동전의 양면과 같다. 공통성은 차이성에 내포되어 있고 차이성은 공통성의 구체적 표현이다'라고 주장하면서 대조연구에서 시야가 넓을수록 보다 보편성이 있는 언어 규칙을 도출해 낼 수 있다고 하였다. 언어 유형론이 곧바로 이 넓은 시야를 제공한다는 것이다'라고 하였다. 石綿敏雄·高田誠(오미영 역, 2007)은 역사적인 유연관계를 고려하지 않는다는 점에서는 대조언어학과 언어유형론은 비슷하다고 할 수 있지만 유형론이 유형의 보편성을 추구하는데 비해, 대조 연구는 언어의 개별성을 추구하고 각각의 공통점과 차이점을 비롯한 구체적인 사실을 중시한다는 점에서 약간 방향을 달리한다고 한다.

인 유연관계를 고려하지 않는다는 점에서는 대조언어학과 비슷하다고 할 수 있지만 유형론이 유형의 보편성을 추구하는 데 비해 대조 연구는 언어의 개별성을 추구하고 각각의 공통점과 차이점을 비롯한 구체적인 사실을 중시한다는 점에서 약간 방향을 달리한다고 하겠다(石綿敏雄・高田誠 2007 : 14). 이러한 특징으로 인해 유형론은 동시에 많은 언어들을 연구의 대상으로 삼지만 대조언어학은 소수의 언어를 대상으로 한다. 유형론은 대조언어학과 마찬가지로 언어의 계통과 관계없이 연구될 수 있는데 해당 언어의 특성을 단순히 파악하거나 분류하는 데에서 끝나는 것이 아니라 궁극적으로 언어의 특성을 일반화하여 자연 언어가 가지는 보편적인 특성을 탐구하는 데 그 목적을 둔다.

대조언어학은 대조의 대상이 되는 언어에서 대응하는 부분을 찾아 공통점(similarities)과 차이점(differences)을 분석하는 학문이다. 따라서 대조언어학적 분석을 위해서는 다음과 같은 방법으로 접근해야 한다.

첫째, 대조 분석은 두 언어의 서로 대응하는 부분에 대해 행해지는 것이므로 분석을 시작할 때는 우선 무엇과 무엇이 서로 대응하는 요소인가 하는 점을 명확히 밝혀야 한다. 즉 무엇과 무엇, 어느 부분과 어느 부분이 등가(equivalent)인가 하는 점을 명확히 해야 한다.

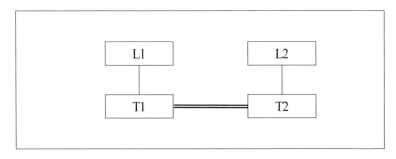

〈그림 1〉 대조분석의 등가성

서로 다른 두 언어의 언어기호를 L1과 L2로 가정했을 때 L1과 L2의 형식이 전혀 달라도 각각의 내용인 T1과 T2가 서로 같으면 L1과 L2는 서로 대응하는 언어기호라고 할 수 있다. 이때 L1과 L2는 형태가 다르지만 같은 내용을 나타내는 두 개의 등가의 형식이라고 생각할 수 있다. 바꿔 말하면 직접적으로는 비교할 수 없는 두 형식이 'T1=T3'라는 제3의 항을 매개로 하여 두 사이의 등가 관계가 나타난다. 논리학이나 수학에서 직접 등가임을 나타낼 수 없는 두 항 A, B에 대해 C를 매개로 A=C와 B=C임을 보임으로써 A=B를 증명할 수 있다. 이때 사이에 있는 C를 '비교 제3항(tertium comparationis)'이라고 부르는데 위의 그림에서 보면 'T1=T2'가 이 '비교 제3항'에 해당하는 것이다. 형식은 형태로서 밖으로 드러나는 것이지만 내용은 드러나지 않는다.

'등가'라고 하는 것은 그 표현이 지시하는 것, 즉 지시물(referent)이 서로 대응하고 또한 그것을 지시하는 문장의 의미, 즉 지시(reference)에 상응하는 부분이 가능한 한 서로 대응하는 두 개의 표현, 나아가서는 커뮤니케이션상의 작용이 서로 대응하는 두 표현 사이에 성립하는 사항이 될 것이다. '비교 제3항'을 통해 언어 간의 공통된 기반을 찾을 수 있다. '비교의 제3항'은 일반적으로 모든 언어, 혹은 대조하고자 하는 언어 내 공통으로 존재하는 언어 속성이어야 한다. 예를 들어 언어는 음운, 어휘, 문법 등 요소를 포함할 수 있는데 음운은 다시 모음과 자음으로 나눌 수 있다. 이와 같은 것은 모든 언어의 특성으로 볼 수 있고 이러한 언어의 특성을 '비교 제3항'으로 응용할 수 있다. 그러나 언어의 형태가 다르지만 같은 의미를 나타내는 경우도 있을 수 있다. 여기서 말하는 의미는 문장이나 어휘가 나타내는 지시물, 그리고 이들 표현을 지니는 언어 행동적 기능을 모두 포함해야 한다. 따라서 형태나 사용 양상이 달라서 직접적으로 비교할 수 없지만 '번역 대등 (translation euivalence)'을 '비교 제3항'으로 보고 대조 연구를 진행하게 된다. 결국 '등가'라는 것은 지시물이 서로 대응하는 동시에 지시에 해당하는 부분이 가능한 한 서로 대응되는 것을 말하며 나아가서는 의사소통의 기능이 서로 대응할 수 있는 것을 의미한다.

둘째, 대조의 대상이 되는 언어의 공통점과 차이점을 파악하는 일도 중요하지만 언어의 일반적 특징, 즉 보편성(Language Universals)도 함께 고려해 보아야 한다. 대조연구에서 두 언어 사이의 차이점을 제시하지만 그 차이점이라는 것은 공통점의 바탕 안에서 찾을 수 있다. 차이점을 제시하기 전 우선적으로 검토되어야 하는 것이 두 언어 사이의 공통점이라는 것이다. 이 공통분모는 두 언어 사이의 우연적인 공통점이 될 수 있고 범언어적인 보편성이 될 수도 있다. 제2언어를 교육하는 데 있어 두 언어 사이의 공통분모, 나아가 범언어적 보편성은 아주 중요하게 고려해야 할 사항이다(이화진 2011).

셋째, 두 개 또는 그 이상의 언어를 대조할 경우 무슨 언어를 무슨 언어에 대조할지 일관성 있는 방향이 유지되어야 한다. 다시 말해 한·중 대조는 한국어가 중국어와 다른 점을 중심으로 연구하는 것이고 중·한 대조는 중국어가 한국어와 다른 점을 연구하는 것이다. 한·중 대조는 한국어가 중국어와 어느 면에서 어떻게 다른지를 연구하기 위한 것이므로 일관성 있게 한국어를 중심으로 중국어를 보는 시각을 유지해야 한다. 그래야만 대조언어학의 초점이 분산되지 않고 일관성이 유지된다.

강현화 외(2003)는 대조 분석 시 반드시 기준 언어를 설정해야 한다고 하였다. 보통 기준 언어는 학습자의 모국어가 되며 대비되는 언어는 학습자의 목표 언어가 된다. 하지만 완전한 대조 분석을 위해서는 반대의 경우, 즉 학습자의 목표 언어가 기준 언어가 되고 학습자의 모국어가 대조할 언어가 되는 대조 분석도 함께 이루어져야 한다. 대조의 결과를 설명하는 메타언어는 분석자의 모국어로 설정하는 것이 보통이며 대조의 빈칸을 설명하기 위해 기준 언어를 바꾸는 것은 잘못이다. 하지만 실제 대조 분석을 수행할 때 해당 자료가 어느 유형에 속하는가를 판단하기 어려운 경우가 많으며 보통 어휘적 대응 관계에서는 분석이 용이하나 음운, 통사, 화용 등 기타 영역에까지 일관성 있는 대조 분석하기란 쉬운 일이 아니다.

대조 분석을 본격적으로 진행하기 전에 대조 분석의 '방향성 (directionality)'을 정하는 것은 매우 중요한 절차 중의 하나이다. 王菊泉 (2011 : 24)에 의하면 일반적인 대조 연구는 아래 그림에서 보는 바와 같이 두 개의 언어만 다루기 때문에 '양측 방법'과 '편측 방법'으로 나눌 수 있다.8)

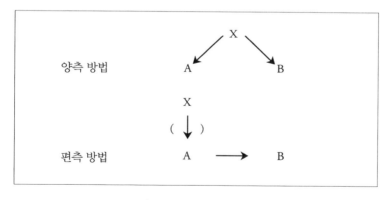

〈그림 2〉 대조 분석의 방향성9)

---

8) YI CHAO(2015)에서 재인용.

양측 방법10)은 언어, 혹은 대조하고자 하는 'A'와 'B' 언어의 보편적 특성 'X'에서 출발하여 'X'와 대응할 수 있는 'A'와 'B'의 표현 형식을 비교하는 것이다. 그리고 편측 방법은 언어 'A'에서 출발하여 연구 대상으로 된 'A'의 '지시'가 'B'에서 어떤 등가를 실현하는지를 밝히는 것이다. 이때 'A'는 '출발 언어'라고 할 수 있고 'B'는 '목표 언어'라고 할 수 있다. 편측 방법에서는 출발어의 언어 현상에서 출발하였다고 하지만 실제로 언어의 공통적 속성인 'X'에서 출발했다고 할 수 있다. 이를 테면 한국어 격조사 '-가/이'를 중국어와 대조할 때 중국어가 고립어이며 격조사와 같은 언어 현상이 없기 때문에 대조할 수 없는 것 같지만 '무표지'나 다른 언어 표현을 찾아서 대응시킬 수 있다. 따라서 다시 정리해 보면 편측 방법은 'X'라는 현상이 출발 언어에서는 'a, b, c…' 등 몇 가지 형식으로 다양하게 나타나는데 출발어의 이 몇 가지 의미는 목표 언어와 부분적으로 같거나 서로 다른 형태로

---

9) 王菊泉(2004)의 대조분석 방향에 대한 도해를 참고하여 다시 그려서 인용함.

10) 황은하(2016)에 따르면 여기서 연구 방향에 따라 단방향 대조 분석과 쌍방향 대조 분석으로 나눌 수 있다. 쌍방향 대조 분석은 특정한 언어 단위나 현상이 대조 분석 대상 두 언어에서 각각 어떻게 실현되는지를 기술하여 언어 간 공통점과 차이점을 밝히는 것을 목적으로 한다. 단방향 대조분석은 연구 대상 언어 중 하나를 출발 언어로 삼고 그 언어의 특정 언어 단위나 현상이 목표 언어에서 어떻게 대응이 되는지, 즉 대응 양상을 밝히는 연구를 수행한다. 이와 같은 단방향 대조 분석에 대해 한국 내 언어학계에서는 '대응(correspondence)연구'라는 용어를 사용하기도 한다. 최근 한국어와 외국어 간의 대조 연구에서 말뭉치를 토대로 한 연구가 꾸준히 늘고 있다. 대조 연구가 병렬말뭉치를 도입함으로써 언어의 대응 양상을 보다 객관적으로 관찰할 수 있게 되었고 비교말뭉치의 도입으로 언어 간 공통점과 차이점에 관해서도 의미 있는 연구 결과를 내놓고 있음을 확인할 수 있다. 또한 대조 연구는 그 방법에 따라 단방향 대조 연구와 쌍방향 대조 연구로 나뉘지만 서로 완전히 분리되거나 독립적인 것은 아니다. 단방향 대조 연구를 통해 대응 형태(correspondence), 나아가 대조 연구의 출발점이 되는 등가(equivalent)를 확인하고 검증한 후 등가 단위 간의 공통점과 차이점을 밝히기 위해 쌍방향 대조 연구를 수행하는 것이 바람직하다고 지적하였다.

될 수도 있다는 것이다.

대조 분석 연구에서는 양측 방법과 편측 방법 모두 유용하게 사용이 된다. 그러나 일반적으로 편측 방법은 외국어 교육의 목적으로 많이 사용된다. 외국어 교육을 목적으로 한 대조 연구를 할 때 편측 방법을 취하면 방향성을 정하는 것이 중요하다. 이를테면 한국어와 중국어의 대조 연구를 할 때 한·중 대조도 될 수도 있고 중·한 대조도될 수 있기 때문에 기준 언어를 어떤 언어로 세우는가에 따라 연구 결과가 달라진다. 대조 분석의 기준 언어를 일단 설정하게 되면 대조의 방향성을 지켜야 되며 대조의 빈칸을 설명하기 위해 기준 언어를 바꾸는 등 그 방향성을 지키지 않을 경우 연구 결과가 잘못될 수 있다.

대조 분석 연구를 할 때 언어 자료도 간과할 수 없는 부분이다. 대조 연구의 언어 자료는 대체적으로 말뭉치 기반(corpus-based) 자료와 직관적(intuition-based) 자료로 나눌 수 있다. 말뭉치 기반 자료는 언어의 실제적 사용 양상을 반영할 수 있으나 이와 달리 직관적 자료는 연구자가 모국어일 경우 직관을 통해 언어를 판단할 수 있으며, 설문 조사 등의 방법으로 다른 모국어 화자의 태도를 모아서 통계를 통해 얻을 수 있다. 외국어 교육을 위한 대조 연구를 할 때 연구자가 모국어 화자가 아닌 경우도 있을 뿐 아니라 언어를 대조할 때 직관을 피해야 하는 경우도 있기 때문에 말뭉치 기반의 언어 자료가 대조 분석의 연구 자료로 훨씬 더 적절하다고 할 수 있다. 특히 최근 들어 컴퓨터의 발달로 말뭉치 기반의 언어 자료의 사용도 확대되고 있다.

강현화 외(2003 : 38)에서는 대조 분석의 절차를 Whiteman(1976)의 논의를 인용하여 아래와 같이 기술, 선택, 대조, 예측 네 단계로 설명했다.

기술 : 대조 분석하고자 하는 언어에 대해 기술한다.

선택 : 대조하기 위한 항목을 설정한다.

대조 : A 언어의 구조를 B 언어의 같은 부분의 구조에 대조한
다.

예측 : 두 언어 구조의 유사성과 상이성의 대조로 오류 및 난이
도를 측정한다.

이 가운데 대조 분석의 가장 중요한 두 가지 절차는 대조하고자 하
는 언어 현상에 대해 기술하는 단계와 이들의 공통점과 차이점을 찾는
대조 단계이다. 마지막 예측 단계는 대조 분석의 결과를 통해 학습자
의 오류를 예측할 수 있다는 점에서 의의가 있지만 경우에 따라 객관
성이 부족하면 예측력이 떨어지므로 본 연구에서는 이를 대조 분석의
필수적 단계로 간주하기 어렵다고 본다. 따라서 본 연구에서는 대조의
단계를 아래와 같이 나눈다.

가. 대조의 범위 설정

나. 문헌 수집과 정리

다. 대조의 틀 확립

라. 언어 자료 수집

마. 대조 분석

바. 정리

대조 분석의 응용 가치는 외국어 교육과 긴밀한 관계가 있다. 대조
분석의 초기 이론에서 당시 외국어 교육을 연구하는 학자들은 이러한
대조 분석의 결과로 학습자의 오류를 예측할 수 있다고 보았다. Lado

(1975)는 학습자가 외국어를 학습할 때는 모국어와 비슷한 것은 쉽게 받아들이고 모국어와 차이가 있는 것은 어렵다고 느끼기 때문에 교사는 목표 언어와 학습자의 모국어를 비교하면 난이도를 예측할 수 있어 더욱 더 효과적인 방법으로 외국어를 가르칠 수 있다고 하였다. 그러나 대조 분석의 초기 이론은 대조 분석이 외국어 교육에 끼치는 영향을 과도하게 강조하여 대조 분석의 효용을 의심하는 사람도 많아졌다. 그러나 대조 분석의 문제점은 이후 오류 분석 이론이나 중간 언어 이론에 의해 그 문제점이 수정, 보완되어 많은 문제점에도 불구하고 대조 분석이라는 기본 틀의 효용성은 존재한다고 할 수 있다.

말뭉치언어학과 자연언어처리가 대두되면서 이와 관련된 학문이 급격하게 발전함에 따라 대조언어학도 급부상하고 있다. 대용량 말뭉치는 대조언어학을 위해 더 굳건한 실증적 토대를 마련해 주었다. 이전까지의 연구는 직관 기반적 접근법을 사용했다. 그러나 직관이란 오도할 수도 있고 몇 가지 두드러진 차이점을 지나치게 일반화시킬 위험성도 존재한다. 이제 직관에 기반한 대조학적 학설들을 방대한 실증적 자료 속에서 시험하고 계량화할 방법을 갖게 되었다. 그러한 방대한 자료는 지금까지 활용할 수 있었던 대조학적 자료에 비해 질적으로나 양적으로 모두 우수하다.

대조언어학 이론에 따르면 모국어가 목표 언어와 유사하다면 목표 언어 학습이 쉬워지고 상이하다면 어려워질 것으로 예측된다. 한국어 관형사의 중국어 대응어가 다양한 품사 정보를 지니므로 이를 배우는 중국인 학습자에게 어려운 학습 내용에 해당한다. 한국어 관형사를 배울 때 범하는 실수는 주로 이러한 차이에 기인하며, 차이점이 클수록 더 많은 실수를 범하게 된다.

말뭉치언어학은 말뭉치를 이용하여 언어를 연구하는 학문이다. 이해윤(2003)은 말뭉치언어학은 말뭉치를 대상으로 통계 프로그램을 적용하여 결과를 얻어내고 그 결과를 바탕으로 언어학적 분석과 해석을 하는 학문이라고 하였다.

서상규·한영균(1999)은 말뭉치 혹은 코퍼스[11]란 언어를 연구하는 각 분야에서 필요로 하는 연구 자료로서 언어의 본질적인 모습을 총체적으로 드러내 보여 줄 수 있는 자료의 집합을 뜻한다고 하였다. 그러므로 말뭉치는 일정한 상태에 있는 특정 언어의 모습과 특성을 파악하기 위하여 자연 언어 텍스트를 선별하여 모은 것 또는 일반적인 언어학적 분석이 가능한 텍스트의 모음이다.

Leech(1992)는 말뭉치언어학이 추구하는 연구대상은 언어 수행에 있다고 하면서 이론언어학은 모국어 화자의 직관을 통해 인간의 언어 능력을 언어 보편성에 입각한 명시적인 언어로 구현하는 반면, 말뭉치언어학은 실제 사용하는 언어를 관찰하고 분석한 결과를 이론으로 발전시키는 귀납적인 방법을 사용함을 강조하였다. 말뭉치언어학은 언어 탐구를 관찰에 중심을 둔 경험적 문제로 간주한다.

말뭉치가 지녀야 하는 두 가지 특성은 대표성과 균형성이다. 표본이

---

11) 홍윤표(2012)에서는 말뭉치란 '일정한 규모 이상의 크기를 갖추고 내용적으로 다양성과 균형성이 확보된 자료의 집합체'라고 정의하였다. 특히 다양한 언어 변이를 포함하면서도 언어의 각 양상을 대표할 수 있는 다양한 텍스트가 균형 있게 구성되어 일정한 규모 이상으로 모였을 때 비로소 말뭉치라는 용어를 쓸 수 있다. 김정렬 외(2012)에서는 코퍼스란 언어 자료를 모아놓은 뭉치로 한국말로 말모둠 또는 말뭉치라고도 일컫는다. 언어 자료는 주로 글로 이루어진 언어 자료를 모아놓은 것이고 음성자료의 경우에도 전사 자료를 중심으로 구성된다. 물론 코퍼스 구성에 음성 자료의 중요성이 높아지면서 음성자료 코퍼스도 있지만 아직은 기술적으로 음성자료를 쉽게 전사하여 분석하는 코퍼스 분석 도구의 발달이 미진하여 문자자료의 연구에 더 많은 비중을 두고 있는 실정이다.

모집단을 통계적으로 대표할 수 있는가가 보장되지 못하면 그 표본을 대상으로 하는 연구는 그 결과를 일반화시키기에 곤란하다. 또 다수가 가지는 대표성 못지않게 소수를 고려해야 하는 균형성이 필요하다. 이를 위해서는 범주와 유형에 따른 세심한 구분이 필요하다. 구어/문어, 방송, 논문, 운문/산문, 공식/비공식, 작가의 연령/성별/국적/계급 등 매우 다양한 기준을 적용하여 언어 자료를 수집해야 한다.

그리고 말뭉치의 규모 확장 가능 여부에 따라 말뭉치를 정적 말뭉치와 동적 말뭉치로 나눌 수 있다. 언어는 복잡할 뿐만 아니라 고정된 것이 아니라 지속적으로 변화해 가기 때문에 말뭉치의 규모를 지속적으로 확장해 나가는 동적 말뭉치는 일정한 규모의 말뭉치를 바탕으로 하여 이에 지속적으로 자료를 보탤 수 있어서 언어의 변화를 살펴볼 수 있는 장점을 갖는다.[12)]

말뭉치를 구축하는 데 말뭉치의 규모도 중요하다. 말뭉치의 규모가 클수록 실제 언어 사용에 대한 설명력이 높아지는 것은 틀림없지만 말뭉치의 규모가 커질수록 분석의 난이도도 이와 함께 비례된다. 따라서 말뭉치 언어 자료를 양적으로 추구하기보다는 말뭉치의 대표성과 균형성을 확보할 수 있는 수준의 규모를 갖추면 된다.

말뭉치 구축을 위해 자료를 수집하는 과정만큼 수집된 자료를 정리하고 처리하는 것도 매우 중요하다. 말뭉치에 대해 주석하는 것은 말뭉치를 더욱 활용할 수 있게 만드는 과정 중의 하나다. 말뭉치 주석이란 간단히 말해서 원시말뭉치에 언어학적 정보를 첨가하여 주석된 말뭉치를 산출해 내는 과정이라고 할 수 있다. 첨가되는 언어학적 정보의 유형은 형태, 통사, 의미, 담화에 이르기까지 다양하다(서상규·한

---

12) 서상규·한영균(1999) 참고.

영균 1999 : 78). 말뭉치 주석은 일반적으로 문법 정보 주석과 구문 정보 주석으로 나뉠 수 있는데 문법 정보 주석은 어절 단위의 처리 과정이며 구문 정보 주석은 문장의 구조에 대한 분석 과정이라고 할 수 있다. 문법 정보 분석은 문법 단위에 따라 분석 결과가 다를 수 있지만 이 중에 형태소 분석은 가장 기초적인 작업이고 필수적으로 요구되는 단계이다.

말뭉치를 정리한 다음에 말뭉치를 계량적으로 분석을 한다. 특히 말뭉치를 분석할 때 빈도의 산출과 처리가 중요하다. 빈도란 '언어 체계를 구성하고 있는 요소들의 통계적 특성과 언어 사용에서 출현하는 언어 현상의 확률적 특성을 구체적인 숫자로 밝힌'(조선 빈도수 사전, 2쪽)것이라 할 수 있다. 이러한 빈도로 대표되는 통계적인 사실을 밝히는 목적은 기계 번역이나 사전 편찬 분야에서만이 아니라 한국어 교육이나 문법 연구 등 각 관련 분야에서 활용될 수 있는 밑바탕의 재료를 제공하는 동시에 그 통계적 특성을 통하여 한국어의 양상을 더 깊이 이해할 수 있도록 한다는 의미도 아울러 지닌다. 이를 위해서 낱말 빈도뿐만 아니라 글자 빈도, 음절 빈도, 어절 빈도, 문형 빈도 등의 여러 측면에서의 고찰이 가능하다(서상규 1998 : 11).

보통 말뭉치의 빈도를 언급할 때 '항목(token), 유형(type), 표제항(lemma)' 등의 개념을 같이 나타낸다. 항목은 구체적인 사례를 뜻하고 유형은 서로 다른 항목의 종류이며 표제항은 서로 활용이나 파생적인 관계를 갖는 언어 형태이다. 예를 들어 '하다'라는 항목은 말뭉치에서 11번이나 나타났지만 '하다'가 동사에 속하며 동사를 하나의 유형으로 볼 때 동사의 유형에 따라 빈도를 구할 수 있다. 그리고 표제항은 일반적으로 사전을 편찬할 때 다양한 형태적 변이형이나 활용형 등을 하나로 모을 수 있는 것과 같은 맥락에서 이해할 수 있다.

말뭉치언어학을 일반언어학 내의 독립된 분과학으로 특징지을 수 있는 것은 특정한 방법론이나 연구대상의 특별한 성격 때문이 아니라 상호의존적인 자료, 기술, 이론, 방법론의 통합에 기반을 둔 고유한 언어 연구 접근법이기 때문이다. 말뭉치언어학은 말뭉치를 어떻게 언어 연구와 외국어 교육 및 학습에 적용하는가의 방법과 원칙의 전반적인 체계이므로 이는 확실히 이론적인 지위를 가진다.

서정목(2010 : 82)은 말뭉치에 기반을 둔 연구 방법론이 대조언어학의 새로운 패러다임으로 등장하였고 대용량 언어 자료의 검증과 분석을 통하여 말뭉치언어학의 과학적인 분석 기제가 제공되었으며, 이론 위주에서 기술 위주로 변화된 대조언어학에 접근할 수 있게 되었다고 하였다. 대조언어학에 있어서 하나 또는 둘 이상의 언어를 대상으로 말뭉치를 연구 및 분석대상으로 설정해야 한다. 말뭉치 특히 병렬말뭉치는 언어와 다른 언어들 간의 대조를 용이하게 하는 목적에 이바지함에 따라 대조 분석 또한 서로 다른 위치를 재정립할 수 있게 되었다.

전통적 대조 연구는 사전과 모국어 화자의 직관에 많이 의존한 반면에, 말뭉치를 기반으로 한 대조 연구는 언어의 공통점과 차이점을 찾는 데 더 실증적 자료를 제공할 수 있다. 최근 언어학은 대규모 실제 언어 데이터, 즉 말뭉치 기반 연구에 많은 관심을 가지고 발달하고 있다. 이런 실증적인 연구 방법론은 두 가지 이상의 언어에 대한 언어 간 비교와 대조 분석, 외국어 교육, 번역 연구, 이개어 사전 편찬 등 다양한 언어 연구에 도입되어 많은 성과를 거두었다.[13]

말뭉치언어학은 말뭉치를 구축하고 그것을 기반으로 언어에 관한

---

13) 유현경·황은하(2010) 참고.

이론 연구와 응용 연구를 하는 학문 분야이다.[14] 대조언어학은 언어의 유사점과 차이점을 설명할 목적으로 두 개 혹은 그 이상의 언어를 체계적으로 비교하는 학문이다. 비교는 응용의 측면에서뿐만 아니라 이론적인 면에서도 아주 흥미로우며 보편적인 면과 해당 언어의 특징적인 점을 알 수 있게 해 주므로 언어의 일반적인 이해와 개별 언어 비교 연구에도 모두 중요하다(Johansson & Hofland 1994). 따라서 대조언어학은 그 초점을 보편적 특징에 둘 수도 있고 언어 개별적 특징에 맞출 수도 있다. 그리고 연구 방향이 직접적 응용이 없는 이론적 방향일 수도 있고 혹은 특정 목적을 위해 수행되는 응용적 방향일 수도 있다.

Aijmer와 Altenberg(1996)에 따르면 이중 언어 말뭉치가 부여하는 가능성은 다음과 같다. 첫째, 단일 언어 말뭉치 연구에서 쉽게 알 수 없는 새로운 통찰력을 비교 대상 언어에 부여해 준다. 둘째, 다양한 비교 목적을 위해 사용할 수 있고 언어 보편적인 특징은 물론, 언어 개별적인 차이와 언어 유형학적 혹은 문화적 차이점에 대한 이해를 돕는다. 셋째, 출발 언어 텍스트와 번역문 또는 모국어와 비모국어 텍스트의 차이점을 나타낸 준다. 넷째, 사전 편찬법이나 언어 교육, 번역 등 많은 실제적 응용 분야에 사용될 수 있다.

말뭉치는 언어 종류에 따라 크게 단일 언어로 구성된 단일어말뭉치(Monolingual corpus)와 두 가지 이상의 언어로 구성된 다국어말뭉치(Multilingual corpus)로 나뉜다. 단일어말뭉치는 한 언어의 실제 사용 양상을 살펴보는 것을 목적으로 한다. 다국어말뭉치는 둘 이상의 언

---

14) 황은하(2016)에 따르면 언어 간 대조 연구에는 다른 언어를 참조물로 삼아 한 언어의 본 모습을 보다 명확히 규명하려는 이론언어학적인 시도도 있지만 그보다는 학습자의 모국어를 참조물로 삼아 학습 목표 언어의 모습을 규명하여 외국어 교육에 도움을 주려는 응용언어학적인 연구가 압도적으로 많다.

어 대조 연구를 목적으로 구축된다. 다국어말뭉치는 비교말뭉치 (Comparable corpus)와 번역말뭉치(Translation corpus), 또는 병렬말뭉치(Parallel corpus)로 분류할 수 있다. 병렬말뭉치는 한 언어의 원문 텍스트(original text)와 그 텍스트에 대한 하나 이상의 다른 언어로 번역된 텍스트(translation)를 문단, 문장, 단어 등의 언어단위로 정렬하여(align) 구축한 말뭉치를 뜻한다(유현경·황은하 2010 : 2).

언어 간 대조 연구는 대조 분석의 연구 방향에 따라 크게 단방향 대조 분석(대응 연구)과 쌍방향 대조 분석으로 나눌 수 있으며 전자의 연구를 위해서는 병렬말뭉치가 후자의 연구를 위해서는 비교말뭉치가 활용된다(황은하 2017 : 2).

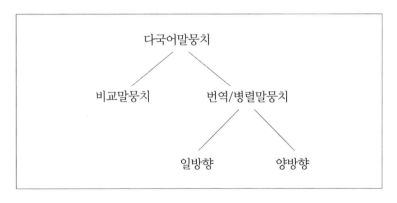

〈그림 3〉 다국어말뭉치 유형 분류[15]

비교말뭉치는 병렬말뭉치와 달리 '구성 시기, 텍스트 범주, 목표 청중 등이 서로 상응하여 둘 이상의 언어로 된 원문으로 이루어진 것'이다. 비교말뭉치는 그 언어의 원어민 화자가 자연스럽게 생산한 두 가

---

15) Sylviane Granger가 제시한 '범언어적 연구 코퍼스'를 바탕으로 재구성한 것이다.

지 이상의 언어로 원전을 비교해 나타낼 수 있다는 주요한 이점이 있다. 또한 병렬말뭉치와 달리 원칙적으로 다른 언어의 영향을 받지 않는다. 비교말뭉치의 주요 단점은 문헌들의 부합 가능성을 확증하기 어렵다는 데 있다. 문헌의 유형 가운데 어떤 것은 그 문화만의 특수성이 있어 다른 언어의 그 상응 문헌이 없기도 하다. 따라서 비교말뭉치는 보통 광범위한 텍스트 유형을 아우르는 대규모 균형 말뭉치이거나 유전공학, 법률 서류, 직업 인터뷰와 같이 특정 영역에 한정된 말뭉치로 제한적으로 쓰인다.[16)]

병렬말뭉치는 같은 의미 내용을 전하기 때문에 언어들 간의 등가성을 확인하기 위한 이상적인 자료이다. 병렬말뭉치의 주요 단점은 병렬말뭉치 내에 원본 텍스트의 흔적이 남아 있어서 특히 자주 쓰이는 용어들의 경우 목표 언어에 대한 신뢰할 만한 자료로 간주될 수 없다는 점이다. 이에 대해 Alsina와 DeCesaris(2002)는 병렬말뭉치를 사용할 때 번역이라는 특정한 상황 아래에서 생산된 자료는 일반적인 모국어 화자가 생산한 자료와 차이를 보일 수밖에 없다는 사실을 감수해야만 한다고 하였다.

이러한 한계점을 보완하기 위해서는 전체 언어에 대한 균형성과 대표성을 갖도록 구축된 대규모의 균형 말뭉치를 비교말뭉치로 활용하는 것이 필요하다. 비교말뭉치는 이미 언어별로 일정 규모 이상의 균형 말뭉치를 갖추므로 연구 대상으로 하는 둘 이상의 언어에 대해 이미 구축된 단일어말뭉치를 활용하여 재구성하는 것이 가능하다. 병렬말뭉치는 원문과 번역문의 대응되는 텍스트를 수집하는 작업부터 시작해

---

16) Sylviane Granger(박기성 역, 2009), 『대조언어학과 번역학의 코퍼스기반 방법론 연구』, 동인, pp.23~24.

새로 구축하고 가공해야 하는 문제가 발생한다. 이처럼 말뭉치의 구축에 많은 시간과 노력이 필요하므로 병렬말뭉치는 단일어말뭉치만큼 대규모로 구축되지 못하였다. 한중 병렬말뭉치는 아직까지 많지 않다.[17] 또 한중 병렬말뭉치는 신문 기사, 드라마 대본 등 소수의 매체에 국한되거나 충분한 크기와 장르를 갖추지 못하고 있다. 따라서 한중 병렬말뭉치는 아직 말뭉치로서의 두 가지 필요 요건인 대표성과 균형성을 갖추지 못하고 있다.[18]

대조 연구에 사용되는 말뭉치에는 주로 원시말뭉치, 병렬말뭉치, 비교말뭉치 등이 있는데 본 연구에서 품사 정보가 부착된 비교말뭉치를 연구의 자료로 삼고자 한다. 그 이유는 다음과 같다.

첫째, 본 연구에서 비교말뭉치를 활용하는 가장 큰 이유는 관형사의 특수성 때문이다. 대조 연구 대상 언어 중 하나를 출발 언어로 삼고 그 언어의 특정 언어 단위나 현상이 목표 언어에서 어떻게 대응하는지 밝히려면 병렬말뭉치를 많이 사용한다. 본 논문에서는 한국어 관형사 수식 명사구와 중국어 대응 표현 간의 공통점과 차이점을 분명히 밝히

---

17) 유현경·황은하(2010)에서 한중 병렬 말뭉치는 KORTERM 한중 병렬 말뭉치와 세종 한중 병렬 말뭉치를 언급하였고 나머지 구축된 한중 병렬 말뭉치는 저작권 문제 등의 원인으로 일반에 공개되지 않은 것이 현실이다. 황은하(2016)에 따르면 한중 병렬 말뭉치를 활용한 대조분석 연구의 특징을 다섯 가지로 요약했다. 첫째, 번역의 방향을 보면 한중 말뭉치가 많고 중한 말뭉치를 활용한 경우가 적다. 둘째, 말뭉치의 크기가 거의 수십만 어절에 달한다. 셋째, 말뭉치의 매체와 장르는 전반적으로 보았을 때 신문 기사와 드라마로 단일한 편인데 이는 한중 텍스트 자료가 원천적으로 다양성이 부족한 탓으로 봐야 할 것이다. 넷째, 연구 대상은 연결어미, 사동표현, 중첩형 부사 등 형태, 어휘 단위 외에도 뉴스표제어의 종결형, 문장부호 등 다양한 언어 층위의 대응 양상을 살피고 있는 것으로 나타난다. 다섯째, 병렬 말뭉치의 번역 방향의 적합성 문제. 대부분의 한중 병렬 말뭉치 활용 연구는 한국어 원문과 중국어 번역문으로 구성된 한중 번역 방향의 병렬 말뭉치를 토대로 연구가 수행되었다.

18) 황은하(2016) 참고.

기 위해는 병렬말뭉치보다 비교말뭉치가 더 적합하다고 판단하여 한·중 비교말뭉치를 선정하였다.

둘째, 병렬말뭉치보다 비교말뭉치를 이용해야 보다 한국어와 중국어의 독특한 특성을 최대한 반영할 수 있다. 현재까지의 한·중 병렬말뭉치는 그 규모가 작고 내용적으로 목표 언어인 한국어에 더욱 치중하여 구성되었기 때문에 한국어 관형사 양상이 많이 반영되었지만 중국어 대응 표현의 양상은 상대적으로 적게 반영되었을 가능성이 높다.

셋째, 선정된 한·중 말뭉치는 원시말뭉치보다 품사 정보가 부착되어 있다. 한국어 말뭉치와 중국어 말뭉치에 품사 정보가 모두 구비되어 있다. 텍스트 내용이 언어별로 다른데 구체적 영역이나 장르가 비슷하게 대응될 수 있도록 이루어진다.

4. 한국어 말뭉치

실증적인 언어 연구는 구체적인 연구의 목적, 대상과 방법에 따라 필요로 하는 언어 자료의 형태가 다를 수밖에 없다. 따라서 말뭉치를 기반으로 한 대조 연구, 즉 실증적 대조 연구에서는 연구 자료의 타당성 및 연구 목적에 비춰 볼 때의 적합성이 연구 결과를 결정한다. 본 연구는 바로 이와 같은 관점에서 말뭉치를 기반으로 한 대조 연구의 말뭉치를 선정할 것이다.

본 연구에서 활용하는 한국어 말뭉치는 '연세 문어 균형 말뭉치'[19]

---

19) 이 말뭉치는 연세대학교 언어정보개발연구원에서 구축된 '연세 문어 균형 말뭉치(20151230버전)'이며 사전 표제어 선정을 위한 어휘 조사를 하는 데에 목적을 둔다. 또한 이 연구에 활용한 말뭉치는 연세대학교 서상규 교수가 배포한 「연세 문어균형 말뭉치」(20151210버전)(100만 마디의 균형 말뭉치)이며, 용례의 검색은

이다. 이 말뭉치는 100만 어절 규모의 문어 균형 말뭉치로서 관형사의 특성을 잘 반영할 수 있다. 또한 말뭉치 구성을 보면 신문, 소설, 잡지, 취미, 교과서, 희곡 등 여러 장르가 있으므로 전반적인 관형사의 언어적 특성을 고찰하는 데 신뢰할 만한 결과를 도출해 낼 수 있다고 본다.

<표 1> '연세 문어 균형 말뭉치' 구성

구성	규모	비율
신문	330,000	33%
잡지	200,000	20%
소설·수필	180,000	18%
취미·교양	100,000	10%
수기·전기·실화집	90,000	9%
교과서	50,000	5%
방송 스크립트	50,000	5%
합계	1,000,000	100%

'연세 문어 균형 말뭉치'의 구성을 보면 크게 일곱 가지 대분류가 있는데 신문은 33%, 잡지는 20%, 소설·수필은 18%, 취미·교양은 10%, 수기·전기·실화집은 9%, 교과서는 5%, 방송 스크립트는 5%로 되어 있다.

미국 웰슬리대학의 장석배 교수가 제공한 주석 말뭉치 용례 검색 프로그램 「SB_Yconc3」을 사용하였다.

한국어 관형사에 대한
선행 연구 개관

제2장 한국어 관형사에 대한 선행 연구 개관

이 장에서는 선행 연구에 대하여 크게 두 방향으로 나누어 살펴볼 것이다. 첫째는 한국어 관형사에 대한 선행 연구이고, 둘째는 한국어 관형사와 중국어 대응어 대조에 대한 연구이다.

1. 한국어 관형사에 대한 선행 연구

그동안 한국어 관형사와 관련된 다양한 논의와 쟁점이 많았다. 한국어 관형사의 목록 문제,[1] 하위 분류 문제,[2] 한국어 관형사와 접두사의 구분 문제, 굳은 관형사형의 처리 문제, 정도관형사의 처리 문제[3] 등

---

[1] 각종 사전류나 연구자별로 상정하는 관형사 목록이 상이하고 이에 관한 논의도 많았다. 목록에 관하여 논의가 되는 부분은 '-적'류 관형사 처리 문제, 수관형사 인정 여부, 굳은 관형사형의 처리 여부, 품사 통용 따른 분류 문제 등에 따라 견해 차이가 있었다.

[2] 기존 연구를 보면 관형사 하위 분류에 대하여 대개 3분 체계로 분류하지만 가장 문제가 되는 것은 수관형사의 수용 여부 문제이다. 즉, 수사와 동일 어형의 관형사, '모든, 온갖' 등 관형사의 유형 분류와 관련하여 학계에서 아직 합의되지 못한다.

[3] 정도관형사/양태관형사에 관한 대표적 논의로는 이수미・김민국(2009) 등이다. 본 연구에서는 이러한 체언 수식 부사는 연구 대상에서 제외하기로 한다. 이러한 단어는 '겨우, 바로, 아주' 등이 있다.

크고 작은 쟁점들이 있었다. 한국어 관형사에 관한 연구로서 개념과 범주 설정에 대한 연구 흐름을 정리하고 관형사 유형에 대해 살펴본 논의에 대해서 귀납적으로 검토해 볼 것이다.

1) 관형사 개념 및 품사 설정에 관한 논의

한국어 학교문법에서 관형사는 독립된 품사 유형 중 하나로 자리를 잡고 있지만, 관형사의 품사 설정에 대해서 학자들 간의 의견이 여전히 분분한 상황이다. 관형사의 품사 지위가 불안정한 것은 다른 품사 유형과 구별되는 문법적인 특수성을 가지면서도 관형사 목록에 들어가 있는 대부분의 단어들이 관형사로서의 순수성을 가지지 못해 형태적으로나 의미적으로는 다른 품사에 속하는 단어들 내지는 단어 자격조차 가지지 못하는 접사나 어근 등 단어 형성요소들과 유사한 특징을 지니기 때문인 것으로 보인다.[4] 관형사의 개념 및 품사 설정[5] 문제에 대한 견해는 다음과 같다. 첫째, 관형사를 독립된 품사로 설정해야 한다. 둘째, 관형사를 독립된 품사로 따로 설정할 필요가 없다. 셋째, 관형사를 다른 품사와 같이 하나의 품사로 묶은 후 세분화한다. 관형사 개념에 대한 기존의 논의를 제시하면 다음과 같다.

---

4) 리우완잉(2017) 참고.
5) 기능, 형태, 의미 등에 따라 한국어 품사는 적게는 4개, 많게는 13개 품사로 나눌 수 있다.

4품사	5품사	6품사	8품사	9품사		10품사	12품사	13품사
고창수 (1992) 김인균 (2003)	정열모 (1946) 장하일 (1949)	권영달 (1941) 이상춘 (1946)	이승녕 (1956) 박태윤 (1948)	주시경(1910) 이규영(1920) 이필수(1922) 정인승(1956)	김두봉(1916) 김윤경(1948) 박상준(1932)	이희승 (1956) 최현배 (1937)	박승빈 (1931)	김근수 (1947) 심의린 (1949)

<표 2> 관형사 개념에 대한 기존 논의

	형태변화나 활용이 없음	체언 수식	체언 앞 위치	의미적 특성
주시경(1910)	관형사 명칭은 '언'으로 설정되었고 관형어까지 포함한 개념.			
김두봉(1916)	관형어가 아닌 활용되지 않는 체언 수식어.			
최현배(1936)	일과 몬이 어떤 것이라고 매기어 금하난 낱말.			
김창식(1969)	○	○		*6)
정인승(1970)		○	○	
서병국(1973)	○	○	○	
이충구(1976)	○	○		
김완진·이병근(1979)	○	○	○	
허웅(1981)		○		
김민수(1981)	○	○	○	
고영근(1987)	○	○	○	
정길남(1983)	○	○	○	
안병희·이광호(1990)	○	○	○	
이익섭·이상억·채완(1997)	○	○	○	
허웅(2000)	○	○		
이주행(2006)		○	○	
고영근·구본관(2008)	○	○	○	
이규호(2010)		○	○	
남기심·고영근(2011)		○	○	

〈표 2〉에서 제시한 바와 같이 관형사의 개념 설정은 대부분 연구들이 형태와 기능을 위주로 하였다. 또한 형태나 기능에 대해 모든 연구들이 같은 내용을 달리 표현하였거나 한두 가지 내용을 더 가감하였을 뿐이다.

20세기 70년대까지의 학자들은 관형사의 개념을 대부분 기능 면에서 다루었다. 이러한 논의는 그 기능이 유사한 관형형, 접두사, 수사와

---

6) 관형사는 때로 다른 품사와 어형이 동일한 것이 많이 있으나 의미는 전연 다른 별개의 것이다.

의 구별에서 많은 문제점을 낳았다. 그 이후 형태적 차원도 함께 고려한 개념 규정을 시도하였다. 기존 연구들의 관형사 개념에서 관형사의 몇 가지 특징을 다음과 같이 제시할 수 있다.

첫째, 관형사는 형태 변화가 없다. 관형사에는 조사가 붙지 못하고 동사와 형용사처럼 활용을 하지 못한다. 관형사는 문장에서 자립해서 쓰일 수 없으며 오직 한 어기만으로 이루어진 단어이다(최유택 2002 : 23).

(2) 가. 대부분 보관 상태가 좋아 **새** 책 같다.
　　나. *대부분 보관 상태가 좋아 **새**의 책 같다.
　　다. *대부분 보관 상태가 좋아 책이 **새**다.

(2가)는 관형사 '새'가 명사 '책'을 수식함을, (2나)는 관형사 '새'가 곡용하지 않음을, (2다)는 '새'가 활용하지 않음을 보여 주는 예이다. 따라서 관형사는 조사나 어미를 취하지 않는 '불변어'라는 형태적 특징을 지닌다고 할 수 있다.

둘째, 관형사는 통사적으로 관형어 기능만 한다. 관형사의 문법적 기능으로 가장 중요한 것은 체언 앞에 놓여 후행 체언을 수식·한정한다는 것이다. 따라서 문장 성분상 관형어의 기능을 하게 되는데 공시적으로는 다른 품사에서 전성되어 오는 일이 없이 문장에서 오로지 관형어 구실만 하는 단어가 바로 관형사인 것이다. 관형사는 항상 명사 앞에 위치하여 중심어와 한정·수식 관계를 갖는 것이 중요한 특성이다.

(3) 가. 나는 **모든** 사람을 사랑한다.
　　나. *나는 **모든**을 사랑한다.
　　다. *나는 사람을 **모든** 사랑한다.

(3가)만이 자연스러운 문장이 된 것은 관형사 '모든'이 관형어로 쓰였기 때문이다. (3나)와 (3다)가 비문이 된 것은 관형사 '모든'이 (3나)에서는 목적어로 쓰이고, (3다)에서는 부사어로 쓰였기 때문이다.

위에서 살펴본 관형사의 개념에 따르면 관형사는 기능상 체언을 수식하며 체언의 뜻을 더 분명히 표현한다. 또한 형태상으로 형태 변화가 없고 활용도 없으며 품사 중 그 규모가 가장 작은 품사를 가리킨다. 다른 품사에 비해 관형사는 어휘 수가 적다. 그럼에도 불구하고 독립된 품사로 인정을 받는 것은 형태 및 기능상의 특수성이 인정되기 때문이다.

관형사 품사 설정 관련 논의는 유길준(1897), 최광옥(1908), 김희상(1909), 주시경(1910), 신명균(1933), 최현배(1937), 이상춘(1946), 정렬모(1946), 김근수(1947), 김윤경(1948), 이인모(1949), 정인승(1949), 이희승(1949), 이숭녕(1956), 김민수(1955), 이충구(1976), 심재기(1982), 김창근(1979), 이현규(1983), 목정수(2002) 등을 들 수 있다. 이들 중 관형사를 독립된 품사로 인정하는 논의는 주시경(1910), 최현배(1937), 정렬모(1946), 김근수(1947), 김윤경(1948), 이인모(1949), 정인승(1949), 이희승(1949), 이숭녕(1956), 김민수(1955) 등이 있다.[7] 그리고 관형사를 독립된 품사로 인정하지 않는 논저는 유길준(1897), 최광옥(1908), 김희상(1909), 신명균(1933), 이상춘(1946), 목정수(2002) 등이 있다.[8] 이 중에서 주목할 만한 것은 이숭녕(1956), 심재기(1982), 이현규(1983) 등은 '새, 헌, 이, 그, 저' 등을 독립된 품사 범주로 인정하기보다는 명사, 용

---

7) 주시경, 『국어문법』(1910), 최현배, 『우리말본』(1937), 정렬모, 『신편고등국어문법』(1946), 김근수, 『중학국어문법책』(1947), 조선어학회, 『조선말큰사전』(1947), 김윤경, 『나라말본』(1948), 이인모, 『재미나고 쉬운 새조선말본』(1949), 정인승, 『표준중등말본』(1949), 이희승, 『초급국어문법』(1949), 이숭녕, 『고등국어문법』(1956), 김민수 외, 『새고교문법』(1960) 등.

8) 최광옥, 『대한문전』(1908), 김희상, 『초등국어어전』(1909), 이상춘, 『국어문법』(1946) 등.

언, 대명사로 처리했다는 점이다.

한국어 관형사가 의미에 따라 다른 품사들과 기능이 유사해 구분이 애매한 경우가 많기 때문에 최근에 이르기까지 많은 논란이 이어지고 있다. 이렇게 논란이 계속되는 가장 근본적인 이유는 현재 관형사로 분류되는 어휘들이 다양한 경로를 거쳐서 관형사로 편입되었기 때문이다.[9] 또한 한국어의 명사 중에서 체언 수식 기능을 지니는 관형명사도 존재하기 때문에 관형사의 품사 범주에 대해서는 최종적으로 어떻게 설정해야 할 것인지에 대한 문제가 추가적으로 발생한다.[10]

관형사는 한국어 특수성을 보여 주는 품사이다. 즉 한국어 고유 특성에 근거해 설정한 품사이다. 품사 범주로서의 관형사의 설정은 언제부터 시작되었는지에 대하여 살펴보겠다. 한국어 관형사의 품사 설정은 약 20세기 초로 거슬러 올라갈 수 있다. 주시경(1910)에서는 관형사에 해당하는 품사의 명칭은 '언'이라고 하면서 관형사란 문법 범주가 처음 생겼고 이전까지의 논의에서 관형사라는 범주가 인정되지 않았다.[11] Ridel(1881), Scott(1887), Underwood(1890)에서 최광옥(1908), 유길

---

9) 황문환(2002)에서는 관형사 이외의 다른 품사에서 전용된 단어가 대부분을 차지한다고 논의한 바가 있다. 체언에서 기원한 관형사(체언에서 직접 전용된 관형사, 체언의 속격형에서 전용된 관형사)와 용언에서 기원한 관형사(용언의 '-ㄴ' 관형형에서 전용된 관형사, 용언의 '-ㄹ' 관형형에서 전용된 관형사) 등으로 나눠서 유형별로 관형사의 어휘사적 고찰을 시도하였다.

10) 황문환(2002) 참고. '공통', '고형' 등 관형명사를 명사로 처리한다면 '-적' 파생어도 관형사로 처리할 필요 없다고 지적했다.

11) 이광정(1987)에서 관형사를 독립품사로 설정한 것은 주시경의 『국어문법』이 효시가 되며 서구 언어의 형용사의 개념과 다른 한국어의 독특한 품사체계를 발견한 것이라고 했다. 이숭녕(1961)은 15세기의 한국어의 품사를 명사, 대명사, 수사, 후치사, 동사, 형용사, 부사, 감탄사의 8품사로 분류하고 있다고 지적했다. 장영희(2001)는 중세 때까지 독립품사로 설정하지 않았던 관형사가 개화기 이후 주시경이 처음으로 인식한 후 문법학자들의 품사 인식의 변화로 말미암아 용어 사용에 있어서는 다음이 있지만 하나의 독립품사로 자리 잡았다고 했다.

준(1909)에 이르기까지 대부분의 학자들은 관형사라는 독립된 범주를 설정하기보다는 이들을 관사(article)나 분사(particle)와 같은 서구 문법의 품사 체계에 맞추려고 하거나 또는 모두 용언의 하위 부류에 넣어 설명하고자 하였다.12)

〈표 3〉 20세기 전반기 관형사의 명칭13)

용어	학자	논저
언	주시경	『국어문법』(1910)
	김두봉	『조선말본』(1916), 『깁더 조선말본』(1922)
언씨	이규영	『현금조선문전』(1920)
	김윤경	『한글말본』(1946), 『나라말본』(1948), 『중등말본』(1948)
관사	이상춘	『조선어문법』(1925)
	신명균	『조선어문법』(1933)
어떤씨	최현배	『조선어의 품사분류론』(1930), 『중등교육조선어법』(1936), 『중등조선말본』(1934), 『우리말본』(1937)
	박창해	『쉬운 조선말본』(1946)
	장하일	『중등새말본』(1947)
매김씨	정인승	『표준중등말본』(1949)
	이인모	『재미나고 쉬운 새 조선 말본』(1949)
	최현배	『고등말본』(1950)
관형사	박승빈	『조선어학강의요지』(1931), 『조선어학』(1935), 『간이조선어문법』(1937)
	김근수	『중학 국문법책』(1947)
	정열모	『신편고등국어문법』(1946), 『초급국어문법독본』(1948), 『고등국어문법독본』(1948)
	박태윤	『중등국어문법』(1948)
	심의린	『개편국어문법』(1949)
	이희승	『초급국어문법』(1949)

〈표 3〉에서 보듯이 관형사는 다양한 명칭을 쓰다가 박승빈(1931)부

12) 이수미(2008) 참고.

13) 이희승(1974) 참고. 이 논의에 의하면 1980년대까지 관형사를 설정한 학자 16 명 중, 그 명칭을 관형사(6), 관사(1), 언(2), 언씨(2), 어떤씨와 매김씨(5) 등으로 명명했다(권숙열(1981)에서 재인용).

터 관형사란 명칭을 사용하기 시작했다. 명칭은 다르지만 같은 개념인지 살펴볼 필요가 있다.

'언'은 관형사의 의미적인 부분에 초점을 둔 명칭으로 파악할 수 있으며 '언씨'는 통사적인 측면에서 관형사가 나타나는 위치에 초점을 두고 정의하고 있다. '관사'는 명사를 지정하여 형용하는 말이라고 하여 관형사의 통사적 기능을 중심으로 정의한 것이다. '어떤씨'는 기능과 의미에 초점을 둔 정의이다. '매김씨'는 체언을 수식함으로써 체언의 뜻을 한정하는 의미적인 기능에 초점을 두고 있다.[14)]

주시경(1910)부터 독립된 품사로 취급하기 시작하였다. 그전에는 전혀 논의되지 않았거나 명사의 성질, 상태 등을 나타내는 형용사의 하위 부류에 포함되어 있었다.[15)] 그러나 이 논의에서 명사를 수식하기만 하면 '언'이 될 수 있는 것으로 보았다. 즉, 체언을 수식하는 문법 기능을 중시하여 체언을 수식할 수 있는 것을 모두 관형사로 처리하고 있다.[16)]

김두봉(1916)은 '언은 반드시 임씨나 언씨 위에만 쓰이는 것이니라. 그러나 언씨 우에 쓰일 때에라도 뜻은 바로 그 언씨에 매임이 없고 다만 그 알에 어느 임씨에 매임이 있나니라.'라고 설명했다.[17)]

그 이후 최현배(1937, 1961), 김창근(1976), 이충구(1976), 권숙렬(1981),

---

14) 이수미(2008) 참고.

15) 최광옥(1908), 김규식(1909), 목정수(2001) 등 논의에서 한국어 품사 분류의 재정립을 시도하면서 관형사보다 '형용사'의 개념이 더 적절하다고 주장한 바가 있다.

16) 주시경(1910 : 87~89)에서 체언 위에서 그 체언을 수식한다는 문법기능만을 중시하여 '좋은, 큰, 착한, 귀한, 무거운, 게으른, 돌집…' 등과 같은 것을 모두 관형사로 처리하고 있다.

17) 김두봉(1916) 참고.

왕문용·민현식(1993), 김숙이(1998) 등의 논의에서 관형사 설정 기준과 분류에 초점을 두었다. 최현배(1937, 1961)는 '임자씨의 앞에서 그 임자씨가 어떤 것이라고 매기는 씨'를 '매김씨'라고 하고 의미에 따라 '그림매김씨, 셈숱매김씨, 가리킴매김씨'로 분류했고 관형사가 고유어뿐 아니라 한자어도 있음을 밝혀냈다.[18] 왕문용·민현식(1993)은 '오직, 바로, 겨우, 단지, 한갓, 고작, 다만, 아주, 유독' 등이 부사로도 쓰이지만 후행 명사를 수식하는 관형사로도 쓰인다고 하여 품사 통용을 허용했다. 관형사는 문법화나 어휘화 과정을 거쳐 정착된 단어가 많으므로 범주의 경계가 명확하지 않다.[19] 접미사 '-적' 결합형, 수사와 수관형사, 접두사와 관형사 등과 같이 동일한 형태가 다른 통사 기능도 수행한다고 지적하였다.

2) 관형사와 다른 범주의 관계에 관한 논의

관형사와 다른 범주의 관계에 대한 논의는 관형사와 대명사의 관계, 관형사와 관형어의 관계, 관형사와 형용사의 관계, 관형사와 부사의 관계, 관형사와 접두사의 관계 등으로 나눠서 살펴보겠다.

    (4) 가. **그** 아버지의 그 자식들이로구나.

        나. **그**가 조직의 책임자인가?

    (5) 가. **구** 시민회관

        나. **구**조선총독부 건물을 조속히 해체토록 하겠다.

    (6) 가. **한** 사람만 보내면 되지 뭐.

---

18) 최현배(1937, 1961) 참고.

19) 황문환(2002) 참고.

나. **하나**를 알면 열을 안다.

(7) 가. **결정적** 순간까지 밀고 나간 거야.

　　나. **결정적인** 증거가 없기 때문이지요.

(8) 가. **바로** 그 사람이야.

　　나. **바로** 들어가실 거지요?

(4)의 '그'는 관형사와 대명사, (5)의 '구'은 관형사와 접두사, (6가)의 '한'과 (6나)의 '하나'는 각각 관형사와 수사, (7)의 '결정적'은 관형사와 명사, (8)의 '바로'는 관형사와 부사 사이의 한계가 모호하다.[20]

관형사와 대명사 관계에 대한 선행 연구는 김민수(1975, 1986), 김창섭(1999), 구소령(2000), 이선웅(2000), 김선효(2002, 2011) 등을 들 수 있다. 관형사와 대명사 한계 설정에 대해서는 대명사에서 관형사로 전성되었다는 논의도 있고 관형사에서 대명사로 전성되었다는 논의도 있다. 김민수(1975, 1986)는 '이, 그, 저' 등은 출현 조건에 따라 달라지는 품사이기 때문에 '이, 그, 저'에 조사가 붙으면 대명사가 된다고 설명

---

20) 권숙렬(1981)에서 관형사 설정을 인정하지 않으려는 학자들은 모두 중세 한국어를 대상으로 다루었거나 어원을 소급하는 방법을 취하고 있다고 지적했다. 이숭녕(1975)에서는 관형사를 형용사에 넣어 다루었으며 유창돈(1965)과 김영태(1971)에서는 관형사를 사적으로 살펴볼 때 다른 품사들이 관형사로 전용되어 관형사적 기능을 담당했음을 밝히고 있다. 이현규(1979)에서도 관형사를 사적으로 연구한 결론에서 현대 한국어 관형사는 어원상의 역사성을 고려하여 본래의 영역인 체언이나 용언에 귀속시키고 관형사 기능은 관형어적 용법에 따라 수행되는 것으로 파악하는 것이 타당하다고 했다. 또한 심재기(1979)에서도 모든 관형화 형태소들을 생성 기원과 기원의 가능성에 따라 명사 또는 동사에 귀속시키고자 했다. 관형사 설정 한계를 시도하거나 관형어 구조를 논한 학자들은 모두 현대 한국어를 대상으로 한 공시적 입장을 취했다. 관형사 설정 한계에 대하여 가장 광범위하게 논한 최초의 논문은 김창식(1969)이고 가장 많은 수의 관형사 어휘를 추출하여 그 품사 처리를 논한 것으로는 김창근(1976), 관형사와 접두사의 한계 설정을 하는 논의는 김홍곤(1971), 이충구(1976), 김창근(1979), 한영목(1980)을 들 수 있다.

하고 있다. 본 연구는 '이, 그, 저'가 관형사와 대명사로 모두 쓰인다고 보므로 각각의 상황에서 형태, 기능, 의미를 고려하여 품사가 달리 설정되어야 한다고 본다. 즉 어떤 하나의 단어가 시간이 흐르면서 의미 분화가 이루어지게 되고, 그 의미에 따라 기능이 서로 다르게 굳어지게 된 경우 이들을 각각 다른 품사로 처리해야 한다는 것이다.

수관형사와 수사의 관계를 다루는 선행 연구는 주시경(1910), 김두봉(1916), 이규방(1922), 이필수(1922), 박승빈(1935), 심의린(1935), 최현배(1937, 1961), 홍기문(1947), 김근수(1947), 이숭녕(1956), 정인승(1956), 유창돈(1971), 허웅(1975, 1983, 1995), 노대규(1977), 남기심·고영근(1985/1993), 한영목(1986), 이현규(1987), 안병희·이광호(1990), 서정수(1996, 2005), 한송화(1999), 구본관(2001)[21], 장영희(2001), 최유택(2002), 우형식(2006), 김인규(2008), 고영근·구본관(2008), 유현경(2008), 김민국(2010) 등을 들 수 있다. 수사와 수관형사는 의미적 측면에서 모두 수를 의미하므로 혼란을 야기하기 쉽다. 지금까지 많은 학자들이 수사와 수관형사에 대해 구분설과 일치설의 대립 관점을 제시해 왔으며 통사적 기능 면에서 둘이 뚜렷한 차이를 보이고 있다.[22] 학교문법을 따르면 수사와 수관형사는 조사와 결합하느냐 체언과 결합하느냐에 따라 수사와 수관형사로 구분할 수 있다. 즉 같은 수를 의미하지만 체언을 꾸며 주면 수관형사이고 뒤에 조사가 오면 수사로 판단한다는 것이 일반적이다. 수관형사를 인정하는 논의로는 주시경(1910), 김두봉(1916),

---

21) 이 논의에서 품사 분류와 조어법상의 특성 등 형태론적인 문제를 중심으로 수사와 수관형사에 대하여 논의하였다. 특히 수사와 수관형사의 통시적인 변화를 검토하여 현대 한국어의 수사와 수관형사의 형성 과정을 밝혔다.

22) 수사와 수관형사의 문법적 기능을 봐도 그들의 차이를 보인다. 수사는 명사나 대명사처럼 주어, 목적어의 기능을 나타내는 반면에 수관형사는 후행 명사를 수식하는 관형어 기능만 한다.

박승빈(1935), 최현배(1937, 1961), 남기심·고영근(1985/1993), 고영근·구본관(2008), 유현경(2008), 김민국(2010) 등이 있다. 수관형사를 전부 혹은 부분적으로 부정하는 논의로는 이규방(1922), 이필수(1922), 심의린(1935), 홍기문(1947), 유창돈(1971), 허웅(1975, 1983, 1995), 노대규(1977), 이현규(1987), 안병희·이광호(1990), 서정수(1996/2005), 장영희(2001), 김인규(2008) 등을 들 수 있다. 수사와 형태가 다른 '한, 두, 세, 네'만을 수관형사로 인정하는 논의는 한송화(1999), 구본관(2001), 우형식(2006) 등이다.

한국어 관형사와 형용사의 관계에 관한 논의는 목정수(2003, 2018), 남경완(2017) 등을 들 수 있다. 이 논의들에서는 관형사를 명사 앞에 놓이는 형용사로 취급하였다. 목정수(2003 : 452~454)에서 논의된 '형용사'는 크게 보면 명사류의 범주에 속한다. 명사류는 크게 실사(=명사)와 '형용사'로 구분된다. 관형사 범주를 따로 설정할 필요 없이 기존의 '형용사' 개념을 버리고 새로운 '형용사' 범주를 수립할 것을 제의하였다. '형용사'는 1) 명사를 수식하는 기능을 담당한다. 따라서 기존의 관형사 범주는 따로 설정할 필요 없다. 2) 지시관형사나 지시대사로 기술되었던 '이, 그, 저'는 지시대사로 통합되거나 지시대사/지시형용사로 재배치된다. 3) 의미에 따라 다양한 하위 부류로 나눠질 수 있다. 그들 간의 자연스런 순서의 제약이 설정된다. 전통적으로 수관형사, 성상관형사, 지시관형사 등으로 분류되던 것들은 결합 순서를 기준으로 재분류될 수 있다.

관형사와 부사의 관계에 관한 선행 연구는 문순홍(1990), 왕문용·민현식(1993), 이관규(1999), 장영희(2001), 민현식(2002), 황화상(2009), 이수미·김민국(2010) 등을 들 수 있다. 황화상(2009)은 관형사와 부사의 품사 구분에서 생기는 문제의 본질은 부사 가운데 체언을 수식하는 부사가 있기 때문이라고 지적하였다. 관형사의 특징은 체언을 수식하는 것이고 부사의 특징은 용언을 수식하는 것이다. 체언 수식 부사의 문법적 처리는 크게 두 가지 방향에서 진행되어 왔다. 하나는 체언을 수식하는 부사를 관형사로 보는 입장이며 또 하나는 부사로 보고 체언 수식 기능은 예외적인 것으로 보는 입장이다. 관형사로 인정하는 논의는 문순홍(1990), 왕문용·민현식(1993), 이관규(1999), 장영희(2001), 민현식(2002) 등이 있다.

관형사와 접두사는 체언 앞에 위치하면서 후행하는 명사류를 꾸며 준다는 점에서 분포와 기능이 일치한다. 이 때문에 관형사와 접두사를 구분하기 위한 많은 연구가 진행되어 왔다. 관형사와 접두사[23]에 대한 논의는 최현배(1937), 정인승(1968), 이인모(1968), 이충구(1976)[24], 김창근(1976), 한영목(1980, 1985), 권숙렬(1981), 남기심·고영근(1987), 이관규(1989), Martin(1992), 민현식·왕문용(1993), 안효경(1994), 이재성

---

23) 접두사에 대한 논의 역시 다양한 방향에서 진행되고 있다. 이관규(1989)는 접두사의 범주 설정 자체에 대한 부정적 견해를 제시한 바 있다. 접두사의 판정 조건에 대해서는 김창섭(1998), 유현경(1999), 김정은(2000), 변영수(2002), 박형우(2004) 등의 논의가 있다. 이선영(2003)은 중세국어의 용언 어간 '드위-, 들-, 휘-'의 접두사화 과정에 대해 논의하였고 김덕신(2003)은 형태변화에 따른 접두사화를 유형별로 정리한 바 있다.

24) 이충구(1976)는 관형사와 접두사의 한계 설정에 대해서 다음과 같은 8 가지의 기준을 제시하였다.
가). 형태소가 같더라도 직능과 의미가 서로 다르면 각각 다르게 처리한다. 나). '접두사+접두사' 구성이 없으므로 형태소 간의 굳음 정도에 따른 다른 최소자립형을 삽입시켜 본다. 다). 단어 자격의 여부로 구분한다. 라). 다른 단어와 연결하여 본 단어의 의미와 다르면 접두사로 처리한다. 마). 형태소 간의 발음의 휴지에 의한 구분으로 설정한다. 바). 접두사는 다른 품사로 대치될 수 없고 또 문법적 직능에 따른 품사 전성을 피할 수 없다. 사). 용언에서 온 접두사에 시제 어미가 붙어도 그 단어의 본래의 의미를 지니는 경우는 관형사로 처리한다. 아). 체언형의 접두사에 한정격 토가 붙어 의미를 지니는 경우에는 관형사로 본다.

(1997), 김숙이(1998), 노명희(1998), 김창섭(1998), 유현경(1999), 김정은(2000), 황문환(2002), 변영수(2002), 김덕신(2003), 안소진(2004), 이선영(2003), 이정택(2003), 박형우(2004), 한용운(2004), 김민진(2010), 김선효(2002, 2011) 등을 들 수 있다. 관형사 설정 기준과 분류에 초점을 둔 논의는 이충구(1976), 민현식·왕문용(1993), 김숙이(1998), 황문환(2002), 이정택(2003), 한용운(2004), 김민진(2010), 김선효(2002, 2011) 등이 있다. 관형사와 접두사의 구별에 대해서는 최현배(1937), 한영목(1985), 고영근·남기심(1987), 노명희(1998), 김창섭(1998), 안소진(2004), 김선효(2002, 2011) 등이 논의하였다.

한영목(1980, 1985)은 접두사와 관형사에 대하여 단어의 형태와 의미, 기능을 종합적으로 고려하여 구분을 시도하였으며 관형사의 의미 자질과 후행하는 명사와의 연관성, 기능과 호응 관계 등을 주로 연구하여 그 설정상의 문제를 다루었다. 또한 이 논의에서는 명사류에 선행하는 관형어, 특히 관형사의 체언 접두사에 대한 한계성을 살펴보고 기존의 관형사와 접두사에 대한 연구는 단어의 자격, 기능, 형태소 간의 어근의 개재, 휴지, 맞춤법 등의 개별적 논거로 문제 해결에 구체적으로 접근하지 못했다는 점을 지적했다. 또한 관형사와 접두사의 한계 설정을 위해서 품사 설정에 대한 논의가 요구되며 품사 분류는 단어의 형태, 의미, 기능의 세 영역을 고려해야 한다고 했다.

노명희(1998)에서는 분리 가능성, 수식 범위 한정, 의미 굴절, 어기 범주 변화, 고유어 결합 가능성 등을 기준으로 하여 관형사성이 우월한 '각(各), 당(當), 동(同), 별(別), 속(續), 전(全), 주(主), 타(他)'만 관형사로 인정했다.

한용운(2004)은 '하나의 단위에는 하나의 범주를 설정해야 한다.'는 관점을 취하여 관형사와 접두사의 통용을 인정하지 않았다. 또한 접두사와 관형사의 판단 기준을 제시했다. 그의 논의에 따르면 기능 면에서 관형사와 접두사는 층위가 다른 범주이므로 통용될 가능성이 없다, 접두사의 기능은 형태론에서 다루어질 대상이고 관형사의 기능은 통사론에서 다루어질 대상이기 때문이다.

3) 관형사의 하위 분류에 관한 논의

관형사를 의미에 따라 하위 분류하는 것은 그 의미 특성에 따라 뒤에 오는 체언에 영향을 미치기 때문이다. 관형사의 하위 분류에 관한 논의는 허웅(1995), 서정수(1994), 남기심·고영근(1993), 왕문용·민현식(1993), 이수미·김민국(2009), 이규호(2015) 등을 들 수 있다. 서정수(1994)는 '지시관형사', '수관형사', '성상관형사', '의문관형사' 등 네 가지 유형으로 분류했다. 의문문에 쓰이는 '어느, 웬'을 지시관형사가 아닌 의문관형사로 분류했다. 그러나 동일한 '어느, 웬'에 대하여 부정의 의미로 사용될 때 지시관형사, 의문의 의미로 사용될 때 '의문관형사'라고 한 것은 받아들이기 어렵다.

왕문용·민현식(1993)은 성상관형사를 다시 '상태/정도 관형사'로 하위 분류한 것이 특징이다. 정도관형사는 성상관형사의 하위 분류이므로 '지시관형사', '수관형사', '성상관형사'의 3분법 체계는 그대로 유지된다.

이수미·김민국(2009)은 정도관형사 중에서 '무려, 불과, 한, 딱, 바로, 오직, 고작, 한낱, 단지, 한갓, 겨우'를 선정하여 '양태관형사'라는 새로운 유형을 설정했다. 관형사는 '성상/지시/수량/양태'의 4분 체계가 되며 '양태-지시-수량-성상+체언'의 결합 순서를 지킨다고 했다.

이규호(2015)는 기존의 3분 체계에 인칭관형사를 추가 설정했다. 지시관형사의 하위 분류인 의문/부정 관형사를 독립 범주로 설정하고 '무슨', '어느', '아무', '뉘', '몇', '뭔' 등을 의문/부정 관형사로 분류했다. 따라서 관형사의 하위 분류는 '지시관형사', '인칭관형사', '의문/부정 관형사', '수관형사', '성상관형사'의 5분 체계로 정립된다.

기존의 논의를 바탕으로 관형사 하위 분류 체계를 다음 표와 같이 제시할 수 있다.

<표 4> 관형사 하위 분류 체계

구분	연구
2분 체계	허웅(1995)
3분 체계	왕문용 · 민현식(1993)
4분 체계	서정수(1994), 이수미 · 김민국(2009)
5분 체계	이규호(2015)

똑같은 3분 체계일지라도 분류하는 학자에 따라 똑같은 단어를 서로 다른 것으로 분류하기도 한다. 통사적 결합 양상에 비추어 볼 때 관형사를 그 의미에 따라 지시관형사, 수관형사, 성상관형사로 분류한 최현배의 견해가 가장 타당하다고 본다. 그리하여 본 연구에서는 이 견해를 받아들여 관형사를 세 가지로 구분한다.

2. 한국어 관형사와 중국어 대응어에 대한 선행 연구

1) 한국어 지시관형사와 중국어 지시대사 대조에 관한 논의

한국어 '이, 그, 저'에 대한 연구는 많이 이루어졌다. 박은영(2006)은 '이, 그, 저'의 의미 기능 변화를 살펴봤다. 한국어 '이, 그, 저'는 크게 두 가지 기능을 한다. 하나는 지시사로서 사물이나 사람을 지시하는 기능이고, 다른 하나는 감탄사로 분류되는 담화 표지로서의 기능이라고 지적하였다. 지시 기능에 초점을 맞춘 논의는 도수희(1976), 장경희(1980), 박영환(1990) 등이 있다. 그중 도수희(1976)는 지시관형사 '이, 그, 저'와 지시대사 '이, 그, 저'의 관계에 주목했다.

중국어 '這, 那'에 대하여 呂叔湘(1990)는 중국어 지시사의 형식, 유래, 의미 등의 차원에서 자세히 논의하였다. 특히 '這, 那'가 지시와 지대의 기능을 가지고 있다고 지적하였다.

한국어 지시사와 중국어 지시대사의 대조 연구는 白水振(1994), 유효려(2006), 이사교(2009), 조순애(2011), 호결(2011), 임룡(2013), 주위(2018) 등을 들 수 있다. 백수진(1994)은 번역의 시각에서 출발하여 '이, 그, 저'와 '這, 那'의 대응 관계에 대해 연구하였다. 중국어 지시어 '這'는 많은 상황에서 한국어 지시어 '그'로 번역해야 하고 '이'로 옮길 수 없다는 점을 지적하였다. 유효려(2006)는 구어에서 한국어와 중국어의 지시어가 고유의 지시적 용법보다 비지시적 용법이 훨씬 우세한 것임을 밝혔다. 이사교(2009)는 지시 표현의 방식에 따라 담화에 미치는 지시의 중요성을 고찰하였다. 조순애(2011)는 지시대상에 따라 사람 지시, 사물 지시, 시간 지시, 장소 지시, 정도 지시 등으로 나눠서 '이, 그, 저'와 '這, 那'의 후행 성분과의 결합 양상을 살펴봤다. 임룡(2013)

은 '이, 그, 저'와 '這, 那'의 기능 및 지시대상을 연구 내용으로 삼고 대조를 시도하였다. 이들에 대해 지시 기능, 대체 기능, 접속 기능으로 분류하여 기능을 대조했다.

2) 한국어 관형사와 중국어 구별사 대조에 관한 논의

중국어 구별사는 한국어 관형사와 같이 체언을 수식하는 기능을 지니는데 품사 귀속 문제에 대한 논의는 기존 연구에서 다양하게 제기됐다. 한국어 관형사와 중국어 구별사의 대조 연구는 아직 많이 이루어지지 않았다. 지금까지 한국어 관형사와 중국어 구별사 대조를 연구 주제로 삼은 논의들은 다음과 같다.

〈표 5〉 관형사와 구별사 대조에 관한 논의

연구	수제	연구 내용
오선자(2006)	관형사, 구별사	분포, 기능, 표현형식, 단어 구성 대조
안연령(2011)	한·중 관형어	한중 관형어의 특징, 형태적 구성 대조
김균(2013)	관형사, 구별사	의미, 기능, 형태, 통사론인 특징 대조
최청화(2014)	관형사, 구별사	품사 설정, 판정 기준 대조

吳善子(2006)는 한국어 관형사와 중국어 구별사의 분포, 기능, 표현 형식 및 단어 구성 등의 측면에서 대조·분석하여 공통점과 차이점을 찾아내고자 시도했다.

안연령(2011)은 주로 한·중 관형어의 특징, 형태적 구성 및 중첩 구조를 대조했다. 하지만 구성 성분에 있어서 중국어에는 관형사가 없는 것이 한국어와 가장 큰 차이점이기 때문에 명사성 관형어, 형용사성

관형어, 동사성 관형어에 대한 대조는 이루어졌으나 관형사에 대해서는 개념, 특징, 범주, 유형 등을 간단히 소개하고 심도 있는 논의는 없었다.

김균(2013)은 한국어 고유 품사인 관형사의 하위 분류에 대하여 살피고 의미와 기능, 형태와 통사론적 측면에서 중국어와의 대조를 시도했다. 중국어의 품사 체계에 비추어 관형사와 대응되는 중국어를 찾고 형태 및 통사적 양상을 살펴봤다. 그리하여 한국어 '지시관형사'는 중국어의 '대사', '수관형사'는 중국어의 '수사', '성상관형사'는 중국어의 '형용사'에 대응된다는 일반적인 대응 양상과 몇 가지 특별한 양상에 대한 결과를 제시하였다.

최청화(2014)는 한국어 관형사와 중국어 구별사를 대상으로 각각의 언어 체계에서 품사 범주를 재설정하고 대조 분석을 통해 형태론적, 통사론적 차원에서의 공통점과 차이점을 밝혔다. 한국어 관형사와 중국어 구별사의 개념을 살펴봄으로써 두 품사가 분포상, 주요 기능과 형태상 많이 유사하다고 확인하였으며, 각각의 언어에서 관형사는 주로 독립된 품사로서의 설정 여부와 독립된 품사로 설정하는 경우에 품사 경계 범주에 대한 문제를 제기하였고 구별사는 주로 품사 귀속 문제와 범주 설정 문제를 제기했다. 또한 관형사와 구별사의 판정 기준을 고찰했다. 기존 연구에서 관형사는 주로 명사, 대명사, 수사, 부사, 형용사, 접두사와의 구별 양상과 구별사는 주로 명사, 부사, 동사, 형용사와의 구별 양상을 통해 각각 품사 범주를 재설정했다. 이 논의는 대조언어학적인 관점에서 관형사와 구별사를 주로 단어 생성법과 문법기능의 측면에서 형태론적·통사론적으로 비교해 이들 간의 공통점과 차이점을 고찰했다.

3) 한·중 수량 표현 대조에 관한 논의

한국어 수량 표현에 대한 논의로는 이익섭(1973), 채완(1982), 우형식 (1996), 한송화(1999) 등이 있다. 이익섭(1972)은 수량사와 단위성 의존 명사25)는 명사와의 위치 변이를 보인다는 점을 지적하였다. 우형식 (1996), 한송화(1999)에서는 명사와 수량사가 이루는 구성 체계를 유형 화하고 이들의 통사·의미적인 차이를 분석하였다.

중국어 수사에 관한 논의는 노순점(2005), 김영복(2005), 진봉매(2010) 등을 들 수 있다. 노순점(2005)은 중국어 수사에 대한 정의와 종류, 어 법 기능을 고찰하였다. 김영복(2005)에서는 수사 표현을 '수사+양사', '양사+명사', '명사+수사+양사', '수사+양사+명사', '지시대사+양사+명 사' 등 다섯 가지로 분류하였다. 진봉매(2010)에서는 수사와 명사 간의 결합 구성은 '수사+양사+명사', '수사+명사', '명사+수사+양사', '양사+ 명사' 네 가지로 분류하였다. 김영복(2005)에서 제시한 '양사+명사' 구 성을 보면 '我有個朋友在北大讀書'26) 예문에서 수사가 나타나지 않았 다. 중국어에서는 수사가 '하나'일 경우에 한해서 일반적으로 생략할 수 있지만, 둘 이상의 단위에는 생략이 불가능하다. 따라서 '양사+명

---

25) 한국어 단위성 의존명사는 유형론학적 용어 분류사에 해당한다. 한편 Aikhenvald (2000 : 2)는 언어유형론에서 분류사는 명사부류(noun class), 명사분류사(noun classifier), 수분류사(numeral classifier), 소유분류사(genitive classifier), 관계분류사, 동사분류사(veral classifier), 처소분류사, 직시분류사 등으로 구분된다고 지적한 바 가 있다. 수사나 수관형사 다음에 사용되는 분류사는 수분류사에 해당한다. 한국 어와 중국어는 각각 '단위성 의존명사'와 '양사'를 통해 수량을 나타낸다. 수 분 류사는 중국어에서 양사(量詞)의 하위 범주로 다루고 있으며, 개체양사(個體量詞) 라고 한다. 양사는 사물의 수량 단위 또는 동작과 관련된 수량 단위를 표시한다. 본 연구는 한국어나 중국어 문법 현상을 기술할 때 각각 단위성 의존명사, 양사 란 용어를 사용하고 대조할 때 통일성을 위해서 분류사라고 부르겠다.

26) 김영복(2005) 참고.

사' 구성은 인정할 수 없다. 또한 이 논의에서 제시된 '수사+양사'의 구성을 살펴보면 '我早上本來帶三個蘋果來, 路上遇到朋友的時候, 給他一個, 現在只剩兩個(아침에 사과 세 개를 가지고 왔는데 길에서 친구를 만나 그에게 한 개를 주었고 지금 두 개만 남았다)' 예문과 같이 선행 표현에서 충분한 정보가 제공될 때만 가능하다.

중국어 수사에 대한 연구가 활발해지면서 수량명사구의 구성, 수사와 명사 간의 통합 기능에 대한 연구로 이어져 왔다. 朱德熙(1982)에서는 수량명사구의 문법 기능을 연구하였는데 수사와 양사의 제일 중요한 문법 기능은 명사를 수식하는 것이라고 지적하였다. 石毓智(1998), 張延俊 (2015) 등은 수량명사구의 구조 변화 과정을 검토하였다.

한·중 수사에 대한 대조 연구는 곽추문(1996), 진봉매(2010), 주위(2018) 등이 있다. 곽추문(1996)에서는 수량명사구를 대상으로 양사 문제만 다루었다.

이상에서 살펴본 바와 같이 한국어와 중국어에서 모두 다양한 분류사가 존재한다. Aikenvald(2000 : 3)에 따르면 지역적으로 남아시아와 남태평양의 언어들에서 분류사가 많이 나타난다.

한국어 관형사 및 이에 대응하는 중국어에 대한 기존 연구의 흐름을 짚어 보았다. 이에 한국어 관형사의 실제 특성에 관한 기술이 빈약함을 알 수 있다. 한국어 관형사에 대하여 아직도 많은 연구가 필요하다는 것을 보여 주고 있다. 본 연구에서는 기존 연구에서 언급된 한국어 관형사의 범주 설정, 하위 분류 등의 문제점을 넘어 관형사 자체에 초점을 맞추고 관형사와 후행 명사 간의 결합 제약과 결합 양상 등을 연구할 것이다.

한국어 관형사의
통합 관계

제3장 한국어 관형사의 통합 관계

　기존 연구에서 관형사는 체언 앞에서 그 내용을 자세하게 꾸며 주는 품사로 규정하고 있다. 그러나 관형사와 체언의 결합에는 상당한 선택 제약이 따른다. 즉 관형사와 체언 중에서 결합이 가능한 것도 있고 그렇지 못한 것도 있다. 또한 기존 연구에서는 한국어 관형사에 대해서 문법 범주 설정과 하위 분류를 위주로 연구해 왔는데, 후행 체언과의 결합 양상과 결합 제약에 대한 논의는 많이 이루어지지 못했다. 관형사가 수식언이라는 점을 감안하면 그 피수식 대상과의 구체적인 통합 관계가 중요하다.1) 따라서 이 장에서는 이러한 미흡한 사실을 확인하고, 한국어 관형사와 후행 체언과의 결합 양상과 결합 제약을 밝히려 한다.

　한국어 관형사는 형태상 불변어이고 통사적 기능상 체언을 수식하는 수식언으로 한국어에만 있는 고유한 품사이다. 그러나 관형사의 인접 범주에서 보이는 형태·통사적인 유사성은 관형사가 품사 범주로서 설정되는 데에 논란을 불러 일으켰다. 특히 범주 체계를 간소화하기 위해서 관형사를 다른 범주에 귀속시키는 방법을 취하여 그 범주를 인

---

1) 관형사와 후행 체언의 결합 제약에 대한 논의는 서정수(1994), 김선효(2002), 임유종(2007) 등이 있다.

정하지 않는 논의가 끊임없이 제기되어 왔다.[2] 관형사는 수식언이기 때문에 문장에서 늘 피수식 대상과 공기해야 하는 의존성을 지니고 있다. 실제 문장에서 사용되기 위해서는 필수적으로 그 수식 대상과 함께 나타나야 하기 때문에 그 수식 대상과의 결합 관계를 살피는 것이 한국어 관형사를 이해하는 데 도움이 된다고 본다.

논의를 전개하기 전에 관련된 몇 가지 용어를 제시하도록 한다. 우선 고유명사의 특성을 고찰하겠다. 체언으로 분류되는 단어들은 의미 기능에 따라서 명사, 대명사, 수사로 하위 분류된다. 고영근·구본관(2008)에서 명사는 그 수가 매우 많아 전체 어휘의 대부분을 차지한다고 하였다. 명사는 몇 가지 기준에 의해 다시 하위 분류될 수 있다. 명사는 사용 범위에 따라 보통명사와 고유명사로 나뉜다. '사람, 나라, 도시…'처럼 같은 성질을 가진 대상에 대해서는 두루 붙일 수 있는 명사이므로 보통명사라고 한다. '철수, 신라, 금강산…'처럼 같은 성질의 대상 가운데서 어느 하나를 다른 것과 특별히 구별할 필요가 있을 때 사용되는 명사는 고유명사라 한다. 이를테면 '철수'는 특정한 사람을 다른 사람과 구별하는 이름이고, '신라'는 여러 나라 가운데서 어느 한 나라를 드러내기 위해 붙인 이름이다. '금강산'도 '산'과 비교하면 고유명사로서의 특수성을 지닌다. 고유명사는 그것이 지닌 의미상의 특수성에 상응하는 기능상의 특수성을 보여준다. 고유명사는 특정한 대상에 대해 붙여진 이름이므로 그러한 속성을 띤 대상은 오직 하나밖에 없다. 그러므로 고유명사는 특정 대상에 붙여진 이름이므로 지시대상의 유일성의 특성을 가진다.

---

2) 이수미(2008) 참고.

(9) 가. ***어느 금강산**이 더 아름답니?

나. ***모든 한강**에 홍수가 났다.

다. *그곳에는 **한 동대문**이 서 있다. (고영근·구본관 2008 : 64)

　고영근·구본관(2008 : 64)에 따르면 고유명사는 유일성을 가지기 때문에 위와 같이 한국어 관형사의 제약을 받는다. 특히 여러 개 중에서 하나를 선택하는 의미를 가지고 있는 '어느', '다른', '이, 그, 저' 등이나 복수의 개념을 가지고 있는 '여러', '모든' 등의 관형사와 잘 결합하지 않는다. 또한 고유명사의 이런 의미상의 특수성 때문에 고유명사의 앞이나 뒤에 수사나 수관형사가 결합하지도 못한다. 그러나 '우리 반에는 지혜가 세 명 있는데 이 지혜가 가장 키가 크다.'에서 볼 수 있듯이 같은 이름의 고유 명칭이 존재할 때는 이런 제약에서 벗어나기도 한다. '어느, 다른, 이, 그, 저, 여러, 모든' 등과 고유명사와의 결합 가능성에 대하여 후술 내용에서 상세히 검토할 것이다.

　본 연구에서 또 하나의 중요한 개념은 바로 의존명사이다. 명사는 자립성의 유무에 따라 자립명사와 의존명사로 나눠진다. '사람, 물건, 일…'처럼 자립명사는 그 앞에 다른 말이 얹히지 않아도 자립할 수 있으나 '분, 것, 데…'처럼 의존명사는 다른 말이 얹히지 않으면 비문법적인 문장이 된다. 자립명사는 관형어가 오지 않아도 문장 구성에 지장을 받지 않는 명사이고 의존명사는 관형어의 선행을 필수적으로 요구하는 명사이다. 의존명사 중 선행하는 명사의 수량을 표시하는 단위성 의존명사가 있다. 이러한 단위성 의존명사의 관형어는 수관형사 '한, 두, 세…, 여러, 몇'에 한정된다. 의존명사는 관형어와 통합할 때 제약을 받는 것도 있고 그렇지 않은 것도 있다. 단위성 의존명사 가운

데에는 의존명사만으로 쓰이는 것이 있는가 하면 자립명사가 의존명사의 기능을 띠는 경우도 있다. '학생 한 사람'에서 '사람'은 자립명사로 쓰이는 것이 더 일반적이나 경우에 따라 의존명사로도 쓰인다. 이는 단위성 의존명사가 대체로 보통명사에서 발달했음을 보여 준다. 의존명사로만 쓰이는 경우와 의존명사와 자립명사로 쓰이는 경우 등 단위를 나타내는 표현을 통틀어 언어유형론적 개념 분류사(分類詞, classifier)라 부르기도 한다.3)

대체로 관형사는 후행 체언을 수식하는 것으로 알려져 있으나 모든 체언을 수식하는 것은 아니다. 대명사, 고유명사, 의존명사, 수사의 경우 결합 관계 형성에 제약을 가진다. 어떤 관형사들은 보통명사와 결합이 가능한가 하면 다른 것들은 의존명사와 결합이 가능하다. 이러한 관형사의 구체적인 결합 양상, 결합 제약 등을 살피는 것이 제3장의 주된 목적이다.

본 연구에서 『표준w』에서 수록된 관형사 어휘의 실제적 사용을 확인하고 이를 바탕으로 개별 관형사의 특성을 기술할 것이다. 말뭉치 용례를 활용하는 궁극적 목적은 직관에 의한 관형사 연구의 한계를 보완하고 좀 더 실증적 언어 자료를 통하여 언어 현상을 기술하기 위함이다. 따라서 말뭉치는 결과적으로 실증적인 언어 현상 기술을 위한 중요한 자료가 될 것이다.

1. 관형사 목록

말뭉치의 언어학적 요소들에 관한 정보를 표시하기 위해 사용되는

---

3) 명사 유형에 관한 내용은 남기심·고영근(2005 : 71~79) 참고.

가장 기본적인 형식들은 목록을 통해 이루어진다. 우선 『표준w』 등 사전의 관형사 목록을 확인해 보면 많은 관형사가 표제어로 등재되어 있음을 확인할 수 있다. 『표준w』에서 관형사로 등재된 표제어의 총수는 1,743개에 달한다.4)

의미에 따라 관형사를 분류할 경우에는 연구자마다 목록이 달라질 가능성이 크다. 『표준w』에서는 1,743개 관형사 중에 '-적'에 의한 파생어를 일괄적으로 관형사에 포함시켰다. 이들은 후행 명사를 수식하는 관형사적 쓰임과 함께 조사 '으로'나 계사 '이-'와 통합하여 명사적 성격을 보이기도 하므로 단순히 관형사로만 표시하지 않고 관형사 · 명사로 병기하여 놓았다.5)

〈표 6〉 『표준w』 유형별 관형사 수7)

유형	수	백분율
고유어 관형사	193	11.07%
한자어 관형사6)	138	7.92%
'-적'류 관형사	1,261	72.35%
옛말 관형사	80	4.59%
방언 및 기타 관형사	71	4.07%
합계	1,743	100%

---

4) 선행 연구에서 밝혔듯이 『표준w』에서 관형사로 등재된 어휘의 목록을 주 자료로 삼고 기타 사전에서 관형사로 제시된 어휘의 목록을 보조적인 자료로 살핀다. 각종 사전류 외에 문법서의 관형사 목록은 큰 차이를 보인다.

5) 황문환(2002) 참고.

6) 김선효(2011 : 66)는 한자어 관형사의 선행 연구 목록을 다음과 같이 제시하였다.

논의	한자어 관형사 목록	수
최현배 (1961)	진(眞), 가(假), 공(公), 사(私), 호(好), 악(惡), 순(純), 잡(雜), 완(緩), 급(急), 생(生), 숙(熟), 신(新), 구(舊), 명(名), 평(平), 초(初), 만(滿), 대(大), 소(小), 장(長), 단(短), 고(高), 저(低), 주(主), 정(正), 부(副), 준(準), 이(異), 동(同), 해(該), 당(當), 귀(貴), 폐(廢), 타(他), 본(本), 동(同), 차(此), 기(其), 피(彼),	53

〈표 7〉에서 제시한 바와 같이 『표준w』의 관형사 표제어의 총수는 1,743개이고 유형별로 살펴보면 '-적'류 관형사는 총 1,261개로 전체 관형사의 72.35%를 차지한다. 고유어 관형사의 수는 193개로 차지하는 비율은 11.07%이다. 한자어 관형사의 수는 138개이며 고유어 관형사보다 낮은 비율인 7.92%로 나타난다. 현재는 잘 쓰이지 않지만 사전에 존재하는 옛말 관형사는 80개, 방언 관형사는 71개이다.

〈표 7〉 기타 사전류 관형사 수

유형	연세한국어사전		우리말큰사전		금성국어대사전	
	수	백분율	수	백분율	수	백분율
고유어 관형사	79	8.80%	87	8.07%	83	7.66%
한자어 관형사	34	3.80%	35	3.25%	44	4.06%
'-적'류 관형사	784	87.40%	956	88.68%	956	88.28%
합계	897	100%	1,078	100%	1,083	100%

왕문용 · 민현식 (1993)	금(今), 작(昨), 내(來), 명(明), 현(現), 상(上), 중(中), 하(下), 전(前), 후(後), 초(初), 말(末), 모(某) 순(純), 신(新), 주(主), 정(正), 준(準), 만(滿), 명(名), 대(大), 소(小), 근(近), 약(若), 단(單), 귀(貴), 본(本), 당(當), 동(同), 모(某), 타(他), 각(各), 현(現), 구(舊), 전(前), 내(來), 반(半), 전(全), 총(總)	26
노명희 (1997)	각(各), 당(當), 동(同), 별(別), 속(續), 전(前), 전(全), 주(主), 타(他),	9
김창섭 (1999)	각(各), 고(故), 구(舊), 당(當), 동(同), 매(每), 별(別), 본(本), 속(續), 순(純), 신(新), 전(全), 주(主), 총(總), 타(他), 현(現)	16
〈세종보고서〉(2001)	각(各), 고(故), 구(舊), 귀(貴), 근(近), 단(單), 당(當), 대(大), 동(同), 만(滿), 매(每), 모(某), 별(別), 본(本), 성(聖), 소(小), 속(續), 순(純), 신(新), 약(若), 양(兩), 연(延), 원(原), 작(昨), 전(全), 제(第), 제(諸), 주(主), 총(總), 타(他), 해(該), 현(現)	32

7) 관형사를 의미에 따라 분류할 경우에는 연구자마다 목록이 달라질 가능성이 크다. 본 연구에서는 종전의 논의를 최대한 수용하여 포용성이 넓은 목록 분류 방법을 채택하였다. 또한 본 연구에서는 관형사와 후행 명사의 결합 양상을 고찰하는 데 주력하므로 목록은 기존 논의와 다를 수 있다.

위와 같이『표준w』와 기타 사전을 대상으로 관형사 수록 현황을 분석한 결과 양적으로『표준w』이 표제어가 많지만 옛말 관형사, 방언 관형사, 북한어 관형사가 대량으로 수록되어 있다. 본 연구에서는『표준w』의 관형사 표제어를 연구 대상으로 삼는다. 단『표준w』의 옛말 관형사, 방언 관형사, 북한어 관형사, '-적'류 관형사는 연구 대상에서 제외한다. 관형사 목록은 〈부록 1〉과 〈부록 2〉를 참고할 수 있다. 이 사전에 하나의 품사 정보를 가지는 관형사도 있고 관형사·명사, 관형사·수사, 관형사·명사·수사, 관형사·대명사, 관형사·감탄사와 같이 하나의 단어 형태가 2개에서 3개의 품사 유형을 공유하는 품사 통용어로 등재된 것도 많다. 일부 관형사의 출현 빈도를 다음 표를 통해 제시한다.

〈표 8〉 관형사의 출현 빈도(일부)

순위	관형사	출현 빈도	백분율	순위	관형사	출현 빈도	백분율
1	그	5,823	17.6991%	11	세	728	2.2128%
2	한	3,719	11.3040%	12	몇	719	2.1854%
3	이	3,667	11.1459%	13	네	586	1.7812%
4	두	1,843	5.6018%	14	여러	552	1.6778%
5	그런	1,078	3.2766%	15	무슨	537	1.6322%
6	이런	968	2.9422%	16	첫	368	1.1185%
7	어떤	936	2.8450%	17	새	349	1.0608%
8	다른	903	2.7447%	18	각(各)	308	0.9362%
9	모든	842	2.5593%	19	전(全)	291	0.8845%
10	어느	840	2.5532%	20	약(約)	220	0.6687%

한국어 말뭉치에 관형사는 총 32,900회 나타난다. 출현 빈도는 '그 〉

한〉이 〉 두 〉 그런 〉 이런 〉 어떤 〉 다른 〉 모든 〉 어느…' 등의 순으로 나타난다. 이에 대한 계량적 양상을 제시하면 다음과 같다. 첫째, '그, 한, 이, 두' 등 4개 관형사의 출현 빈도를 합치면 전체 출현 빈도의 45.7508%에 달한다. 둘째, 지시관형사 '그, 이, 그런, 이런, 어떤, 다른, 어느, 무슨, 각' 등 9개, 수관형사 '이, 두, 모든, 세, 몇, 네, 여러, 첫, 전' 등 9개, 성상관형사 '새, 약' 등 2개가 출현한다. 셋째, 고유어 관형사는 17개, 한자어 관형사는 '각(各), 전(全), 약(約)' 총 3개만 나타난다.

앞서 살펴본 바와 같이 관형사는 홀로 쓰일 수 없고 후행하는 체언이 필요한 품사이다. 그러나 이렇게 체언을 수식하는 데 각 유형별, 각 어휘별로 구체적인 결합 제약이 다르게 나타난다. 이 장에서는 대표적인 고빈도 관형사를 선정하여 말뭉치의 용례를 바탕으로 그 구체적인 결합 제약이 어떻게 나타나는지를 살펴보겠다.

2. 관형사 하위유형별 후행 체언과의 결합 양상[8]

한국어 관형사의 목록 검토에 대한 연구에 비해 관형사의 하위 분류 문제는 그다지 주목을 받지 못했다.[9] 선행 연구에서 밝힌 바와 같

---

8) 이현규(1983)은 수사와 관형사 그리고 접두사와 관형사 사이에 그 한계가 모호한 점이 대단히 많다고 지적했다. 대명사 '이, 그, 저'와 관형사 '이, 그, 저'는 근본적으로 같은 것인데 이것을 두 개의 품사로 분류함으로써 전혀 다른 말인 것처럼 오도하고 있다. 대명사는 다른 체언의 앞에서 관형어로 쓰일 수 있는 것인데도 이런 용법은 무시하고 굳이 관형사 '이, 그, 저'로 나눌 필요가 없다. 또한 '한, 두, 세'는 '하나, 둘, 셋'의 이형태(allomorph)인데도 이것을 수관형사로 다루고 있다.

9) 이규호(2015)는 관형사를 독립 품사로 설정하는 학자들은 주로 관형사 목록에 대한 검토 작업, 하위 분류 작업 등을 진행하였다. 목록 검토에서는 수량 관형사나 굳은 관형사형의 처리 문제 등을 다루었다. 또 관형사의 범주 설정에서는 체언

이 관형사에 대한 하위 분류는 2분 체계, 3분 체계, 4분 체계, 5분 체계 등 견해들이 있다.

우선 최현배(1937)는 관형사를 '꼴매김씨'와 '바탕매김씨'로 분류했다. 그리고 '꼴매김씨'를 다시 '가리킴매김씨(지시관형사)'와 '셈숱매김씨(수관형사)'로 분류하고 바탕매김씨를 '그림매김씨(성상관형사)'라고 하였다.

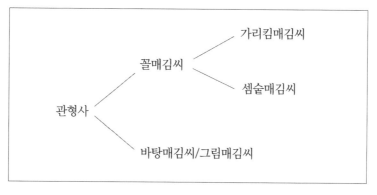

〈그림 4〉 최현배(1937)의 관형사 하위 분류

남기심·고영근(1993)은 관형사의 의미적 특징에 따라 지시관형사, 수관형사, 성상관형사로 하위 분류하였다. 또 형태적 기원에 근거하여 각 하위 분류에서 고유어 관형사와 한자어 관형사를 나누어 범주화하였다.

(명사, 대명사, 수사)이나 용언, 부사나 접두사와 어떻게 구별할 것인가를 고찰하였고 어휘사적 측면에서는 관형사가 어떻게 형성되었는지도 고찰하였다.

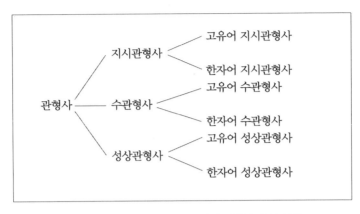

〈그림 5〉 남기심·고영근(1993)의 관형사 하위 분류

왕문용·민현식(1993)은 관형사를 지시관형사, 수관형사, 성상관형사로 분류하였다. 지시관형사를 공간관형사와 시간관형사로 분류하고 수관형사를 양수관형사와 서수관형사로 분류하였으며, 성상관형사를 상태관형사와 정도관형사로 분류하였다.

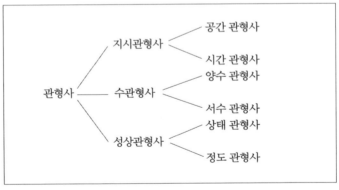

〈그림 6〉 왕문용·민현식(1993)의 관형사 하위 분류

2분 체계로는 허웅(1995) 등이 대표적이다. 또한 『조선어문법』(1960)에서는 분량 관형사와 성질 관형사의 이분법 체계를 설정하였다. 대상

의 양과 관련된 관형사를 분량 관형사로 분류하여 수관형사와 비슷한 특성을 보이고 있다. 또한 대상의 성질을 나타내는 관형사를 성질 관형사로 분류하여 지시관형사와 성상관형사의 집합으로 보았다.

4분 체계로는 서정수(1994)를 들 수 있다. 관형사를 지시관형사, 수관형사, 성상관형사로 분류함과 동시에 의문관형사라는 새로운 범주를 설정하였다. '웬', '어느'와 같이 의문을 제기하는 관형사를 의문관형사로 분류하였다. '어느'와 '웬'을 지시관형사와 의문관형사에 모두 해당한다고 보고 있는데 다만 의문을 나타내는 문장에서는 의문관형사로 재분류했다.

지금까지 관형사의 하위 분류는 3분법에서 크게 벗어나지 않았고 새로운 부류의 관형사 목록도 제시되지 않았다. 본 연구에서는 관형사를 '지시/수/성상 관형사'로 삼분하는 현행 분류 체계를 따르기로 한다. 『표준w』의 지시관형사, 수관형사, 성상관형사, '-적'류 관형사가 전체 관형사에서 차지하는 백분율을 제시하면 다음과 같다.

〈표 9〉『표준w』의 관형사 유형별 백분율

유형	세분	수	백분율	
지시관형사	한자어 지시관형사	12	14.63%	
	고유어 지시관형사	70	85.37%	5.14%
	소계	82	100%	
수관형사	한자어 수관형사	109	53.17%	
	고유어 수관형사	96	46.83%	12.86%
	소계	205	100%	
성상관형사	한자어 성상관형사	18	39.13%	
	고유어 성상관형사	28	60.87%	2.89%
	소계	46	100%	
합계				100%

<표 9>에서 제시한 바와 같이 옛말 관형사, 방언 관형사, '−적'류 관형사를 제외하고 모두 331개이다. 수관형사는 205개로 가장 많다. 한자어 수관형사는 109개로 수관형사의 53.17%를 차지한다. 고유어 수관형사는 96개로 수관형사의 46.83%를 차지한다. 지시관형사는 82개로 관형사의 5.14%를 차지한다. 그리고 한자어 지시관형사는 12개로 지시관형사의 14.63%로 나타난다. 고유어 지시관형사는 70개로 지시관형사의 85.37%로 나타난다. 성상관형사는 46개로 관형사의 2.89%만 차지한다. 한자어 성상관형사는 18개로 성상관형사의 39.13%를 차지한다. 고유어 관형사는 28개로 성상관형사의 60.87%를 차지한다. 여기서 주목할 것은 수관형사와 수사로 통용되는 표제어는 모두 159개로 77.56%를 차지한다는 점이다.

1) 지시관형사와 후행 체언의 결합 양상

이 절에서는 우선 한국어 지시관형사의 일반적 양상을 살펴본 후에 지시관형사의 통사·의미적 특징을 분석함으로써 그 실제적 사용 양상을 일부 밝혀 보고자 한다. 이러한 연구는 언어 현상의 실제 사용상의 특징을 분석함으로써 한국어 학습자에게 객관적인 연구 자료를 제시할 수 있다. 기존의 연구들은 직관을 중심으로 지시관형사의 양상을 밝혀 내고자 했다. 직관을 토대로 한 연구에서는 밝히기 힘든 실제적 양상의 연구는 대규모 말뭉치를 활용함으로써 보다 객관적이고 엄밀하게 접근할 수 있다. 이 절에서는 충분한 양의 언어 사용 자료와 적절한 활용을 통해 언어 현상을 관찰함으로써 기존의 연구에서 보이기 힘들었던 특징을 밝힐 수 있는 계량적 특성을 고찰하겠다.

이 절에서는 지시관형사 수식 대상의 분포와 결합 양상을 중심으로 분석하겠다. 이러한 기준을 토대로 지시관형사 연구의 특징상 해당 지시관형사의 후행 체언들을 연구 대상으로 삼아 결합 관계를 중심으로 분석할 것이다. 수식의 대상과 분포상의 특징을 대조·분석하여 지시관형사의 일반적 특성과 단어별 차이점을 명시적으로 분석할 수 있다. 또한 대규모 말뭉치에서 지시관형사가 어떤 계량적 특징이 있는지 간략히 보일 것이다.

(10) 가. 나는 **그 오해**를 벗겨주려는 사람이야.

나. **이 녀석** 부모님이 음악 하시는 거 아시죠?

다. **저 여자**랑 정말 낮부터 계속 같이 있었단 말이오?

한국어 지시관형사는 어떤 사물을 지시하거나 말하는 사람과의 관계를 나타낸다. 지시관형사는 피수식어의 수량이나 속성을 한정하지 않는다는 점에서 수관형사, 성상관형사와 구분된다. (10)에서 제시한 바와 같이 '그', '이', '저'는 관형사의 일반적인 특징에 비추어 볼 때 의미적으로 후행 명사의 뜻을 분명히 하고 형태적으로는 조사나 어미가 붙지 않아 활용을 하지 않으며, 또 통사적으로는 홀로 사용되지 못하고 후행 명사에 의존한다. 그러나 이들은 무엇인가를 가리키거나 지칭한다는 면에서 분명히 대명사와 유사성을 보인다.

(11) 가. **그 분**은 화장을 안 하신다.

가′. **그**는 화장을 안 하신다.

나. **이 장소**에서 살인 사건이 일어났다.

나′. 분열을 조장한다는 이유로 **이**를 반대했었다.

위의 예문에서 쓰이는 '그'와 '이'는 모두 무엇인가를 지시하고 있다. 그러나 의미, 기능, 형태와 통사적 특징을 볼 때 이들은 분명한 차이를 보인다. (11가, 나)의 의미면에서 보면 실제적인 사람이나 사물이라는 의미를 가지고 있지 않은 반면에, (11가′, 나′)에서는 어떠한 사람이나 사물이란 의미를 분명히 가지고 있다. 기능 면에서 (11가, 나)에서 '그'와 '이'는 사람이나 사물을 수식하고 있으나 (11가′, 나′)에서의 '그'와 '이'는 어떤 사람이나 일을 대용하고 있다. 형태면에서 (11가′, 나′)에서는 조사나 어미와 결합한다. 마지막으로 통사적으로 살펴볼 때 (11가, 나)에서의 '그'와 '이'는 뒤에 따르는 '분'과 '장소'와 결합을 하여 관형어를 이룬다. 그러나 (11가′, 나′)의 '그'와 '이'는 명사에 대한 의존성을 보이지 않고 있다.

그러므로 의미, 기능, 형태와 통사적 특징을 고려했을 때 '그', '이'와 같은 어휘는 품사를 달리하여 대명사와 관형사로 설정해야 한다고 본다.[10] 『표준w』에서 관형사 및 대명사로 등재된 표제어들은 '고따위, 그, 그따위, 모, 모모, 아무, 아무아무, 요따위, 이, 이따위, 저, 저따위, 조따위' 등이 있다.[11] 이들의 말뭉치에서의 출현 빈도를 제시하면 다음과 같다.

---

10) 고영근·구본관(2008 : 51)은 이러한 품사 통용 현상이 나타나는 원인에 대하여 다음과 같이 설명하였다. 첫째, 품사 분류가 임의적이다. 둘째, 통시적인 변화 과정에 있다. 셋째, 의미상의 특성 때문이다.

11) 『표준w』에서 수록된 표제어 중 관형사와 대명사로 표기한 항목은 모두 17개가 있는데 '고따위, 그, 그따위, 데따위, 뎌, 모, 모모, 아모, 아무, 아무아무, 요따위, 이, 이따위, 자무, 저, 저따위, 조따위' 등이다. '데따위, 자무'는 방언 관형사이고 '뎌, 아모'는 옛말 관형사이다.

표제어	관형사 빈도	백분율	대명사 빈도	백분율	표제어	관형사 빈도	대명사 빈도
그	5,823	64.42%	3,216	35.58%	모모		
이	3,667	64.33%	2,033	35.67%	아무아무		
아무	233	61.32%	147	38.68%	요따위		
저	289	37.44%	483	62.56%	이따위		
모	37	29.60%	88	70.40%	저따위		
그따위					조따위		
고따위							

남기심·고영근(1993)에서 대명사는 사물에 이름을 붙이지 않고 가리키기만 하는 품사로 정의하고 있다. 지시관형사와 명사의 결합으로 성립된 제3인칭 대명사는 화자와 청자를 축으로 하여 담화 현장에 있는 인물을 가리키는 기능을 지니고 있다. '이' 계열은 화자에게 가까이 있는 인물을, '그' 계열은 청자에게 가까이 있는 인물을, '저' 계열은 화자와 청자로부터 비슷한 거리에 있는 인물을 가리킬 때 각각 나타난다. 또한 제3인칭 대명사에는 미지(어느), 부정(아무), 재귀의 대명사도 포함될 수 있다. 고영근·구본관(2008)은 대명사는 지시 대상이 사람이냐 아니냐에 따라 인칭대명사와 지시대명사로 나눌 수 있다고 보았다. 이 논의에서 인칭대명사는 다시 1인칭 대명사, 2인칭 대명사, 3인칭 대명사로 나눌 수 있고, 지시대명사는 사물 표시 지시대명사와 장소 표시 지시대명사로 나눌 수 있다고 언급하였다. 대명사를 화자와 청자를 기점으로 얼마나 가까운가에 따라 근칭(近稱), 중칭(中稱), 원칭(遠稱)으로 나눌 수 있다. 〈표 11〉에서 제시한 바와 같이 말뭉치에서 관형사와 대명사로 모두 등재된 표제어 수는 모두 5개이다. '그', '이', '아무' 등

표제어가 관형사로 쓰일 때의 출현 빈도가 압도적이다. '저', '모' 등 표제어가 대명사로 쓰일 때의 출현 빈도가 높다.[12]

상기한 표제어들이 관형사인지 대명사인지는 수식을 받는 후행 체언의 존재 여부로 구분할 수 있다. 즉 지시관형사의 수식을 받는 체언이 존재하면 관형사이고 조사 등이 결합되어 있으면 대명사이다.

<표 11> 지시관형사 목록

고유어 지시관형사	한자어 지시관형사
고, 고까짓, 고깟, 고따위, 고런, 고런조런, 고만, 그, 그까짓, 그깟, 그따위, 그딴, 그런, 그런저런, 그만, 까짓, 네까짓, 네깐, 네깟, 다음, 다른, 무슨, 뭔, 바른, 아무, 아무런, 아무아무, 어나, 어느, 어떤, 어인, 여느, 여늬, 오른, 왼, 요, 요까짓, 요깟, 요따위, 요런, 요런조런, 요만, 웬, 이, 이까짓, 이내, 이따위, 이딴, 이런, 이런저런, 이만, 저, 저까짓, 저깟, 저따위, 저딴, 저런, 저만, 저지난, 제까짓, 제깟, 조, 조까짓, 조깟, 조따위, 조런, 조만, 지지난…	각, 귀, 당, 동, 매, 모, 모모, 본, 전, 전전, 타, 현…

위의 표에서 제시한 바와 같이 『표준w』의 고유어 지시관형사는 총 70개, 한자어 지시관형사는 12개가 있다.

고유어 지시관형사는 계열로 출현하는 현상이 나타난다. '이/그/저', '요/고/조', '이까짓/그까짓/저까짓', '이만/그만/저만', '이따위/그따위/저

---

12) '이, 그, 저'는 대명사로 한 논의가 많이 이루어져 왔다. 장경희(1980), 박영환(1990), 양명희(1998), 주경희(1992) 등 연구는 '이, 그, 저'의 의미 차이와 그 지시 대상에 대해 논의했다. 김미형(1995)은 고대에서 현대에 이르기까지 '이, 그, 저'의 발달 과정을 논했는데 독립적으로 쓰이던 대명사로서 쓰이던 '이, 그, 저'가 더 이상 독립적으로 쓰이지 않고, 명사의 결합형이 지시대사로 굳어지는 과정을 보이고 있다고 하였다. 한편 '이, 그, 저'를 관형사로 인정하고 연구한 논의는 도수희(1976)를 들 수 있다. 이 논의에서 지시관형사 '이, 그, 저'와 지시대명사 '이, 그, 저'의 관계에 주목했고, '이, 그, 저'의 원형적인 기능을 관형사로 보았다.

따위' 등이다.

　지시관형사에는 정지시(定指示) 관형사 '이, 그, 저' 등이 있고 부정지시(不定指示) 관형사 '무슨, 어떤, 어느' 등이 있다. 정지시 관형사 '이, 그, 저'에 대한 초기의 연구는 품사론의 입장에서 관형사로, 대명사로, 관형사 및 대명사로 논의되기도 하였다.

　(12) 가. *이/그/저/무슨/어느/어떤 너

　　　　나. *이/그/저/무슨/어느/어떤 하나

　(12)처럼 지시관형사는 대명사나 수사와는 결합되지 않는다. 이런 결합이 허용되지 않는 이유는 두 어휘 간의 의미의 중복이나 의미의 모순 때문으로 파악된다. (12가)는 지시관형사가 대명사에 선행하는 경우로 비문법적이다. 따라서 지시관형사와 대명사는 문장에서 함께 쓰일 수 없음을 확인할 수 있다. 이것은 지시관형사와 대명사의 의미 자질에서 기인하는 것으로 보인다. 곧 대명사는 사물의 명칭 대신에 그것을 직접적으로 가리키는 말이므로 그 자체에 이미 어떤 대상을 지칭하여 가리키는 지시성이 포함되어 있는데 '나, 너…' 따위의 대명사는 그 가리킴의 대상 명확하게 정해져 있지 않다. 그리고 지시관형사는 역시 지시성의 의미를 내포하고 있는데 정지시 관형사의 경우는 그 지시대상이 명확하게 지시되나 부정지시 관형사의 경우는 그렇지 못하다. 결국 정지시 관형사와 '나, 너…' 따위의 대명사가 통합되는 경우와 부정지시 관형사와 부정칭 대명사가 통합되는 경우는 의미가 중복되기 때문에, 그리고 정지시 관형사와 부정칭 대명사가 통합되는 경우는 의미상 모순이 되기 때문에 지시관형사와 대명사는 문장에서 함께 쓰일 수 없다.13)

(12나)에서 보듯이 지시관형사와 수사는 문장에서 서로 결합할 수 없다. 수사란 수를 나타내는 말로서 어떤 수사에 해당하는 수는 하나밖에 없다. 그렇기 때문에 특별히 어느 것을 가리켜 지시하는 일이 있을 수가 없는 것이다. 곧 지시관형사와 수사의 의미 특성으로 인해 지시관형사와 수사는 서로 공존할 수 없는 것이다. 바꿔서 말하면 한국어 수사는 관형어의 수식을 자유롭게 받지 못한다고 본다.

(13) 가. 이/그/저/어느/어떤/무슨 학교

　　　나. 이/그/저/어느/어떤/무슨 희망

　　　다. *이/그/저/어느/어떤/무슨 철수

　　　라. *이/그/저/어느/어떤/무슨 수

　　　라'. 이/그/저/어느 것

(13)에서 제시한 바와 같이 지시관형사는 명사와의 결합이 비교적 자유롭다. 그러나 모든 명사가 지시관형사와 결합할 수 있는 것은 아니며, (13가, 나)의 보통명사, 추상명사14)와는 결합이 가능하나 (13다)의 고유명사와 결합할 수 없다. 이러한 고유명사는 해당 항목이 하나밖에 없기 때문에 관형사와의 어울림에 제약을 받는다. 특히 여러 개 중 하나를 선택하는 의미를 나타내는 '어느'나. '이, 그' 등과의 어울림에 제약을 받는다. (13라, 라')의 경우 보통명사에 비하면 의존명사와는

---

13) 김기복(1999), 조미경(1992) 참고.

14) 박호관(2001)에서 '*이 성실, *그 무한'처럼 비문법적이라고 지적하였다. 그 이유는 후행 명사 '성실', '무한'이 대동사 '하(다)'와 결합되어 '서술성 추상명사'의 의미 자질을 가지고 있기 때문에 [지시성], [한정성]의 의미를 가진 관형사 '이, 그, 저'와 결합할 때 비문법적이다. 또한 '*이 성실하기, *그 성실하기'도 비문법적이다. 그 이유는 명사화소 {-음}과 {-기}는 [구체성], [실체성]의 의미 자질을 가지고 있기 때문이라고 지적하였다.

결합이 불가능하거나 많은 제약을 받는다.15) (13다)의 명사는 특정한 사람이나 사물에 붙여진 이름으로 유일무이한 의미 자질을 가지는 고유명사들이다. 이러한 의미적 특성 때문에 지시관형사와의 결합이 제약된다. 그러나 지시관형사 '이, 그, 저, 무슨, 어떤' 등은 특정 문맥이나 상황에서는 그 쓰임의 폭이 넓어져 고유명사와 결합이 가능한 경우도 있다. 즉 고유명사 중 사람명사가 아닌 것들은 비교적 자유롭게 '이, 그, 저'와 결할 수 있다.

의존명사와 통합 관계에 대하여 살펴볼 것이다. 의존명사는 관형어를 필수적으로 요구한다. 곧 자립명사와 구분되는 의존명사만의 특성이라고 할 수 있다. 문장 성분으로는 관형어에 속하는 관형사도 의존명사가 필요로 하는 어휘 요소이다. 그러나 지시관형사 '이, 그, 저'는 의존명사와 결합할 때 개별 어휘에 따라 차이가 있다.

지시관형사는 후행 체언과의 결합 분포에 따라 세분화 할 수 있다. '연세 문어 균형 말뭉치'에서의 지시관형사 출현 빈도를 제시하면 다음과 같다.

---

15) 최종원(2011)은 지시관형사 '이, 그, 저'와 의존명사를 결합할 때 제약이 없는 경우, 부분적인 제약을 가지는 경우, 통합 관계가 불가능한 경우로 분류했다. 지시관형사 '이, 그, 저'와 통합에 제약이 없는 의존명사는 '노릇, 것, 놈, 만큼, 대로, 분, 자, 치, 지경, 이, 통, 따위, 축, 무렵, 참, 만, 뿐, 때문, 식, 짝, 편, 건너, 너머, 나름,' 등이다. 지시관형사 '이, 그, 저'와 부분적인 제약을 가지는 의존명사는 '바람, 탓, 즈음, 폭, 적' 등이다. 지시관형사 '이, 그, 저'와 통합 관계가 불가능한 의존명사는 '데, 바, 터, 줄, 양, 둥, 듯, 깐, 녘, 따름, 나위, 뻔, 리, 김, 척, 체, 채, 지, 둥, 딴, 해, 등지, 겸, 들, 일쑤, 십상, 법, 셈, 자락' 등이다.

<표 12> 지시관형사의 출현 빈도

지시관형사	빈도	지시관형사	빈도	지시관형사	빈도	지시관형사	빈도
그	5,823	저	289	본	26	제깟	2
이	3,667	아무	233	요	22	그딴	2
그런	1,078	헌	132	고	13	당	1
이런	968	아무런	126	매	10	타	1
어떤	936	딴	45	왼	5	그런저런	1
다른	903	모	37	그까짓	4	네까짓	1
어느	840	저런	35	동	4	어인	1
무슨	537	웬	34	까짓	4	이따위	1
각	308	이런저런	31	그깟	3	요런	1
전(全)	143	여느	28	제까짓	2		

　　지시관형사의 출현 빈도는 '그(5,823) 〉 이(3,667) 〉 그런(1,078) 〉 이런(968) 〉 어떤(936) 〉 다른(903) 〉 어느(840) 〉 무슨(537) 〉 각(308) 〉 전(291) 〉 저(289)…' 등의 순으로 나타난다. 이들의 사용 양상은 다음과 같다. 첫째, '그' 출현 빈도가 가장 높은 것으로 나타난다. 지시관형사 '그'는 말뭉치에서 총 5,823회 출현한다. 둘째, '이'의 출현 빈도가 '그' 다음으로 높고 총 3,667회 출현한다.

　　고빈도 지시관형사 '그, 이, 저'를 선정하여 후행체언과의 공기 빈도를 추출해서 지시관형사의 특성을 분석해 보고자 한다.[16] 우선 20위까지의 지시관형사가 차지하는 백분율을 제시하면 다음과 같다.

---

16) 한국어 관형사의 전반적 통사적 특성을 고찰하려면 좌측 첫 번째 자리, 우측 두 번째 자리까지의 공기 성분을 설정해야 한다. 그러나 본 연구에서는 후행 명사와의 공기 양상을 파악하는 목적으로 우측 첫 번째 자리의 후행 명사만 선정하였다.

<표 13> 지시관형사 출현 빈도의 백분율(일부)

순위	지시관형사	백분율	순위	지시관형사	백분율
1	그	35.4089%	11	저	1.7574%
2	이	22.2986%	12	아무	1.4168%
3	그런	6.5552%	13	헌	0.8027%
4	이런	5.8863%	14	아무런	0.7662%
5	어떤	5.6917%	15	딴	0.2736%
6	다른	5.4910%	16	모	0.2250%
7	어느	5.1079%	17	저런	0.2128%
8	무슨	5.0897%	18	웬	0.2067%
9	각	1.8729%	19	이런저런	0.1885%
10	전(全)	1.7695%	20	여느	0.1703%

첫째, 〈표 13〉에서 제시한 관형사들은 총 16,341회 출현한다. 관형사 출현 빈도의 49.6687%를 차지하고 지시관형사 출현 빈도의 99.3676% 를 차지한다.

둘째, 지시관형사 '그'(35.4089%), '이'(22.2986%), '저'(1.7574%)의 출현 빈도 백분율을 합치면 지시관형사 출현 빈도의 59.4649%를 차지하므로 '그, 이, 저'가 고빈도 지시관형사임을 말뭉치 통계 자료를 통해 입증되었다. 고빈도 지시관형사 '이, 그, 저'를 선정하여 해당 지시관형사의 사용 양상을 분석하겠다. 이 절은 말뭉치 용례에서 지시관형사 '그', '이', '저'의 후행 체언과의 공기 양상을 살펴보는 데 목적을 둔다. 〈표 14〉는 '그, 이, 저'의 후행 의존명사, 보통명사와의 공기 빈도를 제시한 표이다.[17]

---

17) 본 연구에서 후행 체언은 관형사 우측 첫 번째 자리의 체언을 가리킴을 밝혀 둔다.

<표 14> '그/이/저+체언' 구성의 출현 빈도18) 및 백분율

후행체언	그	이	저	합계
의존명사	511	207	9	727
	70.2888%	28.4732%	1.2380%	100%
보통명사	4,567	3,100	231	7,898
	57.8248%	39.2504%	2.9248%	100%
대명사	69	9	4	82
	84.1463%	10.9756%	4.8781%	100%
수사	55	27		82
	67.0732%	32.9268%		100%
고유명사	54	56	12	122
	44.2623%	45.9016%	9.8361%	100%
전체	5,256	3,399	256	8,911

〈표 14〉에서의 통계 자료를 보면 한국어의 '그/이/저+보통명사' 구성은 7,898회, '그/이/저+의존명사' 구성은 727회, '그/이/저+대명사' 구성은 82회, '그/이/저+수사' 구성은 82회, '그/이/저+고유명사' 구성은 122회 출현한다. 따라서 지시관형사 '이, 그. 저'의 후행 체언과의 공기 양상은 다음과 같은 특징을 지닌다.

첫째, 보통명사와의 공기 빈도가 가장 높다. 표에서 제시한 바와 같이 지시관형사 '그, 이, 저'는 공통적으로 보통명사와 잘 어울린다. 출현 빈도는 '보통명사(7.898) 〉의존명사(727) 〉고유명사(122) 〉수사(82)/대명사(82)' 등의 순으로 나타난다.

둘째, 지시관형사의 수식을 받는 의존명사는 사물이나 사건을 나타내는 '것', 장소나 방향을 나타내는 '곳, 쪽, 편', 사람을 나타내는 '놈, 분, 이, 자'와 그 외의 것으로 정리해 볼 수 있다. 그리고 특정 지시관

---

18) 본 연구에서 중국어와의 대응 양상을 고려해서 관형사들의 수식 단어들의 분포를 분석하기 위해 우측 1어절만 살펴본다.

형사와 결합하여 분포상의 제약을 보이는 의존명사들이 존재한다. '나름, 동안, 외'는 '그'와 결합하며 '번'은 '이, 저', '점, 중'은 '이, 그', '즈음'은 '이'와만 결합한다. 의존명사와 공기하는 경우가 적게 나타나는 원인은 '그것', '이것', '저것'과 같이 '그/이/저+의존명사' 구성이 대명사로 취급되기 때문이다. '이것, 그것, 저것'은 기원적으로 '이, 그, 저'에 명사가 결합하여 이루어진 것이다. '이, 그, 저'는 각각 근칭, 중칭, 원칭이라는 용어를 써서 화자를 기점으로 하여 거리에 따라 선택되는 것으로 파악하기도 했으나 '이'는 화자에 가까운 쪽, '그'는 청자에 가까운 쪽, '저'는 화자와 청자에게 모두 먼 쪽을 나타낸다. 지시관형사 '그, 이, 저'는 의존명사와 공기하는 경우, 전체 출현 빈도의 8.1585%로 나타나는 반면에, '그, 이, 저'는 보통명사와 공기하는 경우는 전체 출현 빈도의 88.6320%로 나타난다.

셋째, '저+고유명사' 구성은 4.6875%로 '그+고유명사' 구성(1.0274%), '이+고유명사' 구성(1.6475%)보다 백분율이 높다.

이제 '그/이/저+보통명사' 구성의 분포 양상을 분석하겠다. 다음은 일부 출현 빈도를 표로 보인 것이다.

〈표 15〉 '그/이/저+보통명사' 구성의 출현 빈도(일부)

	'그+보통명사'	빈도	'이+보통명사'	빈도	'저+보통명사'	빈도
1	동안	131	세상	95	사람	22
2	사람	92	때	70	새끼	11
3	자리	92	영화	64	여자	8
4	때	83	문제	63	친구	6
5	말	83	책	61	자식	4
6	뒤	73	글	59	남자	4
7	집	66	지역	51	나무	4
8	결과	66	집	49	집	4

9	여자	64	땅	45	섬	4
10	자체	62	회사	40	방	4
⋮						
합계		4,567		3,170		231

〈표 15〉에서 제시한 바와 같이 지시관형사 '그'와 공기하는 보통명사 일부를 제시하면 '동안 〉사람/자리 〉때/말 〉뒤 〉집/결과 〉여자 〉자체…' 등이다. 이 구성의 사용 양상은 다음과 같다. 첫째, 이 구성에서 '동안, 때' 등 시간과 관련된 명사가 많이 분포한다는 특징을 보인다. 둘째, '그'가 '결과, 자체' 등 추상명사와 잘 어울린다는 것도 특징이다. 개념 속의 기준을 정확히 제시하기 위해 지시관형사 '그'를 많이 사용하는 것으로 볼 수 있다.[19]

지시관형사 '이'와 공기하는 보통명사 일부를 제시하면 '세상 〉때 〉영화 〉문제 〉책 〉글 〉지역 〉집 〉땅 〉회사…' 등의 순으로 나타난다. '이'와 결합할 수 있는 구체명사는 '영화, 글, 지역, 집, 땅, 회사' 등이 있다. 지시관형사 '그'에 비해 구체명사와의 결합이 많다.

앞서 논의했듯이 두 지시관형사의 차이점은 실제 언어 자료의 분석에 의해 분명히 밝힐 수 있지만 직관적으로는 그 차이점을 파악하기 불가능할 것이다.

지시관형사 '저'와 공기하는 보통명사 일부를 제시하면 '사람 〉새끼 〉여자 〉친구 〉자식/남자/나무/집/섬/방…' 등이 있다. 앞서 설명한

---

19) 서정수(1994 : 480~481)는 '저'가 추상적인 대상이나 개념에는 잘 안 쓰이는 경향이 있다고 하였다. '저'의 경우는 추상적인 개념이나 화자와 청자가 공유하는 의식 안에 들기가 어려우므로 못 쓰인다고 여겨진다. 그러나 말뭉치에서 '저 나라', '저 사회' 등과 같이 추상적인 대상의 통합 관계가 성립되는 경우가 있다.

지시관형사 '그, 이'와 좀 다른 양상을 보인다. 첫째, 통계적으로 〈표 15〉에서 제시한 바와 같이 공기 대상은 대부분 구체명사이다. 둘째, '그', '이'와 다른 현상을 보인다. 지시관형사 '저'를 지시대명사로 볼 수도 있지만 지시대명사로 보았을 경우 어떠한 조사도 붙을 수 없고 일반적인 문장을 자유롭게 생성하지 못한다는 문제가 있다.

〈표 16〉 '그/이/저+의존명사' 구성의 출현 빈도(일부)

순위	'그+의존명사'	빈도	'이+의존명사'	빈도	'저+의존명사'	빈도
1	중	75	무렵	9	지경	3
2	분	40	중	7	분	2
3	때문	28	지경	5	쪽	1
4	무렵	19	분	5		
5	외	15	놈	5		
6	바람	14	바람	3		
7	놈	10	따위	3		
8	쪽	9	간	3		
9	즈음	5	즈음	2		
10	나름	3	외	2		
⋮						
합계		511		97		6

〈표 16〉을 통해 다음과 같은 결합 양상을 제시할 수 있다. 첫째, '저+의존명사' 구성은 6회만 나타나며 '지경, 분, 쪽' 등과 결합한다. 둘째, '그+의존명사' 구성은 총 511회 출현하며 '이', '저'보다 의존명사와 잘 어울린다. 셋째, '그, 이, 저'와 공통적으로 결합하는 의존명사는 '지경, 분' 등이다.

앞에서 제시했듯이 지시관형사 중에서 '그'의 출현 빈도가 가장 높다. '연세 균형 말뭉치'에 지시관형사 '그'가 총 5,823회 출현한다. 지

시관형사 '그'와 공기하는 보통명사, 의존명사의 사용 양상은 다음과
같다.

<표 17> '그+보통명사/의존명사' 구성의 출현 빈도(일부)

순위	명사	공기 빈도	백분율	의존명사	공기 빈도	백분율
1	동안	131	2.8684%	중	75	14.6771%
2	사람	92	2.0145%	분	40	7.8278%
3	자리	92	2.0145%	때문	28	5.4795%
4	때	83	1.8174%	무렵	19	3.7182%
5	말	83	1.8174%	외	15	2.9354%
6	뒤	73	1.5984%	바람	14	2.7397%
7	집	66	1.4451%	놈	10	1.9569%
8	결과	66	1.4451%	쪽	9	1.7613%
9	여자	64	1.4014%	즈음	5	0.9785%
10	다음	62	1.3576%	나름	3	0.5871%
⋮						
합계		4,567	100%		511	100%

<표 17>에서 제시한 바와 같이 '그+보통명사' 구성은 말뭉치에서 총
4,567회 출현한다. <표 17>에서 제시한 '그+보통명사' 구성은 총 812회
나타나고 '그+의존명사' 구성은 총 218회 출현한다. '그+의존명사' 구
성의 출현 빈도는 '중 〉 분 〉 때문 〉 무렵 〉 외 〉 바람 〉 놈 〉 쪽 〉
즈음 〉 나름…' 등의 순으로 나타난다.

<표 17>을 통해 '그+보통명사/의존명사' 구성의 사용 양상은 다음과
같다. 첫째, '그+보통명사' 구성에서 '[+사람]'의 의미 자질을 지닌 보
통명사의 출현 빈도가 높은 것으로 나타난다. 예를 들자면 '그 사람'의
출현 빈도가 1위이고 '그 여자'의 출현 빈도가 9위에 있다. '그+의존명
사' 구성에서 '그 분'이 2위이고 '그 놈'이 7위로 고빈도 구성에 속한
다. 따라서 말뭉치 자료를 통해 추출한 공기 관계에 있는 명사들을 살

펴보면 상위에 있는 것들은 대부분 유정명사이다. 둘째, '그 동안'의 출현 빈도가 131회이고 '그 때'의 출현 빈도가 83회이다. 따라서 '그+보통명사' 구성은 시간명사와 잘 어울린다.[20)]

지시관형사 '이'의 출현 빈도는 '그' 다음으로 높다. '이+보통명사/의존명사' 구성의 출현 빈도를 살펴보면 다음과 같다.

〈표 18〉'이+보통명사/의존명사' 구성의 출현 빈도(일부)

순위	명사	공기 빈도	백분율	의존명사	공기 빈도	백분율
1	세상	95	2.9968%	점	36	26.2774%
2	때	70	2.2082%	무렵	9	6.5693%
3	영화	64	2.0189%	중	7	5.1095%
4	문제	63	1.9874%	지경	5	3.6496%
5	책	61	1.9243%	분	5	3.6496%
6	글	59	1.8612%	바람	3	2.1897%
7	지역	51	1.6088%	간	3	2.1897%
8	집	49	1.5457%	즈음	2	1.4599%
9	땅	45	1.4196%	따위	2	1.4599%
10	회사	40	1.2618%	외	2	1.4599%
⋮						
합계		3,170	100%		137	100%

〈표 18〉에서 제시한 바와 같이 '이+보통명사' 구성은 모두 3,170회 출현하고, '이+의존명사' 구성은 모두 137회 출현한다. '이+의존명사' 구성의 출현 빈도는 '점 〉 무렵 〉 중 〉 지경/분 〉 바람/간⋯' 등의 순으로 나타난다. '그+보통명사' 구성과 공통적으로 출현하는 보통명사는 '때' 등이고, '그+의존명사' 구성과 공통적으로 출현하는 의존명사는 '분, 무렵, 외, 바람, 즈음' 등이다.

---

20) 임유종(2005) 참고.

지시관형사 '그', '이'보다 '저'의 출현 빈도가 낮은 것으로 나타난다. 말뭉치에서 모두 289회 출현한다.

〈표 19〉 '저+보통명사/의존명사' 구성의 출현 빈도(일부)

순위	명사	공기 빈도	백분율	의존명사	공기 빈도	백분율
1	사람	22	9.2381%	지경	3	50.0000%
2	새끼	11	4.7619%	분	2	33.3333%
3	여자	8	3.4632%	쪽	1	16.6667%
4	친구	6	2.5974%			
5	자식	4	1.7316%			
6	남자	4	1.7316%			
7	나무	4	1.7316%			
8	집	4	1.7316%			
9	섬	4	1.7316%			
10	방	4	1.7316%			
⋮						
합계		231			6	

〈표 19〉에서 제시한 바와 같이 '저+보통명사/의존명사' 구성의 출현 빈도는 낮은 것으로 나타난다. '저+의존명사' 구성은 3회 출현한다. 그 원인은 앞서 밝혔듯이 '저+것' 구성이 되어 대명사로 많이 쓰이는 것으로 기인한다.

다음으로 용언의 활용형으로 굳어진 지시관형사에 대하여 살펴보겠다.[21] 최현배(1975)에는 '이것들은 죄다 다른 씨에서 규칙적으로 변용된 것이 아니요, 그 말꼴 또는 내용이 전연히 매김씨로서의 독특한 것'이라고 하여 모두 관형사로 인정을 하고 있다. 남기심·고영근(2006)도

---

21) 이수미(2008)에서 이러한 관형사의 형태적 특성은 근본적으로 어휘화로부터 기인한다고 보고, 관형사가 지닌 어휘사적인 배경과 관련이 깊다고 지적하였다.

관형사의 하위 분류에 따라 성상관형사는 형용사에서, 지시관형사는 지시대명사나 지시형용사에서, 수관형사는 수사에서 파생 또는 전성된 것이 대부분이라고 제시하였다. 용언의 활용형으로 굳어진 지시관형사 중 '다른'을 선정하여 결합 양상을 살펴보겠다.

한국어 말뭉치에서 지시관형사 '다른'은 모두 903회 출현하는데, 이는 지시관형사 출현 빈도의 5.4910%를 차지한다. 형용사 쓰임의 '다르(다)'는 모두 706회 출현한다. '다른+보통명사/의존명사' 구성의 출현 빈도는 다음과 같다.

〈표 20〉 '다른+보통명사/의존명사' 구성의 출현 빈도(일부)

빈도 순위	명사	공기 빈도	의존명사	공기 빈도
1	사람	86	것22)	28
2	나라	21	쪽	7
3	동물	15	데	4
4	지역	14	이	3
5	곳	13	점	2
6	말	9	놈	2
7	분야	8	편	1
8	팀	7	자	1
9	종교	7		
10	때	6		
⋮				
합계		766		62

〈표 20〉에서 '다른+보통명사' 구성은 모두 766회 출현하고, 전체 출현 빈도의 85.4928%를 차지한다. '다른+보통명사' 구성은 '사람 〉 나라 〉 동물 〉 지역 〉 곳 〉 말 〉 분야 〉 팀/종교 〉 때…' 등의 순으로 나타

---

22) 여기서 의존명사 '것'은 '것/거/건/게' 등을 포함한다.

난다.

'다른+의존명사' 구성은 모두 56회 출현하고, 전체 출현 빈도의 6.2016%를 차지한다. '다른'과 결합할 수 있는 의존명사는 '것 〉 쪽 〉 데 〉 이 〉 점/놈 〉 편/자…' 등의 순으로 나타난다.

〈표 20〉에서 제시하듯이 말뭉치 자료를 통해 '다른+의존명사' 구성보다 '다른+보통명사' 구성의 출현 빈도가 압도적임을 확인할 수 있다. '다른+의존명사' 구성의 출현 빈도가 높지 않은 것으로 나타난다.

2) 수관형사와 후행 체언의 결합 양상

이 절에서는 수사와 수관형사의 관계를 살펴본 다음에 수관형사의 사용 양상을 밝히고자 한다.

수관형사는 뒤에 오는 명사의 수량을 나타내거나 단위성 의존명사와 어울려서 앞에 오는 명사의 수량을 나타낸다. 수관형사는 수사와 대응되는 체계를 형성하고 있는데 수사와 형태가 같은 것이 대부분이지만 기본적 수관형사는 형태를 달리하는 경우가 많다. 선행 연구에서 제시하였듯이 수사와 수관형사의 구분에 대하여 주로 세 가지 관점[23]이 있는데 수관형사를 인정하는 관점, 수관형사를 전부 혹은 부분적으로 부정하는 관점, 수사와 형태가 다른 '한, 두, 세, 네'만을 수관형사로 인정하는 관점 등이다. 본 연구는 관형사의 하위 분류나 품사론적 고찰보다는 관형어 구조나 관형어 기능에 관심을 두기 때문에 수관형

---

23) 김선효(2011)에서 수사와 수 관형사에 대한 논의는 두 범주를 구별하는 범주 분리적 관점과 하나의 범주로 인정하는 범주 일치적 관점으로 나눌 수 있다. 범주 분리적 관점과 범주 일치적 관점이 지닌 장단점을 파악하여 적합한 해결 방향을 제시하였다.

사를 관형사의 하위 범주로 보고 수관형사와 명사의 결합 양상을 살펴볼 것이다.[24)

> (14) 가. *한(두, 모든, 여러) 나
> 나. *한(두, 모든, 여러) 하나
> 다. *한(두, 모든, 여러) 한라산

(14)는 수관형사가 대명사, 수사, 고유명사와 결합할 수 없음을 보여주고 있다. 고유명사는 그것을 가리킬 사물이 하나밖에 없으므로 수량으로 나타낼 수 없기 때문이다. 다시 말하면 수관형사와 고유명사는 어울리지 못한다.

> (15) 가. *한/두 맥주
> 나. 여러/모든 맥주
> 다. 한/두 마리
> 라. 여러 마리
> 마. *모든 마리
> 바. *한/두 꿈
> 사. 여러/모든 꿈

(15)에서 제시한 바와 같이 부분적으로 제약이 있기는 하나 보통명

---

24) 『표준w』에서는 '다섯, 여섯, 일곱…' 등을 수사와 수관형사로 인정하고 있다. 이른바 '품사 통용론'으로 처리하고 있다. 이들은 단위성 의존명사 앞에 올 수 있고 관형사의 특징을 따른다는 점에서 수 관형사로도 범주화되고 있다. 그러나 일부는 이러한 관점에 대해서도 의문을 제기하고 있다. 즉 단위성 의존명사라는 부류와 결합을 제외하면 '뒤에 따르는 체언을 수식하면서 동시에 격조사를 취할 수 없는 어휘들을 모두 수 관형사로 보아야 하는가?'라는 것이다.

사와 단위성 의존명사, 추상명사 등과 결합할 수 있음을 확인할 수 있다. (15가)에서처럼 보통명사 앞에 수관형사가 선행할 수 없다고 할 수 있지만 모든 수관형사가 오지 않는 것은 아니다. 일반적으로 숫자가 작은 경우 사람명사 앞에 올 수 있다. (15나)에서 보듯이 수관형사 중에서 '모든, 여러…'는 '한, 두, 세…'와 달리 보통명사와의 결합이 가능하다. 그것은 어떤 사물의 수량을 나타내려면 그 분량의 일정한 표준, 곧 단위성 의존명사가 있어야 하는데 비록 수관형사가 사물의 수량을 나타내는 말이기는 하지만 그 자체에 수량 단위로서의 기능을 가지고 있지 못하기 때문이다. 관형사 '여러'는 (15라)에서처럼 단위성 의존명사와 결합할 수 있지만 '모든'은 (15마)에서처럼 단위성 의존명사와 결합할 수 없다. 그러나 정수 관형사는 (15다)처럼 단위성 의존명사와도 결합할 수 있다. 단위성 의존명사는 수관형사와 통합하여 수량사구를 이룬다. 이때 수관형사는 수나 양을 명확히 하고 단위성 의존명사는 대상 명사에 따라 선택되는 특징을 보인다. (15바, 사)는 수관형사와 추상명사의 결합 양상이다. 추상명사는 (15바)와 같이 정수 관형사 '한, 두…' 등과의 결합이 불가능한 데 비하여 (15사)에서 관형사 '여러, 모든'은 결합이 가능하다.

(16) 가. **두** 사람이 그 돌풍의 주역으로 떠올랐다.

　　　나. 할미꽃 종류가 다른데 **둘**의 정확한 이름이 뭔가요?

(17) 가. 각 동에 **다섯** 분 정도 말씀 잘 하시는 분들을 뽑아주세요.

　　　나. 아마 열 명 중 **다섯**은 해당되지 않을까.

(16가, 17가)의 '두'와 '다섯'은 조사와의 결합이 없이 직접 쓰였고

(16나, 17나)의 '둘'과 '다섯'은 조사와의 결합에서 아무런 제약도 보이지 않고 있다. 이 뿐만 아니라 (16나, 17나)의 '둘'과 '다섯'은 홀로 실현되었으나 (16가, 17가)에서의 '두', '다섯'은 '사람', '분'을 필요로 하였다. 수관형사의 목록을 다음과 같이 제시할 수 있다.

<표 21> 수관형사 목록

고유어 수관형사	한자어 수관형사
갖은 너 너댓 너더댓 너더댓째 너덧 너덧째 넉 네 네다섯 네다섯째 네댓 네댓째 넷째 넷째 다섯 다섯째 닷대 대여섯 대여섯째 대엿 댓 댓째 두서너 두서너째 두석 두세 두세째 두어 두어째 둘째 둘째 둘찌 둬 마흔 몇 몇몇 모든25) 서 서너 서너째 서른 석 세 셋째 쉰 스무 스무남은 스무째 스물두째 스물째 아홉 아홉째 아흔 야뜨 여남 여남은 여남은째 여덟 여덟아홉 여덟째 여든 여러 여섯 여섯째 열아홉 열아홉째 열 열두째 열둘째 열아문 열째 열한째 엿 예 예닐곱 예닐곱째 예순남은 예순 온 온가지 온갖 일고여덟 일고여덟째 일곱 일곱째 일여덟 일여덟째 일흔 첫 첫째 한 한두 한두째	간(澗) 경(京) 공(空) 구(九) 구(溝) 구십(九十) 극(極) 근(近) 기만(幾萬) 기백(幾百) 기백만(幾百萬) 기십(幾十) 기십만(幾十萬) 기천(幾千) 나술(那術) 나유다(那由多) 나유타(那由他) 막(漠) 만(萬) 만만(萬萬) 모(毛) 모호(模糊) 묘(渺) 무량대수(無量大數) 무량수(無量數) 미(微) 백(百) 백만(百萬) 분(分) 불가사의(不可思議) 사(四) 사(沙/砂) 사(絲) 사십(四十) 사오(四五) 삼(三) 삼사(三四) 삼십(三十) 수만(數萬) 수백(數百) 수백만(數百萬) 수삼(數三) 수십(數十) 수십만(數十萬) 수억(數億) 수억만(數億萬) 수유(須臾) 수조(數兆) 수천(數千) 수천만(數千萬) 수천수만(數千數萬) 순식(瞬息) 십(十) 십만(十萬) 섬(纖) 아승기(阿僧祇) 애(埃) 양(兩) 양(穰) 양대(兩大) 억(億) 억만(億萬) 억조(億兆) 억천만(億千萬) 연(延) 오(五) 오륙(五六) 오만(五萬) 오십(五十) 육(六) 육덕(六德) 육십(六十) 육칠(六七) 이(二) 이(釐) 이삼(二三) 이십(二十) 일(一/壹) 일이(一二) 일천(一千) 일백(一百) 자(秭) 재(載) 전(全) 정(正) 정(淨) 조(兆) 준순(浚巡) 진(塵) 찰나(刹那) 천(千) 천만(千萬) 청(淸) 청정(淸淨) 총(總) 칠(七) 칠십(七十) 칠팔(七八) 탄지(彈指) 팔(八) 팔구(八九) 팔십(八十) 항하사(恒河沙) 해(垓) 허(虛) 허공(虛空) 호(毫) 홀(忽)

앞서 말뭉치 자료의 특성을 충분히 고려하여 객관적이고 명시적인

---

25) 리우완잉(2017)은 '갖은, 모든, 온갖, 온' 등을 수관형사로 인정하지 않았다. 그 이유는 '모든' 등은 실제적으로 수량을 한정해 주는 수사나 수관형사의 의미적인 특정을 가지지 않기 때문이라고 지적했다. 그러나 본 연구에서는 수관형사를 인정하는 입장을 취한다. 그 이유는 바로 후행 명사의 양적인 많음이나 적음을 나타내는 것이기 때문이다.

계량적 분석을 위해 설정한 연구 방법에 대해 간략히 설명한 바가 있다. 이 절에서는 계량적 접근을 통해 얻어진 수관형사의 특징을 분석하여 기존 논의에서 밝히기 힘든 여러 특징을 설명해 보겠다.

수관형사 수식 대상의 분포를 중심으로 분석하고자 한다. 이러한 기준을 토대로 수관형사 연구의 특징상 해당 수관형사와 공기하는 단어들을 연구대상으로 삼아 공기 관계를 중심으로 분석할 것이다. 같은 수관형사들이지만 수식의 대상과 분포상의 특징을 대조 분석하여 수관형사의 일반적 특성과 단어별 차이점을 명시적으로 분석하고 정리하고자 한다.

〈표 22〉 수관형사의 출현 빈도

수관형사	빈도	수관형사	빈도	수관형사	빈도
한	3,719	온갖	81	갓은	18
두	1,843	한두	66	넉	9
모든	842	수백	52	삼	3
세	728	스무	52	두서너	3
몇	719	몇몇	51	여든	2
네	586	양	50	너	2
여러	552	서너	47	서	2
첫	368	연	46	오만	1
총	163	두어	32		
전	143	석	32		
온	111	두세	21		

한국어 말뭉치에서 수관형사가 모두 10,344회 출현하고 관형사 출현 빈도의 31.4407%를 차지한다. 그들은 '한 〉 두 〉 모든 〉 세 〉 몇 〉 네

〉여러 〉첫 〉총 〉전 〉온 〉온갖…' 등의 순으로 나타난다. 수관형
사의 계량적 양상은 다음과 같다. 수관형사 '한'이 출현 빈도가 가장
높고 총 3,719회 출현하며 수관형사 출현 빈도의 35.9532%를 차지한다.
'두'는 총 1,843회 출현하고 2위로 많다. 수관형사 '한'과 '두'의 출현
빈도를 합치면 수관형사 출현 빈도의 53.7703%를 차지한다.

〈표 23〉 고빈도 수관형사 백분율

순위	수관형사	백분율	순위	수관형사	백분율
1	한	35.9289%	6	네	5.6613%
2	두	17.8050%	7	여러	5.3328%
3	모든	8.1345%	8	첫	3.5552%
4	세	7.0331%	9	총	1.5747%
5	몇	6.9262%	10	전	1.3815%

<표 23>에서 제시한 수관형사의 출현 빈도가 전체 출현 빈도의
93.3533%를 차지한다. 그중 '한'은 35.9289%로 수관형사 출현 빈도의
$\frac{1}{3}$을 차지한다.

수관형사의 수식을 받는 범주는 명사이다. 그러나 그 명사들 중에서
어떤 명사가 얼마나 긴밀한 관계로 나타나는지를 밝히고자 한다. '한'
에 대해서 특별히 주의할 필요가 있다. 유현경(2008 : 6)에서 제시하였
듯이 '한'은 다른 수관형사에 비하여 다양한 의미와 가능을 가지고 있
다. 말뭉치에서 '한'의 출현 빈도가 가장 높다. '연세 문어 균형 말뭉
치'에 수관형사 '한'이 모두 3,719회 출현한다. 〈표 24〉는 '한+보통명사
/의존명사' 구성의 출현 빈도를 표로 제시한 것이다.

순위	명사	공기 빈도	백분율	의존명사	공기 빈도	백분율
1	사람	107	7.0534%	번	298	20.5517%
2	관계자	29	1.9117%	달	97	6.6897%
3	여자	20	1.3184%	가지	76	5.2414%
4	곳	19	1.2525%	마리	65	4.4828%
5	손	18	1.1866%	명	51	3.5172%
6	나라	16	1.0547%	장	42	2.8966%
7	예	16	1.0547%	대	41	2.8276%
8	남자	15	0.9888%	시간	38	2.6207%
9	자리	12	0.7910%	해	32	2.2069%
10	발	10	0.6592%	마디	31	2.1379%
⋮						
합계		1,517	100%		1,450	100%

지시관형사의 경우와 마찬가지로 단순히 공기 빈도만을 고려했을 경우 다양한 범주의 용례가 검색될 수 있는데, 이 절에서 명사와의 결합 양상을 고찰하려는 목적으로 후행하는 명사만을 다루겠다. 말뭉치 자료를 통해 추출한 유의미한 공기 관계에 있는 명사들은 대부분 의존명사들이다. 이들의 출현 빈도는 '번 〉사람 〉달 〉가지 〉마리 〉명 〉장 〉대 〉시간 〉해…' 등의 순으로 나타난다. 이들의 사용 양상은 다음과 같다. 첫째, '한+보통명사/의존명사' 구성에서 단위성 의존명사26)와 잘 어울리는 특징을 잘 보이며, 보통명사와 고유명사도 일부

---

26) 서정수(1994)에서는 '수량 단위 의존명사', 고영근·구본관(2008)에서 '단위성 의존명사', 강창석(2009), 전연실(2010)에서는 '양사', 채완(1982), 유동준(1983) 등에서는 '분류사'라고 하였다. 본 논문에서는 한국어 문법 현상을 기술할 때 '단위성 의존명사'란 개념을 사용하기로 한다.

나타난다. 둘째, '한'은 수량 하나를 나타내는 것 이외에 '어떤', '같은', '대략' 등의 의미도 나타낼 수 있다. 말뭉치 용례 중 '한 자리'는 '같은 자리'로 해석될 수 있다. 또 '한 사람'은 수량 '하나'를 나타낼 수도 있고 '어떤 사람'으로 해석될 여지가 있다. 이제 수관형사 '두'의 사용 양상을 살펴보겠다.

〈표 25〉 '두+보통명사/의존명사' 구성의 출현 빈도(일부)

순위	명사	공기 빈도	백분율	의존명사	공기 빈도	백분율
1	사람	140	15.1188%	개	77	12.8978%
2	손	47	5.0756%	가지	71	11.8928%
3	눈	26	2.8078%	번	42	7.0352%
4	나라	20	2.1598%	명	39	6.5327%
5	팔	17	1.8356%	분	37	6.1977%
6	팀	14	1.5119%	달	33	5.5276%
7	남녀	12	1.2959%	차례	22	3.6851%
8	배우	10	1.0799%	배	21	3.5176%
9	형제	8	0.8639%	마리	16	2.6801%
10	아들	7	0.7559%	시간	13	2.1776%
⋮						
합계		926	100%		597	100%

첫째, 〈표 25〉에서 '두+보통명사/의존명사' 구성과 '한+보통명사/의존명사' 구성에 있어서 공통적으로 출현되는 명사는 '사람, 번, 달, 마리, 명, 시간, 차례' 등이다. 둘째, 수관형사 '한'은 다양한 의미가 있는 반면에, '두'의 의미는 "그 수량이 둘임을 나타내는 말"이다.

수관형사로 분류되는 어휘 중 '모든', '온', '온갖', '여러', '몇몇' 등의 사용 양상을 살펴보도록 한다. '여러', '몇', '몇몇'은 뒤에 단위성 의존명사가 올 수 있는 반면에, '모든', '온', '온갖' 뒤에는 단위성 의존명사가 오지 않는다. '여러, 몇, 몇몇'은 분포적 면에서 '한, 두, 세…' 등과 같은 양상을 보이지만 그 밖의 '모든, 온, 온갖, 갖은' 등은 이들과 다른 분포 양상을 보인다.[27] 말뭉치에서 수관형사 '모든'의 출현 빈도는 3위로 나타난다. '모든'은 수사 앞에 나타날 경우에는 비문법적이고 어순에 관계없이 수사와 양립할 수 없다.

<표 26> '모든+보통명사/의존명사' 구성의 출현 빈도(일부)

순위	명사	공기 빈도	백분율	의존명사	공기 빈도	백분율
1	사람	48	7.9208%	것	204	98.0769%
2	일	18	2.9703%	분	2	0.9615%
3	면	11	1.8152%	이	2	0.9615%
4	생명	9	1.4851%			
5	분야	8	1.3201%			
6	나라	7	1.1551%			
7	노력	7	1.1551%			
8	동물	7	1.1551%			
9	생물	7	1.1551%			
10	생명체	7	1.1551%			
⋮						
합계		606	100%		208	100%

<표 26>에서 보듯이 '모든+의존명사' 구성이 208회 출현한다. '모든+보통명사' 구성이 모두 606회 출현한다. '모든'은 의존명사 '것'과 잘 결합하여 쓰인다.

'모든+보통명사/의존명사' 구성은 전형적인 수관형사 '한, 두…' 등과 다른 양상을 보이고 있는 것을 말뭉치 통계를 통해 확인하였다.

---

27) 이수미(2008) 참고.

3) 성상관형사와 후행 체언의 결합 양상

성상관형사는 사물의 성질과 상태를 나타내거나 정도를 나타내는 관형사로 그 형태나 기능이 접두사와 유사하여 이들의 구분이 분명치 않다.[28] 성상관형사는 사물의 성질을 나타낸다는 점에서 특정한 대상을 지시하여 가리키는 지시관형사와 구별된다. 선행 연구에서 성상관형사의 목록[29]은 차이가 많이 난다. 성상관형사의 고유한 기능으로부터 출발하여 성상관형사를 살펴보겠다. 우선 성상관형사 목록을 제시

---

28) 한영목(1985)은 한국어 관형사와 접두사의 한계 설정은 이들이 가지는 형태, 직능, 의미의 총체적 파악과 함께 다양한 어휘적 의미와 통사적 의미 등 문법적 관계 고찰로 그 애매성이 해소될 것으로 보고 특히 어형론적 입장보다 통사 구조 속에서의 통합 관계 고찰이라는 접근론으로 이들의 차이를 밝히고자 한 것이다. 이밖에도 이충구(1976), 김창근(1979), 조미경(1992), 김덕신(1998), 김기복(1999) 등에서 관형사와 접두사의 한계 설정을 위한 연구가 시도되었다. 이같은 논의에서 이들의 구별에 사용된 기준들은 후속 체언의 수식 정도, 확대변형의 가능성, 대치 가능성, 자립성과 비자립성 등이다.

29) 최홍열(2014)에서 성상관형사에 관한 선행 연구에서의 목록을 다음과 같이 제시하였다.

논의	목록
최현배(1937/1980)	眞, 假, 公, 私, 好, 惡, 純, 雜, 緩, 急, 生, 熟, 新, 舊, 名, 平, 超, 滿, 大, 小, 長, 短, 高, 低, 主, 副, 準, 異, 同
고영근·남기심(1985)	純, 好, 新, 舊, 大, 長, 高, 主, 正, 異
민현식·왕문용(1993)	純, 新, 主, 正, 準, 滿, 名, 大, 小, 近, 約, 單
노명희(1998)	各, 當, 同, 別, 續, 全, 前, 主, 他
김숙이(1998)	故, 舊, 近, 當, 同, 汎, 本, 守, 新, 約, 兩, 延, 昨, 全, 諸, 行, 現, 別別, 別의別
황문환(2002)	各, 故, 貴, 近, 單, 當, 全, 滿, 每, 某, 別, 本, 聖, 數, 純, 兩, 延, 昨, 全, 前, 諸, 主, 總, 他, 現
안소진(2004)	貴, 單, 本, 總, 各, 每, 別, 聖, 純, 全, 當, 同, 續, 數, 兩, 延, 諸, 主, 該, 現
이정택(2003)	新, 舊, 滿
한용운(2004)	各, 貴, 單, 別, 純, 全, 總, 本, 每
김선효(2011)	各, 故, 舊, 貴, 近, 單, 當, 對, 同, 滿, 每, 某, 別, 本, 聖, 純, 新, 約, 兩, 延, 原/元, 昨, 前, 全, 諸, 第, 主, 準, 總, 他, 廢, 現

하면 다음과 같다.

<표 27> 성상관형사 목록

고유어 성상관형사	한자어 성상관형사
고얀 긴긴 난장(亂杖)맞을 난장(亂杖)칠 녠장맞을 녠장칠 대모한 떡을할 맨 맨땅 먼먼 몹쓸 뭇 빌어먹을 새 애먼 에문 옛 오랜 외딴 제미붙을 제밀할 젠장맞을 젠장칠 한다는 한다하는 허튼 헌	고(故) 구(舊) 단(單) 만(滿) 모모하(某某−) 벼라별(−−別) 별(別) 별별(別別) 별의별(別−別) 순(純) 성(聖) 약(約) 염병할(染病−) 일대(一大) 작(昨) 장장(長長) 주(主)

이 절에서는 '연세 문어 균형 말뭉치' 자료를 이용해서 성상관형사에 대해서 계량적 접근을 통해 얻어진 성상관형사의 특징을 분석하여 기존 연구에서 밝히기 어려웠던 여러 특징을 고찰하겠다.

성상관형사를 수식하는 대상의 분포를 중심으로 분석하겠다. 성상관형사의 수식 대상과 분포상의 특징을 대조 분석하여 성상관형사의 일반적 특성과 단어별 차이점을 명시적으로 분석하고 정리하고자 한다. 성상관형사의 출현 빈도는 다음과 같다.

<표 28> 성상관형사의 출현 빈도

성상관형사	출현 빈도	성상관형사	출현 빈도	성상관형사	출현 빈도
새	349	일대	17	몹쓸	3
약	220	순	14	긴긴	3
옛	102	고	13	고얀	2
단	100	별의별	9	성	2
별	91	별별	6	주	2
오랜	86	뭇	5	구	1
맨	63	웬	5	허튼	1
만	25	외딴	4	빌어먹을	1
헌	20	장장	4		

〈표 28〉에서 제시하듯이 성상관형사는 총 1,148회 출현하며 전체 관형사 출현 빈도의 3.4894%를 차지한다. 이들의 출현 빈도는 '새 〉 약 〉 옛 〉 단 〉 별 〉 오랜 〉 맨 〉 만 〉 헌 〉 일대…' 등의 순으로 나타난다.

한자어 성상관형사는 '약, 단, 별, 만, 일대, 순, 고, 장장, 성, 주, 구…' 등으로 495회 출현하고 성상관형사 출현 빈도의 43.1185%를 차지하는 반면에, 고유어 성상관형사는 '새, 옛, 오랜, 맨, 헌…' 등으로 총 653회 출현하고 성상관형사 출현 빈도의 56.8815%를 차지한다.

성상관형사는 사물의 성질이나 상태를 나타내는 것인데 이러한 성상관형사 역시 문장에서 결합할 수 있는 체언이 제한되어 있다. 상상관형사 '새'를 중심으로 명사와의 결합 양상을 살펴보겠다.

(18) 가. *새 나
　　나. *새 하나
　　다. 새 희망
　　다′. *새 기억
　　라. 새 서울
　　라′. *새 금강산
　　마. 새 책

(18)에서 제시한 바와 같이 성상관형사는 대명사, 수사와의 결합이 불가능하다. 이는 성상관형사와 대명사, 수사의 의미 특성에 기인하는 것으로 보인다. 즉 성상관형사는 사물의 성질이나 상태를 나타내는 반면에, 대명사와 수사는 일정한 실체가 없는 형식 체언이기 때문에 결

합할 수가 없다. (18다, 라)에서와 같이 일부 추상명사나 고유명사와의 결합이 가능하고, (18다′ 라′)에서와 같이 일부 추상명사나 고유명사와 결합은 불가능하다. 즉 명사와의 결합은 자유롭지만 결합이 가능한 경우가 있고 그렇지 못한 경우도 있다. (18마)에서 제시한 바와 같이 성상관형사와 보통명사의 결합이 가능하다. 그러나 성상관형사는 보통명사와 결합이 언제나 가능한 것은 아니다. 또 의존명사와의 경우도 성상관형사와의 결합이 가능한 것이 매우 제한되어 있어 '것' 외에는 성상관형사와 결합하지 못한다.[30)

성상관형사 중 출현 빈도가 가장 높은 것은 '새'이다. 성상관형사 '새'는 '연세 균형 말뭉치'에서 총 349회 출현한다. 다음 표는 '새+보통명사/의존명사' 구성의 출현 빈도 일부를 제시한 것이다.

〈표 29〉 '새+보통명사/의존명사' 구성의 출현 빈도(일부)

순위	명사	공기 빈도	백분율	의존명사	공기 빈도	백분율
1	정부	19	6.5517%	것	5	100.0000%
2	아침	6	2.0690%			
3	생명	6	2.0690%			
4	시대	5	1.7241%			
5	그룹	5	1.7241%			
6	날	4	1.3793%			
7	내각	4	1.3793%			
8	삶	4	1.3793%			
9	출발	4	1.3793%			
10	메시지	3	1.0345%			
⋮						
합계		290	100%		5	100%

30) 조미경(1992) 참고.

첫째, 성상관형사 '새'와 공기하는 후행 체언의 종류를 보면 의존명사, 보통명사 등이 있다. '새+보통명사' 구성에서 보통명사의 분포가 다양하다. 그들은 '정부 〉 아침 〉 생명 〉 시대 〉 그룹 〉 날 〉 내각 〉 삶 〉 출발 〉 메시지…' 등의 순으로 나타난다. 둘째, '새+보통명사' 구성은 290회로 출현하고 '새+의존명사' 구성은 5회만 출현한다. 의존명사의 경우 '것'과 결합하는 양상을 보인다. 성상관형사 '새'는 의존명사와 잘 어울리지 않는다는 것이 입증되었다. 셋째, 성상관형사 '새'는 구체명사와 결합할 수 있을 뿐만 아니라 '생명', '삶' 등 추상명사나 '아침, 날'과 같은 시간명사와도 결합이 가능하다.

그러므로 성상관형사는 명사와는 두루 결합할 수 있으나 대명사, 수사와는 결합할 수 없으며, 보통명사와의 결합이 자유로우나 항상 결합이 가능한 것은 아니다.

한국어 관형사와
중국어 대응어의 대조

제4장 한국어 관형사와 중국어 대응어의 대조

한국어 관형사는 수식어로서 후행 체언을 수식한다는 특징은 중국어의 명사구 수식 구조와 유사하다. 중국어의 모든 수식어는 '수식어+피수식어'구조를 갖는다. 따라서 한국어 관형사의 중국어 대응 양상을 파악하기 전에 우선 중국어의 명사구 수식 구조에 대하여 짚어 보도록 한다.

정성수(丁聲樹) 외(1999)는 중국어에서 하나의 단어로 구성된 문장을 제외하고 모든 문장은 여러 성분으로 분석할 수 있는데, 이런 성분들은 서로 일정한 통사적인 관계를 구성하며 일정한 통사 구조를 형성한다고 밝혔다.[1] 중국어 수식 구조는 명사에 대한 수식 구조와 동사나 형용사에 대한 수식 구조로 나눌 수 있다. 본 연구에서는 체언과 결합하는 관형사의 통사적인 특징을 고려하여 중국어 명사에 대한 수식 구조만 살펴보도록 한다.[2] 중국어의 전형적인 유형론적 특징은 수식어가

---

[1] 丁聲樹 외(1999) 참고. 인용된 원문은 다음과 같다. "除了一個詞的句子以外, 每個句子都可以分成多少個成分, 這些成分相互之間有一定的句法關係, 造成一定的句法結構。漢語的主要句法結構有五種：主謂結構、補充結構、動賓結構、偏正結構、並列結構。"

[2] 丁聲樹 외(1999)에서 일반적으로 명사, 동사, 형용사는 모두 수식어가 있다고 하였다. 그리고 명사와의 관계에 따라 명사의 수식어는 종속적 수식어, 동일성 수식

반드시 피수식어의 앞에 위치한다는 점이다.

(19) 가. *這*件事情(이 일)

　　나. *那些*菜(그런 요리)

(19)에서 보듯이 중국어 지시대사(demonstrative Pronouns)[3] '這', '那些'는 후행 명사 '事情', '菜'를 수식하여 지시의 기능을 나타낸다. (20가)에서의 중국어 지시대사 '這'와 후행 명사 '事情' 사이에 양사 '件'이 삽입된다. (20나)와 같이 어떠한 부류를 지칭할 때 지시대사 '這些'와 후행 명사 '菜' 사이에서는 양사가 없다.

(20) 가. 三個人(세 사람)

　　나. *兩*名學生(두 학생)

(20)은 중국어 수량 표현이다. 중국어의 전형적인 수량 표현은 '수사+양사+명사' 구성이다. 수량사[4]가 관형어로 쓰여 제한 관계를 나타낼

어, 일반적 수식어 등으로 분류할 수 있다.

3) 김현철 외(2013)에 따르면 한국어에서 지시대명사나 지시관형사라는 용어를 하고 있으나 본 연구에서는 중국어의 대사의 특성을 살려 지시대사라는 용어를 그대로 사용하기로 한다. 郭銳(2002)에 따르면 지시사는 명사를 수식하는 관형어 역할이 주기능이며 수량구 혹은 수량사와 공기할 수 없거나 수량사와 공기하더라도 수량사의 앞에만 출현할 수 있는 품사이다. 지시사는 명사를 수식하는 관형사 역할을 한다는 점에서는 구별사와 유사점이 있다. 그러나 지시사와 구별사의 다른점은 수량사와의 관계에서 드러났다. 구별사는 수량구 혹은 수량사와 공기할 수 있으며 수량구나 수량사의 뒤에만 올 수 있다. 즉 <수량><명>의 환경에 출현한다. 지시사는 수량사와 공기할 수 없거나 혹은 수량사와 공기할 때 수량사 앞에만 출현할 수 있다. 즉 ~<수량사>의 환경에서 출현할 수 있다. 이러한 구별사와의 유사점 때문에 중국어의 지시사는 거의 모두 한국어의 지시관형사에 대응되며 한국어의 지시관형사 중 상당수가 중국어의 지시사에 대응된다.

때 뒤에 '的'를 사용할 수 없다.[5] (20)에서의 '三個人', '兩名學生' 구조에 '的'가 삽입되면 비문이 된다.

(21) 가. 這是*新*房子[6]。 (이것은 새 집이다.)

　　　나. 我扔了*舊*衣服。 (내가 헌 옷을 버렸다.)

(21)에서 보듯이 중국어 형용사가 관형어로 쓰일 때 그 뒤에 '的'의 유무는 음절 수에 달려 있다. 단음절 형용사가 관형어로 쓰일 경우 그 뒤에는 '的'를 사용하지 않는다. (21)에서의 형용사 '新', '舊'는 단음절 형용사이므로 '的'를 쓰지 않는다.

1. 한국어 지시관형사와 중국어 대응어

한국어 관형사와 중국어 대응어에 관한 대조 연구에 있어 1,743개나 되는 한국어 관형사 전체를 대상으로 하는 것은 현실적으로 어렵기 때문에 고빈도 관형사를 선정하되 전반적인 대응 양상을 반영하기 위해 개별 저빈도 관형사도 함께 고찰하겠다.

한국어 관형사의 중국어 대응 양상에 대한 기존의 연구들은 실제 자료

---

4) 중국어 수량사는 흔히 한국어 수량어(quantifier)에 해당한 개념이다. 한국어 수량어는 포괄적인 용어로서 수량을 나타내는 모든 표현을 가리킨다. 본 논문에서는 한국어 수량어와 중국어 수량사를 같은 개념으로 취급한다.

5) 중국어 수량사가 한정어로 쓰여 묘사 관계를 나타낼 때 뒤에 '的'를 써야 한다. 예를 들면 '他買了一條三斤的鯉魚．'에서 '的'의 생략이 불가능하다.

6) 중국어 관형어 뒤에는 '的'가 동반되는 경우는 대개 세 가지다. 수식어에서 '的'를 반드시 추가해야 하는 경우, '的'의 생략이 가능한 경우, 또한 '的'의 첨가가 불가능한 경우 등이 있다. 여기서 '新房子', '舊衣服'에서 형용사 '新', '舊'와 명사 '房子', '衣服' 사이에 '的'의 생략이 기능하다.

들을 바탕으로 정리했다기보다는 연구자의 직관을 중심으로 대조 결과를 밝히고자 했다. 연구자의 지식에만 한정하여 진행한 연구에서 실제 언어 사용에 대한 이해와 정리에 많은 한계가 있다. 직관을 바탕으로 한 연구에서는 밝히기 힘든 언어 현상의 실제적 특징의 연구는 대규모 말뭉치를 활용함으로써 보다 객관적이고 엄밀하게 접근할 수 있다.7)

이 절에서는 한국어 지시관형사와 중국어의 대응 관계를 분석함으로써 그 실제적 대응 양상을 밝히고자 한다. 또한 한국어 지시관형사 수식 명사구와 중국어 대응 표현의 통합적 특징을 함께 분석함으로써 중·한 대조 연구에 명시적이고 객관적인 연구 자료가 될 것이다.

한국어 지시관형사와 중국어 대응어를 대조하기 전에 우선 중국어 대사의 특성을 짚어볼 필요가 있다. 중국어 대사는 다른 것을 지적하거나 대칭 작용을 하는 단어로서, 그것이 지적하거나 대칭하는 구체적 내용은 일정한 상황에서만 가능하다. 중국어 대사는 의미와 기능에 따라 세 종류로 구분할 수 있는데 표로 제시하면 다음과 같다.

〈표 30〉 중국어 대사 분류8)

指示代詞	這 那 這裡 這兒 那裡 那兒 這會兒 那會兒 這麼 這樣 這麼樣 那麼 那樣 那麼樣
人稱代詞	我 我們 咱們 你 您 你們 他(她, 它) 他們 咱 人家 別人 旁人 大家 大夥兒 自己 自家 自個兒
疑問代詞	誰 甚麼 哪 怎麼 怎樣 怎麼樣 多會兒 哪會兒 哪裡 哪兒 多少 幾
特殊代詞	每, 各, 某…

중국어 대사는 의미에 따라 인칭대사, 지시대사, 의문대사, 특수대사

7) 박병선(2004) 참고.
8) 朱德熙(1982), 劉月華 (2001)에서 제시한 대명사 분류를 바탕으로 재구성한 것이다.

등 네 가지 유형으로 분류할 수 있다. 한국어 지시관형사는 그 어원에 따라 고유어 지시관형사와 한자어 지시관형사로 분류할 수 있다.

1) 고유어 지시관형사와 중국어 대응어

이 절에서는 한국어 고유어 지시관형사와 중국어 대응어에 대해 대조·분석할 것이다. 우선 한국 고유어 지시관형사의 쓰임과 후행 체언과의 결합 양상을 살피고, 이에 대응되는 중국어 양상을 함께 고찰할 것이다. 한국어 지시관형사는 뒤따르는 체언을 단순히 가리키거나 지정하는 기능을 하고 피수식어의 수량이나 속성을 한정하지 않는다.[9] 중국어 지시대사는 가리키는 물건을 나타내는 대사이다. 한국어 지시관형사와 중국어 지시대사는 개념 차이뿐만 아니라 후행 명사와의 결합 양상에도 차이를 보인다. 또한 피수식어의 분포적 특징이나 구문 결합의 경향성을 살펴볼 것이다. 본 연구에서 언어 직관에 기반을 둔 표현의 적형성에 대한 설명과 함께 말뭉치를 기반으로 한 그 실제적 특징을 밝힘으로써 좀 더 그 특징을 총체적으로 설명하겠다.

앞서 제시한 바와 같이 한국어 지시관형사 '그', '이', '저'는 고빈도 관형사에 속한다. 『표준w』에서 수록된 지시관형사의 용례와 말뭉치 용례를 참고하고 후행 체언과의 공기 빈도를 추출하여 해당 지시관형사들의 관형어적 특성을 분석해 볼 것이다. 이 절에서 한국어 지시관형사를 고찰할 때 수식 대상의 분포를 중심으로 분석할 것이다.[10] 따라

---

9) 서정수(1994) 참고.

10) 이러한 공기 관계를 살펴볼 때 보통 좌측에서 공기하는 단어들과 우측 자리에서 공기하는 단어들을 연구대상으로 삼아 공기 관계를 중심으로 분석하지만 본 연구는 우측 자리에서의 분포를 중심으로 공기 관계를 살펴볼 것이다. 좌측 자리에서는 보통 부사어가 분포되어 있으므로 본 연구의 대상에서 제외시킨다.

서 한국어 지시관형사의 일반적 특성과 함께 단어별 결합 양상도 살펴볼 것이다.

(1) 지시관형사 '이, 그, 저'와 중국어 지시대사 '這, 那'

중국어 지시대사 중에서 가장 기본적인 것은 가까운 것을 지시하는 '這'와 먼 것을 지시하는 '那'이며, 그 밖의 지시대사들은 모두 이 두 단어에서 파생된 것이다. 중국어 지시대사의 주요한 기능은 사람과 사물을 지칭하는 것이며 문장에서 명사, 동사, 형용사, 정도부사를 대신할 수 있다. 중국어 지시대사는 다른 것을 지칭하는 용법도 있고 대칭하는 용법도 있다. '這', '那'는 단독으로 사용할 수도 있고 다른 단어와 함께 사용할 수도 있다.

한국어 지시관형사 '이', '그', '저'는 삼원적 지시 체계를 가지고 있는 반면에, 중국어 지시대사 '這', '那'는 이원적 지시 체계이다. 이러한 두 언어 간의 체계 차이는 한국어 학습자들이 그 사용에 있어 혼란을 야기할 개연성을 가지고 있음을 뜻한다. 한국어 지시관형사 '이', '그', '저'와 중국어 지시대사 '這', '那'의 사전적 쓰임을 토대로 대조·분석함으로써 한국어 지시관형사 '이, 그, 저' 수식 명사구[11]와 중국어 대응 표현 간의 공통점과 차이점을 찾아내고자 한다.

한국어 지시관형사 '이', '그', '저'와 중국어 지시대사 '這', '那'는 두 언어에서 각각 지시대명사나 지시관형사, 지시대사로 분류하고 있다. 이러한 사실이 그 의미나 기능이 다름을 나타내는 것은 아니다. 지

---

11) 본 논문에서 사용하는 '지시관형사 수식 명사구'라는 용어는 '지시관형사 '이, 그, 저'를 수식하는 명사구가 아니라 지시관형사 '이, 그, 저'가 관형 성분으로 쓰인 명사구'라는 의미를 사용한다.

시관형사 '이, 그, 저'는 기본적으로 현장 지시 기능을 보인다. 이것은 대화 현장에서 쓰일 때에 드러나는 의미로서 실재적 지시이다.

『표준w』에서 제시한 지시관형사 '이'의 의미는 두 가지가 있다. 첫 번째 의미는 '말하는 이에게 가까이 있거나 말하는 이가 생각하고 있는 대상을 가리킬 때 쓰는 말'이다. 두 번째 의미는 '바로 앞에서 이야 기한 대상을 가리킬 때 쓰는 말'이다.

(22) 가. **이 사과**가 맛있게 생겼다.

　　　나. **이 장소**에서 살인 사건이 일어났다.

　　　다. **이 아이**가 네 아들이니?

(23) 노력하는 사람은 실패하지 않는다. **이 점**을 우리는 명심해야 한다.

한국어 지시관형사 '이'는 보통명사와 잘 어울린다. (22)의 '이'는 담 화 현장에서 화자에게 가까울 뿐 아니라 볼 수 있는 대상을 가리키는 관형사로, 화자에게 가까운 '사과', '장소', '아이' 따위를 직접 청자에 게 가리켜 보일 때 쓰인다. (22)에서는 지시관형사 '이'가 후행 명사 '사과', '장소', '아이'를 수식하고, (23)에서 지시관형사 '이'는 앞의 문 맥에 나와 있는 내용을 대신 가리켜 뒤로 연결시키는 구실을 한다. 이 것은 지시관형사 '이'가 지니는 조응 지시(anaphoric coreference) 기능이 란 문맥에 따라 반복되는 요소를 대치하는 것을 말한다. 모두 명사 앞 에 위치하여 명사를 수식하고 지시의 의미를 가지고 있다.

(22') 가. ***這個蘋果***看起來很好吃。

나. *這個地方*發生過殺人案件。

다. *這個孩子*是你兒子嗎?

(23′) 努力的人不會失敗, 我們必須銘記*這一點*。

(22), (23)의 지시관형사 '이'는 (22′), (23′)의 '這'와 의미적으로 대응한다. 예문에서 보듯이 지시관형사 '이'와 지시대사 '這'는 후행 명사의 관형어로 나타난다. (22)에서 '이'는 후행 명사 '사과', '장소', '아이'를 수식하며, (23)에서 '이'는 후행 명사 '점'을 수식하고 있다. (22′)에서는 지시대사 '這'가 명사 '蘋果', '地方', '孩子'를 한정하고, (23′)에서는 명사 '點'를 한정한다. 따라서 한국어의 '이+보통명사' 구성은 중국어의 '這+양사+명사' 구성과 대응된다.

중국어 '這'의 첫 번째 용법은 시간, 장소, 사람, 사물을 가리키는 명사 앞에 쓰여 시간, 장소, 사람, 사물을 지시한다는 것이다. '這個蘋果, 這個地方, 這個孩子'는 화자가 가까운 거리에 있는 대상을 가리키기 때문에 지시대사 '這'로 지시한다. 두 번째 용법은 거리상으로 비교적 가까운 사람과 사물을 대신한다는 것이다. 예를 들면 '這是王老師。'의 경우에 '這'는 주어나 목적어로 쓰여 사람이나 사물을 대신한다.

(22), (23)을 보면 지시관형사 '이'는 후행 명사와 직접적 공기 관계를 가진다. 그러나 중국어 대응 표현의 경우 지시대사 '這'와 후행 명사 사이에 양사가 삽입된다. 중국어 '這'가 명사 또는 '수량사+명사'와 함께 쓰일 때 사람 또는 사물을 명확히 지시하는 기능을 한다. 이때의 어순은 '這+(수량사)+명사'이다.

(24) 이 일과 아무런 관련이 없습니다.

(24′) 가. 跟*這一件事情*沒有任何關係。

나. 跟*這件事情*沒有任何關係。

다. 跟*這事情*沒有任何關係。

(24)의 '이 일'과 (24′)의 '這一件事情/這件事情/這事情'은 의미적으로 대응한다. 그러나 (24′)의 예문들의 구조가 조금씩 다르다. 이들의 구조적 차이점을 살펴보겠다.

앞서 '這'가 명사를 직접 수식하거나 '수량사12)+명사'의 수량명사구와 함께 사용될 때 사람 또는 사물을 지시하는 기능이 있다고 지적한 바가 있다. 사람이나 사물을 지시할 때 양사는 지시대사의 뒤에 놓여 '지시대사+양사+명사'의 구조로 쓰인다. 만약 양사 앞에 지시대사와 수사를 같이 나타내야 할 경우에는 '지시대사+수사+양사+명사'의 순서로 쓰인다. 양사가 지시대사에 붙는 것은 수의 관념보다 양사에 의해 표시된 관념에 보다 큰 중점을 두기 때문이다. 지시대사는 '這', '那'를 막론하고 양사 앞에 출현한다. '這件事情'처럼 양사가 지시대사의 바로 뒤에 위치하게 되면 수량사 명사구에서 수사가 생략된 것으로 취급할 수 있다. 이운재(2015)에 따르면 '這+명사' 형식의 명사구가 존재하지만 이들의 단수와 복수는 구별하기 어렵다. 단수와 복수로 해석 가능한 '這+事情'의 중의성은 이전의 문맥이나 언어 외적 상황과 같은 화용적 맥락에 의해서 해소될 수 있다.

중국어 양사는 일반적으로 명사 혹은 수사와의 결합을 통해서 문장의 성분을 이룬다. 양사가 명사와 결합할 경우 양사가 앞에 놓이고 명

---

12) 중국어 수량사는 '수사+양사' 구조를 말하는 것이고 수량명사구는 '수사+양사+명사' 구조를 가리키는 것이다.

사가 뒤에 위치하여 '양사+명사'의 결합 형식을 이룬다. 양사 또는 수량구 앞에는 지시대사 '這'와 '那', 의문대사 '哪' 등이 나타날 수 있다. '지시대사+수사+양사' 구성에서 수사가 '一(하나)'일 경우 생략할 수 있다. (24'가)의 수사 '一'가 있는 구성과 (24'나)의 '一'가 없는 구성은 의미적으로 같다.

(24'다)는 중의적으로 해석할 여지가 없다. 이 쓰임은 한국어 '지시 관형사+명사' 구성과 유사하다. (24'다)에서 제시한 바와 같이 양사를 생략하는 것은 제한적이다.

앞서 한국어 지시관형사 '이'의 중국어 대응 양상을 살펴봤는데, 중국어 지시대사 '這'와 한국어 지시관형사 '이'는 일대일 대응 관계가 성립되는지를 살펴보겠다.

(25) *這*是一本很好的書。
(25') 이것은 아주 좋은 책이다.

(25)의 지시대사 '這'는 (25')의 지시대명사 '이것'과 대응한다. (25)의 '這'는 사람이나 사물을 대신하는 대용 기능을 지니는 지시대사이다. 사람을 가리킬 때 주로 '是자문'에 쓰여 사람이나 사물을 소개한다. (25)에서 제시한 바와 같이 '這'는 후행 명사 없이 주어 기능을 하고 있다. 또한 '這'가 대신하는 것은 앞에서 이미 제시했던 '書'일 것이다.

위에서 사전적 의미에서 출발하여 지시관형사 '이'와 후행 명사의 결합 양상과 중국어 대응 표현에 대하여 살펴보았다. 한국어 말뭉치에서 지시관형사 '이'의 용례는 총 3,667개로 나타난다. '이'의 후행 성분 중 보통명사는 3,100개, 고유명사는 56개, 의존명사는 207개로 나타난다. 지금까지 사전적 의미를 토대로 보통명사와의 결합 양상을 살펴보았다. 말뭉치 용례를 활용하여 의존명사와 고유명사와의 결합 양상을 살펴보겠다.

(26) 가. 어쩌다 **이 지경**이 될 때까지 있었느냐?

　　나. 또한 **이 무렵**은 일제의 탄압이 점점 강화되던 때이다.

(27′) 가. *怎能放任事情發展到這種地步*呢?

　　나. *並且這個時候*正是日本帝國主義加強鎮壓的時候。

서정수(2006 : 553)에 따르면 지시관형사 '이'와 어울리는 의존명사는 '노릇, 것, 놈, 만큼, 대로, 분, 이, 자, 치, 지경, 이, 통, 따위, 축, 만, 무렵, 참, 뿐, 때문, 즈음' 등이 있다. (26)에서 지시관형사 '이'는 의존명사 '지경', '무렵'을 수식하고, (26′)에서 지시대사 '這'는 명사 '地步', '時候'를 수식한다. (26′)에서 제시한 바와 같이 '這'와 후행 명사 사이에 양사가 삽입되어 있다. 따라서 한국어의 '이+의존명사' 구성은 중국어의 '這+양사+명사' 구성과 대응한다.

(27) 가. **이 남한강** 상류는 다시 두 줄기로 이루어진다.

　　나. **이 안포동**에는 약 300호가 모여 사는데.

(27′) 가. *這條南漢江*的上流又分為兩支。

　　나. *這個安浦洞*大約住了300來戶。

(27)에서 제시한 바와 같이 지시관형사 '이'는 고유명사 '남한강', '안포동' 앞에 나타난다.[13] (27)을 중국어로 옮기면 (27′)과 같다. (27′)

_____

13) 관형사와 고유명사의 결합 관계에 대한 논의는 서정수(2006)를 들 수 있다. 서

에서 지시대사 '這'와 고유명사 '南漢江', '安浦洞' 사이에 양사가 삽입되어 있다. 따라서 한국어의 '이+고유명사' 구성은 중국어의 '這+양사+고유명사' 구성과 대응한다.

한국어 지시관형사 '이'는 보통명사, 고유명사, 의존명사와 직접 공기하는 반면에, 중국어 대응어 '這'는 후행 명사와 공기할 때 그들 사이에 양사가 있어야 한다. 즉 한국어의 '이+보통명사/고유명사/의존명사' 구성은 중국어의 '這+양사+명사' 구성과 대응한다.

한국어 말뭉치에서 지시관형사 '그'의 출현 빈도가 가장 높은 것으로 나타난다. 지시관형사 '그'의 사전적 의미를 살펴보면 첫 번째 의미는 '듣는 이에게 가까이 있거나 듣는 이가 생각하고 있는 대상을 가리킬 때 쓰는 말'이라 풀이하고, 두 번째 의미는 '앞에서 이미 이야기한 대상을 가리킬 때 쓰는 말'이며, 세 번째 의미는 '확실하지 아니하거나 밝히고 싶지 아니한 일을 가리킬 때 쓰는 말'이다. 사전적 의미를 통해 '그'는 화자로부터 조금 떨어져 있는 것을 지시하는 말이라 볼 수 있다.

(28) 가. **그 책** 이리 좀 줘 봐.

　　　나. **그 마음** 변치 마라.

(29) 가. **그 이야기**의 전말은 다음과 같다.

　　　나. 오늘 가게에서 예쁜 구두를 봤다. 돈을 모아 **그 구두**를 사고 싶다.

정수(2006 : 487)에서는 고유명사는 '이', '모든', '새' 따위의 관형사와 자유로이 어울리지 못하고 이는 고유명사가 가지는 특질 대문이라고 지적하였다. 그러나 특수한 경우에는 고유명사도 관형사와 어울리게 되는데 조응적 표현(anaphoric expression)에서 가능하다.

(30) 그 무엇인가를 알아내고자 했지만…

  (28)에서 지시관형사 '그'는 후행 명사 '책', '마음' 앞에 위치하여 말하는 현장에 존재하는 대상을 실제적으로 지시한다. (29)에서의 '그'는 이미 언급된 대상 '이야기', '구두'를 가리킨다. 이 쓰임은 현장에 존재하는 대상이 아닌 전술된 지시 대상을 되돌아 가리키는 경우의 대용지시 기능이다. (30)에서 '그'의 의미 기능은 지시관형사 '이'나 '저'에는 없는 '그'만의 독특한 기능이다.

  (28′) 가. 把*那本書*拿過來。
     나. *那顆心*永遠不要變。
  (29′) 가. 下面是*那個故事*的來龍去脈。
     나. 今天在店裡看到了一雙漂亮的皮鞋，想攢錢買*那雙皮鞋*。
  (30′) 雖然很想知道*那件事*…

  (28), (29), (30)의 지시관형사 '그'는 (28′), (29′), (30′)의 지시대사 '那'와 의미적으로 대응한다. 중국어 '那'의 첫 번째 의미는 시간, 장소, 사람, 사물을 가리킬 때 쓰는 말로서 앞서 제시한 '這'의 기능과 같다. 다만 지시대상의 심리나 심리적인 위치가 멀고 가깝다는 차이가 있을 뿐이다. 두 번째 의미는 '那是誰(그는 누구인가?)'처럼 비교적 먼 사람이나 사물을 대용할 때 쓰는 말이다. 예문에서 제시한 비와 같이 한국어 지시관형사 '그'와 중국어 지시대사 '那' 뒤에는 모두 명사가 후행한다는 공통점이 있다. (28)에서 '그'가 후행 명사 '책', '마음'을 지시하고 (29)에서 '그'가 후행 명사 '이야기', '구두' 앞에 위치하여 대용기능을 하며, (30)에서 '그'가 '무엇인가'를 가리키면서 지시한다.

(28), (29), (30)을 살펴보면 한국어 지시관형사 '그'는 후행 명사와 직접적 공기 관계를 가지고 있다. 그러나 (28′), (29′), (30′)에서 중국어 지시대사 '那'와 후행 명사 사이에 양사가 삽입되어 있다. 따라서 한국어의 '그+보통명사' 구성과 '那+양사+명사' 구성은 구조적으로 대응한다. 한국어 지시관형사 '그'의 후행 명사 중 보통명사 외에 고유명사나 의존명사도 있다.

(31) 가. 아버지가 돌아가신 **그 무렵** 나는 초등학교 4학년이었다.

나. **그 분**은 목적지인 서울역에 내렸다.

(31′) 가. 父親去世的***那個時候***, 我讀小學四年級。

나. ***那位先生***在目的地首爾站下車了。

한국어 지시관형사 '그'와 어울리는 의존명사는 '노릇, 것, 놈, 만큼, 대로, 분, 이, 자, 치, 지경, 이, 통, 따위, 축, 만, 무렵, 참, 뿐, 때문, 폭' 등이다. (31)에서 한국어 지시관형사 '그'는 의존명사 '무렵', '분'을 수식한다. 중국어 대응 표현의 경우 지시대사 '那'와 후행 명사 '時候', '先生' 사이에 양사 '個', '位'가 있다. 따라서 한국어의 '그+의존명사' 구성은 중국어의 '那+양사+명사' 구성과 대응한다.

(32) 가. 신데렐라도 우리가 흔히 알던 **그 신데렐라**가 아니다.

나. 진짜 꿈에 그리던 **그 아방궁**의 선녀가 나타난 것이다.

(32′) 가. 灰姑娘再也不是我們所熟悉的***那個灰姑娘***了。

나. 魂牽夢繞的***那個阿房宮***仙女出現了。

(32)에서 한국어 지시관형사 '그'는 고유명사 '신데렐라', '아방궁' 앞

에 나타나서 후행명사를 수식한다. 중국어 대응 표현의 경우 지시대사 '那'와 고유명사 '灰姑娘', '阿房宮' 사이에 양사 '個'가 삽입되어 있다. 따라서 한국어의 '그+고유명사' 구성은 중국어의 '那+양사+명사' 구성과 대응한다.

(33) 그 말이 나에겐 비수처럼 꽂혔다.

(33′) 가. *那一句話*像匕首般刺向我。

　　　나. *那句話*像匕首般刺向我。

　　　다. *那話*像匕首般刺向我。

중국어 지시대사 '這'의 쓰임과 같이 (33′나)에서 수사 '一'가 생략된다. (33′나)에서의 '那句話' 구조에 '一句話'라는 의미가 내포된다.

『표준w』에서 제시한 지시관형사 '저'의 의미는 '말하는 이와 듣는 이로부터 멀리 있는 대상을 가리킬 때 쓰는 말'이다.

(34) 가. 저기 저 여자

　　　나. 저 거리에는 항상 사람이 많다.

　　　다. 저 산을 넘어야 한다.

　　　라. 저 아이는 누구 집 아이입니까?

(34′) 가. 那兒的*那個女人*

　　　나. *那條街道*上人總是很多。

　　　다. 必須跨過*那座山*。

　　　라. *那個孩子*是誰家的?

(34)에서 한국어 지시관형사 '저'는 보통명사 '여자', '거리', '산', '아이' 앞에 나타나서 후행명사를 수식한다. 중국어 대응 표현의 경우 지시대사 '那'와 '女人', '街道', '山', '孩子' 사이에 양사가 삽입되어 있다. 따라서 한국어의 '저+보통명사' 구성은 중국어의 '那+양사+명사' 구성과 대응한다.

(35) 가. **저 분**이 미술대학 교수였다.

　　　나. 그만 군대에서 **저 지경**이 되었대요.

(35′) 가. *那位先生*是美術學院的教授。

　　　나. 據說只有他在軍隊變成了*那個樣子*。

한국어 지시관형사 '저'와 어울리는 의존명사는 '노릇, 것, 놈, 만큼, 대로, 분, 이, 자, 치, 지경, 이, 통, 따위, 축, 만' 등이다. (35)에서 한국어 지시관형사 '저'는 의존명사 '분', '지경'을 수식한다. 중국어 대응 표현의 경우 지시대사 '那'와 후행 명사 '先生', '樣子' 사이에 양사 '位', '個'가 삽입되어 있다. 따라서 한국어의 '저+의존명사' 구성은 중국어의 '那+양사+명사' 구성과 대응한다.

(36) 가. **저 오이타 산**에서 타오르는 불길을 두려워하지 마시오.

　　　나. **저 명왕성**의 궤도보다도 먼 데로 나가버렸다.

(36′) 가. 不要畏懼*那座大分山*上的熊熊火焰。

　　　나. 比*那顆冥王星*的軌道跑得還要遠。

(36)에서 한국어 지시관형사 '저'는 고유명사 '오이타 산', '명왕성'을 수식한다. 중국어 대응 표현의 경우 지시대사 '那'와 고유명사 '大分

山', '冥王星' 사이에 양사 '座', '顆'가 삽입되어 있다. 따라서 한국어의 '저+고유명사' 구성은 중국어의 '那+양사+명사' 구성과 대응한다.

(37) **저 사람**이 미술대학 교수이다.
(37′) 가. ***那一個人***是美術學院教授。
　　나. ***那個人***是美術學院教授。
　　다. ***那人***是美術學院教授。

앞서 본 중국어 지시대사 '這'의 경우와 마찬가지로 (37′나)에서 수사 '一'는 생략될 수 있다. '那個人' 구조에 '一個人'이라는 의미가 내포되기 때문이다.

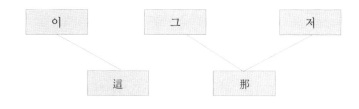

〈그림 7〉 한국어 '이, 그, 저'와 중국어 대응 관계

위에서 살펴보듯이 한국어 지시관형사 '이, 그, 저'는 중국어 지시대사 '這, 那'와 달리 삼원 체계를 가진다. 즉 근거리 지시, 원거리 지시 외에 중거리 지시가 더 있다. '이'는 화자와 가까이 있는 대상을 지시한다. '그'는 화자보다 청자와 가까이 있으며 청자의 의식 속에 존재하는 대상을 지시한다. '저'는 화자와 청자로부터 동시에 멀리 떨어져 있는 대상을 지시한다.

중국어 '這, 那'는 지시하는 대상이 화자와 떨어져 있는 거리에 따라 근거리 지시, 원거리 지시로 구분한다. 화자와 가까이 떨어져 있는 대상을 지시하면 근거리 지시 기능을 하는 '這'를 사용하고, 화자와 멀리 떨어져 있는 대상을 지시하면 원거리 지시 기능을 하는 '那'를 사용한다.

한국어 '이, 그, 저'는 화자만을 기준으로 삼아 지시하지 않고 화자와 청자 모두를 기준으로 삼는다. 즉 화자와 가까운 거리에 있는 대상을 지시하면 근거리 지시관형사 '이'를, 청자와 가까운 거리에 있는 대상을 지시하면 중거리 지시관형사 '그'를, 화자와 청자 동시에 멀리 떨어져 있는 대상을 지시하면 원거리 지시관형사 '저'를 사용한다. '이, 그, 저'와 '這, 那'는 기준으로 삼는 대상이 서로 다르기 때문에 한국어는 삼원 체계, 중국어는 이원 체계를 이루게 된다.

한국어 고유어 지시관형사는 보통명사, 의존명사, 고유명사와 결합하지만 중국어 지시대사는 명사와 결합하되 그 사이에 양사가 있다는 것이 규칙이다. 또한 양사가 생략되어 보통명사와 직접 결합을 하는 수가 있지만 극히 제한적이다. 상기한 내용을 정리하면 다음과 같다.

첫째, 한국어 지시관형사 '이', '그', '저'는 삼원적 체계이고 중국어 지시대사 '這', '那'는 이원적 체계이다.

둘째, 중국어 지시대사 '這', '那'는 단독으로 쓰일 수 있으며 아울러 양사, 수사, 명사 등 기타 품사와 결합하여 쓰이기도 한다.

셋째, 일반적으로 한국어 지시관형사 '이', '저'는 중국어 '這', '那'와 일대일 대응된다. 앞의 문장 대용 지시 기능에 있어서는 한국어 '저'가 그런 기능을 담당하지 않기 때문에 문맥에 따라 '이' 혹은 '그'와 대응시켜야 한다.

넷째, 시간, 장소, 사람, 사물을 지시하는 기능은 한국어 지시관형사

'이', '그', '저'와 중국어 지시대사 '這', '那'가 공유하는 의미 기능이다. 사람과 사물을 대용하는 기능도 공통적으로 가지고 있으나 한국어 지시관형사 '이', '저'는 추상적인 사물만 대용이 가능하며 '그'는 사람을 대용할 수 있다. 이는 '그'가 인칭대명사의 기능을 하고 있기 때문으로 보인다.

중국어 지시대사와 대응되는 한국어 지시관형사는 '이, 그, 저, 요, 고, 조, 이런, 그런, 저런, 요런, 고런, 조런, 고런조런, 그런저런, 이런저런, 요런조런, 이만, 그만, 저만, 요만, 고만, 조만, 이따위, 그따위, 저따위, 요따위, 고따위, 조따위, 까짓, 이깟, 저깟, 그깟, 이까짓, 그까짓, 저까짓, 요까짓, 고까짓, 조까짓, 고깟, 조깟, 요깟, 네까짓, 제까짓, 네깟, 제깟, 네깐, 아무, 아무런, 아무아무' 등이다. '요, 고, 조'는 '이, 그, 저'와 모음만 바뀌어서 만들어진 것이다. 대체로 '이, 그, 저'의 작은말로 다루어지지만 지시관형사로만 쓰일 뿐 지시대명사로 쓰이지 않는다. '이런, 그런, 저런'은 '이, 그, 저'에 대응되는 지시형용사 '이렇다, 그렇다, 저렇다'의 관형사형 '이러한, 그러한, 저러한'이 줄어든 형식이다.

(2) 지시관형사 '이런, 그런, 저런'과 중국어 지시대사 '這樣, 那樣'

한국어 지시관형사 '이런, 그런, 저런[14]'의 지시 속성은 대체로 '이, 그, 저'의 지시 속성에 상응할 것이다. 이들은 상태나 모양, 성질이 어떠한지를 대화 장면에 있는 대상을 가리키며 나타내는 말이다. 말하는

---

14) '이런, 그런, 저런'의 품사 지위에 대하여 남기심·고영근(1985)은 관형사로 보는 반면에, 서정수(2006) 등 일부 논의는 '이런, 그런, 저런'을 지시 형용사라고 다루어졌다.

사람에게 가까이 있는 대상을 가리킬 때는 '이런'을, 듣는 사람에게 가까이 있는 대상을 가리킬 때는 '그런'을, 말하는 사람과 듣는 사람에게 모두 가까이 있지 않은 대상을 가리킬 때는 '저런'을 쓴다. 물론 '이런, 그런, 저런'은 나름의 특수한 용법을 가지고 있는 것으로 판단되므로 후행 체언과의 결합 양상은 '이, 그, 저'와 또 다를 것이다. 이 절에서는 지시관형사 '이런, 그런, 저런'과 중국어 대응어를 연구 대상으로 삼고 이들을 귀납적으로 실증적으로 연구하는 데 목적이 있다. '이런, 그런, 저런'은 실제 언어생활에서 매우 빈번하게 사용되는 어휘임에도 불구하고 지시관형사 '이, 그, 저'의 연구에 비해 이들의 용법과 특성을 심층적으로 살핀 연구가 그리 많지 않다. 또한 극히 일부의 연구에서만 '이러하다, 그러하다, 저러하다'의 활용형으로서 부분적으로 그 쓰임과 성격이 제시되어 왔다. '이런, 그런, 저런'은 기원적으로 형용사 '이러하-, 그러하-, 저러하-'의 활용형 '이러한, 그러한, 저러한'에서 '-하-'가 탈락한 축약 형태로 분석된다. 그 축약 형태가 나름의 구별되는 의미를 가지고 통시적인 어휘화를 거쳤을 것으로 추측된다.

'이런, 그런, 저런'에 대한 연구는 크게 세 가지로 나누어 살펴볼 수 있는데, 하나는 형태론적 입장에서 '이런, 그런, 저런'의 품사적 지위에 관한 논의이고 다른 하나는 통사론적 입장에서 지시 용언 '이러하다, 그러하다, 저러하다'의 활용형으로서 그들의 기능과 쓰임 등을 다룬 연구이다. 마지막으로는 실제 언어 자료를 바탕으로 하여 실증적으로 지시어를 연구하는 말뭉치언어학적 연구이다. 형태론적 입장에서 '이런, 그런, 저런'의 품사 설정 여부에 대해 살펴보면 최현배(1937)에서는 지시관형사로 '이, 그, 저'는 인정하지만 '이런, 그런, 저런'은 인정하지 않았으며, 그 밖에 이희승(1968), 김민수(1971), 장경희(2002) 등에서는

'이런, 그런, 저런'을 지시관형사로 보지 않고 지시 용언의 관형사형으로 설정하였다. 남기심·고영근(1985)에서는 고유어 지시관형사로 '이, 그, 저, 이런, 그런, 저런'을 모두 인정하였으며, 민현식(1993), 양명희(1998), 김선효(2002), 신지연(2008) 등에서도 '이런, 그런, 저런'을 지시관형사로 인정하였다.

좀 더 구체적으로 살펴보면 우선 김선효(2002)에서는 어휘화한 관형사의 설정 기준을 크게 두 가지로 설정하였는데, 하나는 어휘화한 관형사는 굴절요소가 붙지 않는다는 것과 다른 하나는 관형사형 어미 '은/을'이 시상의 의미를 가질 수 없다는 점을 밝히면서 '이런, 그런, 저런'도 어휘화한 관형사로 분류하고 있다. 김선효(2002 : 59~60)에 제시된 표를 살펴보면 김민수 외(1955), 최현배(1937), 이희승(1968) 등에서 '이런, 그런, 저런'을 관형사로 설정하지 않았으며『표준국어대사전』과『연세한국어사전』에서는 관형사로 설정되어 있다고 제시하였다.

조미경(1999)에서는 관형사가 가지는 특정 자질을 '후속 체언 수식성, 비곡용성, 비활용성, 확대 변형성'과 같이 네 가지로 설정하여 관형사를 분류하였는데, '이런, 그런, 저런'의 경우 '비활용성'의 조건에 부합하지 않기 때문에 관형사가 아니며 형용사의 활용형으로 보았다. 15세기에 '그러다'라는 어형이 존재하지 않고 '그러ᄒ다'라는 어형만이 있는 상태였기 때문에 굳은 관형사형으로 보기 어려우며 현대에 와서 '그러하다'의 준말인 '그렇다'라는 어형이 활용한 것으로 보고 있다.

통사론적 입장에서 '이런, 그런, 저런'의 기능과 쓰임을 논의한 연구들을 살펴보면 김일웅(1998)에서는 '이런, 그런, 저런'을 지시 용언의 관형사형으로 보고 선행하는 용언을 대용하는 기능을 갖고 있음을 밝히고 있다. 장경희(2002)에서는 '이런, 그런, 저런'이 명사와 결합하여 동일한 속성들을 공유한 사물들의 범주 지시 기능을 한다고 언급하였다. 양명희(1998)에서는 대용어에 대해 전반적으로 연구하면서 대용어의 관형사형인 '이런, 그런, 저런'에 대해 언급하고 있는데 구체적인 텍스트를 대상으로 하고 있지 않으며 대용의 개념을 정리한 것을 바탕으로 하여 '이런'은 단순한 대용어의 용법으로 쓰일 뿐만 아니라 감탄사로도 사용되고 있고 '저런'의 경우 '이런'과 마찬가지로 쓰이는데 다만 대상과의 거리에 차이가 있으며 '그런'은 감탄사로는 사용되지 않음을 밝히고 있다. 그러나 넓은 범위의 대용어들을 다루고 있기 때문에 '이런, 그런, 저런'의 쓰임에 대한 설명이 간략하게 끝나는 데 한계가 있다.

마지막으로 말뭉치를 사용하여 '이런, 그런, 저런'을 더 실증적으로 고찰한 연구에는 주경희(1992), 신지연(1998), 민경모(2008) 등이 있는데, 신지연(1998)의 경우 구어 말뭉치 자료를 구축하여 지시 용언 '이러(하)-, 그러(하)-, 저러(하)-'의 형태와 기능에 대하여 연구하여 지시 용언의 분류 기준을 제시하고 이를 바탕으로 지시 용언의 쓰임을 구체적으로 살펴보았다. 특히 내포문 구성에서 나타나는 지시 용언의 통사 구조를 체계적으로 제시하고 특히 '이런, 그런, 저런'이 인용 보문자로서 쓰이고 있음을 밝히고 있다. 그러나 양명희(1998)에서와 마찬가지로 넓은 범위의 대용어들을 다루고 있기 때문에 '이런, 그런, 저런'이 쓰이는 환경에 대한 논의가 부족하였음이 지적되고 있다. 반면 민경모(2008)에서는 현대 한국어 지시사 전반에 대해서 연구하고 있는데 지시사의 품사 분류의 문제점을 점검한 후 '지시'라는 개념에 대해 재정립하고 약 40만 어절 규모의 연구용 말뭉치를 바탕으로 지시사가 쓰이는 사용 양상을 명세화 하고 각 용법의 출현 빈도를 입말과 글말로 나누어 차이를 비교하여 보았다. 지시대명사를 비롯하여 지시관형사, 지시 용언에 이르기까지 연구범위가 광대하여 '이런, 그런, 저런'에 대한 설명이 간략하게 제시되어 있고 특히 지시어로 쓰이는 '이런, 그런, 저런'만을 살펴보았으며 말뭉치에 나타나는 '이런, 그런, 저런'의 형태가 총 2,871개로 쓰임이 많지 않다는 데에 문제점을 가지고 있다.

말뭉치에 나타나는 '이런, 그런, 저런'의 형태는 모두 2,081개이다. 『표준w』에서 제시한 지시관형사 '이런'의 의미에서 출발하여 그 쓰임을 살펴보겠다. 『표준w』에서 제시된 '이런'의 의미는 '상태, 모양, 성질 따위가 이러한'이다.

(38) 가. **이런 일** 저런 일

　　나. **이런 변**이 있나

　　다. **이런 경우**엔 뭐라고 말해야 하나?

　　라. 행복이란 **이런 거**다.

(38′) 가. *這樣那樣的事*(=各種各樣的事兒)

　　나. 遇到過*這樣的變故*嗎?

　　다. *這樣的情況*(=這種情況)下應該怎麼說?

　　라. 所謂幸福就是*這樣的*吧。

(38)과 (38′)을 보면 한국어 지시관형사 '이런'에 대응하는 중국어는 지시대사 '這樣'이다. (38)에서 한국어 지시관형사 '이런'은 보통명사 '일', '변', '경우'를, 의존명사 '것'을 수식하고 지시의 기능을 한다. 그러나 지시관형사 '이'와는 다른 양상을 보인다. (38가)에서의 '이런 일'은 지금 발생하는 '이 일'을 가리키는 것이 아니라 '이 일'을 포함하는 어떤 유형의 일을 가리키게 된다. 즉 앞에서 언급된 '이런' 일을 대리

하여 가리킬 뿐이고 그와 똑같은 일을 가리키지 않는다. 일반적으로 '이런'과 결합한 체언은 선행어 자체를 가리키지 않고 '이와 유사한 것' 또는 '이런 종류의 것'을 가리키게 된다. (38′)에서 중국어 지시대사 '這樣'은 구조조사 '的(독음 de로)'와 결합하여 후행 명사 '事', '變故', '情況'을 수식한다.

사전적 의미에서 출발하여 사전의 용례를 토대로 지시관형사 '이런+명사' 구성의 결합 양상을 고찰하였다. 한국어 말뭉치에 지시관형사 '이런+체언' 구성은 모두 968개 나타난다. 이는 다시 보통명사, 고유명사, 의존명사, 대명사 등으로 나눌 수 있다. 보통명사는 774개, 고유명사는 7개, 의존명사는 111개, 대명사는 4개로 나타난다.

(39) 가. **이런 의미**에서 매우 당연하다.(보통명사)

　　나. **이런 백설공주** 이야기는 너무 낯설까?(고유명사)

　　다. 사랑이란 바로 **이런 거**란다.(의존명사)

　　라. 주말 축구 경기에서 **이런 내**가 골을 넣어 승리했지!(대명사)

(39)에서 제시한 바와 같이 한국어 지시관형사 '이런'은 보통명사, 고유명사, 의존명사, 대명사 등과 결합할 수 있다. (39가)에서 '이런'은 보통명사 '의미'를 한정·수식하고 (39나)에서 고유명사 '백설공주'를 수식한다. '이런'과 결합할 수 있는 보통명사는 '일, 말, 상황, 이야기, 생각, 경우, 사람…' 등이고 의존명사는 '식, 따위, 데, 것…' 등이다. (39다)에서는 '것'과 어울리게 되면 '이런 성질의 것' 정도의 의미를 나타낸다. (39가, 나, 다)를 보면 한국어 지시관형사 '이런'은 보통명사, 고유명사, 의존명사와 비교적 잘 어울린다. (39라)를 보면 '이런'은 대명사와의 결합 관계가 원만한 것으로 보인다. (39라)에서는 '나, 네'가

'이런'의 지시를 받아 강조 기능을 가지는 동시에 '현재 처지가 어떠한'의 의미를 나타내는 것으로 풀이된다.

(39′) 가. 從*這樣的意義*上講，是理所當然的。

　　　 나. 對於*這樣的白雪公主*故事很生疏嗎?

　　　 다. 所謂愛情就是*這樣的*吧。

　　　 라. ?在周末的足球比賽中，*這樣(…)的我*進球以後，我們贏了比賽。

(39′가, 나)에서 중국어 지시대사 '這樣'은 보통명사 '意義', 고유명사 '白雪公主'를 한정·수식한다. (39′다)에서는 '這樣' 뒤에 구조조사 '的'만 있고 후행 명사가 결여되어 있다. 구조조사 '的'는 한국어 의존명사 '것'과 유사한 쓰임을 보인다. (39′라)에서는 인칭대사 '我'를 수식하는데 문장이 조금 어색하다.

상기한 내용과 같이 중국어 '這樣'과 후행 명사 사이에 구조조사 '的'가 삽입되어 있다. 따라서 한국어의 '이런+명사/대명사' 구성은 중국어의 '這樣+的+명사' 구성과 대응한다.

『표준w』에서 제시한 지시관형사 '그런'의 의미에서 출발하여 그것의 쓰임을 살펴보겠다. 『표준w』에서 지시관형사 '그런'의 의미는 '상태, 모양, 성질 따위가 그러한'이다.

(40) 가. **그런** 상황

　　　 나. **그런** 말

　　　 다. **그런** 사람

　　　 라. **그런 것**은 전혀 중요치 않은 일이었다.

　　　 마. 나는 **그런** 사실을 몰랐다.

바. **그런 슬픈 이야기**는 그만하자.

사. 폐인처럼 지내던 **그런 나**를 그녀는 끝까지 믿어 주었다.

한국어 말뭉치에 나타나는 '그런'의 용례는 모두 1,078개이다. 한국어 지시관형사 '그런'의 후행 성분은 보통명사, 고유명사, 의존명사, 대명사 등으로 나눠질 수 있다. 말뭉치에서 보통명사는 716개, 고유명사는 19개, 의존명사는 250개, 대명사는 35개로 나타난다. (40)을 보면 지시관형사 '그런'은 '상황', '말', '사람' 등을 수식한다. 그러나 지시관형사 '그'와 다른 양상을 보인다. '그런 상황'은 화자와 청자가 지금 보고 있는 '그 상황'을 가리키는 것이 아니라 '그 상황'을 포함하는 어떤 유형의 '상황'을 가리키게 된다. (40사)에서는 한국어 지시관형사 '그런'은 대명사 '나'와 결합해서 쓰인다. '그런'과 결합하는 대명사는 '나' 외에도 '그, 너, 우리' 등이 있다. 대명사와 달리 보통명사, 고유명사, 의존명사는 매우 다양하게 많이 사용되는데 보통명사는 '일, 말, 생각, 의미, 소리, 사람…' 등이고 의존명사는 '식, 따위, 데, 것…' 등이다.

(40′) 가. *那樣*的情況(=那種情況)

나. *那樣*的話

다. *那樣*的人

라. *那樣的事情*是絲毫不重要的。

마. 我不清楚*那樣的事實*。

바. 別再講*那樣的悲傷故事*。

사. 我曾經過得如同廢人一般，即使*那樣，我*也一直得到她的信任。

(40)과 (40′)을 살펴보면 한국어 지시관형사 '그런'과 중국어 지시대사 '那樣'은 의미적으로 대응한다. (40′)에서는 중국어 지시대사 '那樣'

은 보통명사 '情況', '話', '人', '事', '事实', '故事'를 수식하고 대명사 '我'를 수식한다. 따라서 한국어 '그런+보통명사/의존명사/고유명사/인칭대명사' 구성은 중국어의 '那樣+的+명사/인칭대사' 구성과 대응한다.

『표준w』에서 제시한 지시관형사 '저런'의 의미에서 출발하여 그 쓰임을 살펴보겠다. 『표준w』에서 제시한 지시관형사 '저런'의 의미는 '상태, 모양, 성질 따위가 저러한'이다.

(41) 가. 난 **저런 사람**이 좋아.

　　 나. **저런 일**에 눈물을 흘리다니.

　　 다. 나도 **저런 거** 갖고 싶어.

　　 라. 어릴 때 병을 달고 살았던 **저런 내**가 이렇게 건강하게 자랐다.

한국어 말뭉치에 나타나는 '저런'의 용례는 모두 35개이다. 한국어 지시관형사 '저런'의 후행 성분은 보통명사, 고유명사, 의존명사, 대명사 등으로 나눠질 수 있다. (41가, 나)는 보통명사 '사람', '일'을 수식하고, (41다)에서는 의존명사 '것'을 수식한다. (41라)의 경우 '저런'은 기본적으로 지시가 불가능하기 때문에 어떤 식으로든 상황이 상정되어야 지시가 가능한 것이다. '저런'의 경우 후행하는 보통명사는 26개, 의존명사는 4개로 나타났으며, 고유명사나 대명사와 결합하는 말뭉치 용례가 없다. '이런, 그런'에서는 대명사와 결합하는 용례가 많이 나타나지만 '저런'의 경우 가장 적은 용례가 나타난다. '이런', '그런'과는 달리 그 쓰임도 매우 제한적이다. 결합할 수 있는 보통명사는 '여자, 일, 모습…' 등이고 의존명사는 '것…'이다.

(41′) 가. 我喜歡*那樣的人*(=那種人)。

　　 나. 因為*那樣的事*而哭?

다. 我也想要*那樣的(東西)*。

라. 小時候經常生病, *那樣(經常生病)的我*現在卻如此健康。

중국어 지시대사 '那樣'은 후행 명사 '人', '事' 등과 인칭대사 '我'를 수식한다. (41'다)에서는 지시대사 '那樣' 뒤에 구조조사 '的'만 결합하고 후행 명사가 결여된 상황이다. 이 경우 구조조사 '的'은 한국어 의존명사 '것'과 유사한 쓰임을 보인다. 한국어 '저런+보통명사/의존명사/고유명사/인칭대명사' 구성은 중국어 '那樣+的+(명사)/인칭대사' 구성과 대응 관계를 형성한다.

〈그림 8〉 한국어 '이런, 그런, 저런'과 중국어 대응 관계

이 절에서는 말뭉치 자료를 활용하여 지시관형사 '이런, 그런, 저런'을 분석하고 특성을 추출하며, 중국어 대응 양상을 살펴보았다. 기존의 연구에서는 실증적 자료를 바탕으로 연구한 것이 많지 않으며 실제 자료를 가지고 연구가 되었더라도 '이런, 그런, 저런'만을 연구 대상으로 삼은 것이 아니라 지시관형사 '이, 그, 저'가 중심이 되거나 지시용언 '이러하다, 그러하다, 저러하다'가 중심이 되어 그것의 활용형으로서의 '이런, 그런, 저런'을 화용적 기능을 중심으로 부분적으로 다룬 것을 한계로 지적할 수 있다. 이 절에서는 이러한 점들을 문제점으로 삼고 '연세 균형 말뭉치'의 말뭉치 자료를 토대로 '이런, 그런, 저런'의 용례

들을 모두 추출하여 실증적이고 귀납적으로 연구해 봤다.

(3) 지시관형사 '무슨, 어떤, 어느'와 중국어 의문대사 '甚麼, 怎樣, 哪'

앞의 '이, 그, 저'와 '이런, 그런, 저런'은 기본적으로 후행 대상을 지시하되 지시대상은 지시관형사의 수식을 통하여 특정성을 갖게 된다. 이에 비해 '어떤, 무슨, 어느'는 후행 대상에 대한 특정성을 가지고 있으나 대상에 대한 정보가 없을 때 쓰인다(최종원 2011 : 53). 이때 상대방에게 그 정보에 관한 응답을 요구할 때에는 '어떤, 무슨, 어느'를 쓴다. '이, 그, 저' 따위가 순수하게 지시적 기능만 가지는 것과는 달리 '어떤, 무슨, 어느'는 의미나 기능상에서 용법의 차이가 있다.

한국어 관형사는 기능·형태적인 측면이 부각된 품사 범주이다. 그러나 한국어 관형사의 하위 범주 체계는 개별 어휘의 의미적 속성에 따른 것으로 알려져 있다. 그 의미 기능이 후행 대상을 가리키는 것이 주가 되는 지시어 부류들을 지시관형사로, 후행 대상의 수량을 나타낼 수 있는 수 표현 부류들을 수관형사로, 후행 대상의 구체적 속성을 나타내는 부류를 성상관형사로 분류한 것이 가장 일반적인 관형사의 분류 체계이다. '어떤, 무슨, 어느'는 지시관형사의 한 범주로 다루어져 왔다.

'어떤, 무슨, 어느'는 관형사로서의 의미 기능에 대한 논의는 많지 않지만 의문사로서의 연구는 크게 국어학적 연구와 한국어 교육 분야로 나누어 볼 수 있다. 국어학적인 연구로는 의문사의 분류와 의미 기능에 대해 분석한 김광해(1983), 국어 의문사 어휘의 실제적 용법에 대해 말뭉치를 활용하여 논의한 장소원(1999), 그리고 현대 한국어의 의문사 범주에 속하는 어휘들의 구성과 특정적인 양상에 대해 고찰한 이은섭(2005)을 들 수 있다. 그리고 한국어 교육에서 의문사의 어휘 정보 와 교수 방법을 논의한 연구로는 김영란(2003)을 들 수 있다.

김광해(1983)는 의문사들의 응답의 논리적 범주에 대하여 행하는 제 약에 근거하여 의문사들을 크게 '한정 의문사'와 '비한정 의문사'로 분 류하고 있다. 이 연구는 한국어 의문사 전반에 관한 본격적인 연구라 고 할 수 있는데 국어학계에서 논의된 의문사 관련 술어의 개념을 정 립하고 있으며 또한 개별 의문사 하나하나의 의미 기능과 국어사적인 변화 양상까지를 꼼꼼하게 고찰하고 있다.

장소원(1999)은 현대 한국어의 구어 말뭉치를 대상으로 통계적 방법 을 사용하여 이른바 '의문사'라고 불리는 한국어의 관형사, 대명사, 그 리고 부사의 형태들이 한국어의 실제 발화에서 어떠한 기능을 주로 담 당하고 있는가에 대해 논의하였다. 논의 대상을 문어가 아닌 구어까지 확장시키고 구어 말뭉치를 활용하여 의문사의 실제 발화 기능이 의문 사 기능뿐만 아니라 감탄사나 부정사의 역할도 하고 있음을 밝혔다는 것에 의의가 있다. 그러나 이 연구에서는 의문사 중 구어의 특성을 가 장 잘 나타내는 '무엇', '어디', '왜'에 한정하여 연구를 진행하였기에 '무슨', '어떤', '어느'에 대한 논의에는 부족함이 있다.

이은섭(2005)에서는 의문사의 통합 관계와 특성에 관해 논의하였는 데 '무슨', '어느', '어떤'에 대해서는 의문관형사로서 통합 관계를 형성 할 때 이는 특성에 대해 정리하고 있다. 이 연구에 따르면 '무슨'은 대 상의 본질적인 속성을 의문의 대상으로 삼기 때문에 후행 명사구가 비 한정적이고 불특정적인 반면에, '어느'는 대상의 속성을 의문화하는 것 이 아니므로 그 정체성이 어느 정도 드러난 한정적 대상과 통합 관계 를 형성한다고 밝히고 있다. 한편 '어떤'이 형성한 명사구는 한정성을 어느 정도 허용하므로 '어느'와 공통적인 속성을 보여 주기도 하지만 '어떤'은 한정성이 전제된 의문 대상의 우연적인 속성을 기술하므로 '어느', '무슨'과는 이질적이라고 밝히고 있다.

김영란(2003)은 외국어로서 한국어를 가르치는 6곳의 대학기관 교재에 나타난 의문사 12개를 대상으로 어휘 정보를 구축하여 교수 방안을 제시하였다. 이 연구에서 '무슨', '어떤', '어느'는 선택 의문사로 분류하였다. 이 연구는 한국어 교재에서 다루고 있는 문장과 대화문 등을 중심으로 한국어 의문사의 개별적인 형태·통사, 의미·화용 양상에 대해 한국어 교육 현장에 유의미한 정보를 제시하고 있다는 것에 의의가 있다.

『표준w』에서 제시한 지시관형사 '무슨'의 의미에서 출발하여 그 쓰임을 살펴보겠다. 『표준w』에서 제시되어 있는 지시관형사 '무슨'의 의미는 다음과 같다.

〈표 31〉 지시관형사 '무슨'의 사전적 의미

표제어	의미 정보
무슨₁	무엇인지 모르는 일이나 대상, 물건 따위를 물을 때 쓰는 말
무슨₂	사물을 특별히 정하여 지목하지 않고 이를 때 쓰는 말
무슨₃	예상 밖의 못마땅한 일을 강조할 때 쓰는 말
무슨₄	반의적인 뜻을 강조하는 말

'무슨'은 사물의 성질이나 종류 따위를 가리켜 묻는 관형사로서 사람을 수식하는 데에는 잘 쓰이지 않는다. '사람' 앞에 쓰일 때 의문의 의미가 약화되고 부정의 의미가 드러난다.

(42) 가. **무슨 일** 있었니?

나. 그 사람은 **무슨 죄**를 지어 붙잡혀 갔대?

다. 이게 **무슨 냄새**지?

(43) 가. 그는 **무슨 일**이든 척척 해냈다.

나. **무슨 수**를 써서라도 이번 일은 성사시켜야 한다.

(44) 지금 **무슨 말씀**을 하고 계시는 겁니까?

(45) 대낮에 술은 **무슨 술**이며 노래는 또 **무슨 노래**.

(42)에서 제시한 바와 같이 '무슨'은 '일, 죄, 냄새' 등과 같은 추상 명사와 결합할 수 있다. (43)에서는 '일'이나 '수'에 대하여 특별히 지정하지 않을 때 쓰인다. (44)에서는 '예상 밖의 일'에 대하여 이야기할 때 쓰이고 (45)에서는 반의적 의미를 강조할 때 쓰인다.

(42′) 가. 有**甚麼事兒**嗎?

나. 那個人犯了**甚麼罪**被抓走了?

다. 這是**甚麼味道**阿?

(43′) 가. 無論**甚麼事情**, 他都能有條不紊地完成。

나. 不管使用**甚麼手段,** 一定要促成這件事。

(44′) 你現在說的都是些**甚麼話**?

(45′) 大白天喝**甚麼酒,** 唱**甚麼歌** !

중국어 의문대사 '甚麼'는 일반적으로 한국어의 의문대명사 '무엇'이나 지시관형사 '무슨'에 대응되는 중국어 표현으로 알려져 있다. '甚麼'가 한정어로 사용될 때는 수식 관계를 나타내며 사물의 성질이나 종류를 물을 때 일반적으로 구조조사 '的'를 사용하지 않는다. (42′~45′)에서 제시한 바와 같이 중국어 의문대사 '甚麼'는 뒤에 명사 '事兒', '罪',

'味道', '事情', '手段', '話', '酒', '歌' 등을 수식하여 어떤 대상을 지칭한다. 한국어 지시관형사 '이, 그, 저', '이런, 그런, 저런'의 중국어 대응 표현과 달리 한국어 지시관형사 '무슨'의 중국어 대응어 '甚麼'는 뒤에 바로 후행 명사가 따른다. (43′, 44′)에서 의문대사 '甚麼'는 임의의 것이나 총괄적인 것을 가리킬 때 쓰인다. 이렇게 쓰일 때에는 대답을 요구하지 않으며 문장 중에 부사 '都', '也'를 써서 호응시킨다. 때로는 문장 앞에 '無論', '不管' 등의 접속사를 써서 임의의 뜻을 더욱 드러나게 할 수 있다. (45′)에서 의문대사 '甚麼'는 반어적 쓰임을 보여준다. 이러한 반어적 쓰임은 상대방의 대답을 요구하지는 않는다. 문장 중에 부정사가 있을 때에는 긍정의 의미를 나타내며 부정사가 없을 때는 부정의 의미를 나타낸다. 따라서 한국어의 '무슨+체언' 구성과 중국어의 '甚麼+명사' 구성은 대응된다.

한국어 지시관형사 '무슨'은 체언 가운데 명사와 결합할 수 있지만 대명사나 수사와는 결합할 수 없다. '무슨'은 '어떤, 어느'보다 후행할 수 있는 명사의 범위가 넓다. 한국어 지시관형사 '무슨'과 결합할 수 있는 명사를 보통명사와 의존명사로 구분하여 살펴보겠다.

(46) 가. 저건 **무슨 책**이에요?

　　 나. 지금 난 **무슨 담** 앞에 서 있는가?

　　 나′. *무슨 곳에 가요?

　　 다. **무슨 걱정**이 있어요?

　　 다′. ?**무슨 태도**를 가지고 사느냐가 중요해요.

　　 라. *무슨 사람이 왔어요?

　　 마. *무슨 데가 불편하세요?

(46)에서는 '무슨'과 결합할 수 있는 명사 유형을 보여 주고 있다. (46가)에서 '무슨'은 사물을 가리키는 보통명사 '책'을 수식하여 '책'에 대해 질문하였다. (46나)에서는 공간성 명사 '담'과 결합하고 있다. 그러나 (46나')에서 '무슨'은 '곳'이라는 공간성 명사와 결합하였는데 비문법적이다. 따라서 이와 같이 '무슨'은 공간성을 가지고 있는 명사와 결합하는 데 제약이 있다. (46다)에서 제시한 바와 같이 '무슨'은 추상명사와 결합할 수 있다. 그러나 (46다')에서 보듯이 '무슨'은 '태도15)' 등과 같은 추상명사와의 결합이 불가능한 것은 아니지만 어색한 느낌이 있다. '무슨'과 결합할 수 있는 추상명사는 여러 가지의 하위 부류를 포함할 수 있는 의미적 공통성이 있어야 한다. '태도'는 하위 부류에 넣을 수 있는 것을 찾기가 어렵다. 이때 '무슨'을 '어떤'으로 대체하면 문장이 자연스럽다. (46라)에서 보듯이 '무슨'은 대화 현장에서 상대방에게 어떤 특성을 가진 사람이었냐고 묻고 있는데 사람을 가리키는 명사와 결합할 수 없다.16) 이때 '어떤'으로 대체하면 자연스러운 문장이 될 수 있다. 이는 '어떤'과의 가장 뚜렷한 차이를 보이는 형태·통사적 특징이라 할 수 있다. (46마)에서 제시한 바와 같이 '무슨'은 보통명사와 결합할 수 있지만 의존명사와는 결합할 수 없다.

(46') 가. 那是*甚麼書*?

　　　나. 我現在站在*甚麼墻*前面呢?

---

15) 대화 현장에서 이야기 대상이 되는 사람의 태도에 대한 화자의 부정적인 생각을 드러날 때 '무슨 태도'가 가능하다.

16) '무슨'은 이야기의 대상이 되는 사람에 대하여 화자가 가지고 있는 부정적인 생각을 드러낼 때 사용 가능하다. 예를 들면 '무슨 사람이 거짓말을 그렇게 많이 하냐?' 란 문장에서 화자가 이야기의 대상이 되는 사람에 대해 비난하는 의미로 쓰인다.

다. 你有*甚麼心事兒*?

(46′)에서 중국어 의문대사 '*甚麼*'와 후행 성분과의 결합 양상을 볼
수 있다. (46가, 나, 다)의 중국어 대응 표현이 어색하지 않고 자연스럽
다.

『표준w』에서 제시한 지시관형사 '어떤'의 의미에서 출발하여 그 쓰
임을 살펴보겠다. 『표준w』에 제시된 '어떤'[17])의 의미는 다음과 같다.

<표 32> 지시관형사 '어떤'의 사전적 의미

표제어	의미 정보
어떤₁	사람이나 사물의 특성, 내용, 상태, 성격이 무엇인지 물을 때 쓰는 말
어떤₂	주어진 여러 사물 중 대상으로 삼는 것이 무엇인지 물을 때 쓰는 말
어떤₃	대상을 뚜렷이 밝히지 아니하고 이를 때 쓰는 말
어떤₄	관련되는 대상이 특별히 제한되지 아니할 때 쓰는 말

'어떤₁'의 의미를 살펴보면 사람을 가리켜 물을 때에도 쓰일 수 있
다는 점에서 '무슨'과 다르다. 또 '어떤'은 성질이나 내용을 좀 더 자
세히 알고자 할 경우에 주로 쓰이는 경향이 있다. 이는 '무슨'이 사물
의 이름이나 소속 등과 같은 간단한 사항을 알고자 할 때에 주로 쓰이
는 점과 대조적이다.

(47) 가. 그는 **어떤 사람**이니?

---

17) '어떤'의 형태에 대하여 서정목(1987)은 '어떤'을 형용사 '어떻−'의 활용형으로
보며, 서정수(1994)는 '어떠한'의 줄임말로 보고 '어떤'이 자주 결합하는 의존명사
들과 함께 관용적인 표현을 이루는 경향을 언급하였다.

나. 이런 견해에 대해 선생님 자신은 **어떤 생각**을 가지고 있나요?

(48) 가. **어떤 분**을 찾아오셨습니까?

나. 너는 이 둘 중에서 **어떤 옷**이 더 마음에 드니?

(49) 나는 지난 여름 홀로 여행을 떠났다가 기차 안에서 **어떤 여인**을 만났다.

(50) 이런 상황이라면 **어떤 사람**이라도 화를 낼 것이다.

'어떤' 뒤에 수식어가 나타나는 경우는 위와 같은 네 가지 용법이 있다. (47)에서 '어떤'은 특성을 묻거나 어떤 특성이 있다는 의미를 가지고 있다. (47가)는 의문문에서 의문사처럼 사람의 성격이 무엇인지에 대하여 질문할 때 쓰이고 '무슨'보다 자연스러운 쓰임을 보인다. (47나)는 '생각의 내용'에 대하여 물어볼 때 쓰인다. (48가)는 '여러 사람 중 대상으로 삼는 사람'이 누구인지 물어볼 때 쓰이고 (48나)는 '두 벌의 옷 중 하나'를 선택할 때 쓰인다. (49)에서 '어떤'이 붙는 명사구는 특정성 명사구가 됨을 알 수 있다. 화자가 어떤 특정한 여인을 염두에 두고 말한 것으로 볼 수 있다. (50)에서는 '대상이 제한되지 않을 때' 쓰인다.

(47′) 가. 他是*怎樣的人*?

나. 針對這樣的見解，老師有*怎樣的想法*呢?

(48′) 가. 您找*哪個人*?

나. 兩件衣服中，你喜歡*哪一件*?

(49′) 我去年夏天獨自旅行時，在火車上遇到過*(某)一個女孩*。

(50′) 這種情況下，不管*甚麼人*都會發火的。

한국어 지시관형사 '어떤'에 대응하는 중국어 표현의 양상은 다음과 같다. (47′)에서 '어떤₁'의 중국어 대응어는 '甚麼'보다 '怎樣'가 더 적합하다. '怎么样'과 '怎樣'은 성질, 상태를 물을 수 있으며 그 뒤에 '的+명사' 또는 '的+一+양사+명사'가 더해질 수 있다. 한국어의 '어떤₁+명사' 구성은 중국어의 '怎樣+的+명사' 구성과 의미적으로 대응된다. (48)의 한국어 지시관형사 '어떤₂'에 대응되는 중국어는 의문대사 '哪'이다. '哪' 뒤에는 양사나 수량사가 온다. 주어진 여러 사물 중 대상으로 삼는 것이 무엇인지에 대해 물을 때 쓰인 한국어의 '어떤₂+명사' 구성은 중국어의 '哪+一+양사+명사' 구성에 의미적으로 대응한다. (49)의 '어떤₃'은 (49′)의 '某'와 의미적으로 대응한다. 대상이 지정되지 않을 때 쓰인 한국어의 '어떤₃+명사' 구성은 중국어의 '某+양사+명사' 구성과 대응한다. (50)의 '어떤₄'의 쓰임은 지시관형사 '무슨'의 용법과 유사하다. (50′)의 '甚麼人'과 '谁'가 나타내는 의미는 기본적으로 같고 모두 사람의 성명, 직업, 신분 등을 묻는 것이다. 수식어로 사용될 때 '甚麼'는 사람을 지칭하는 명사를 수식할 수도 있고 성명, 직업 등을 수식할 수도 있다. 중국어 '甚麼+명사' 구성은 한국어의 '어떤₄+명사' 구성과 의미적으로 대응된다.

한국어 지시관형사 '어떤'은 명사와의 결합이 가능하고 대명사나 수사와의 결합이 불가능하다. 한국어 지시관형사 '어떤'의 보통명사, 고유명사, 의존명사와의 결합 제약과 결합 양상을 살펴보겠다.

(51) 가. **어떤 사람**이 근무하고 있을까?

　　나. 그 친구 지금 **어떤 일**을 하고 있지요?

　　다. 부모의 역할이란 **어떤 것**일까?

　　라. **어떤 일본 음식**이 맛있다고 했다.

한국어 지시관형사 '어떤'은 추상명사를 비롯한 기타의 명사들과 통합 관계가 자유롭다. (51가)에서 한국어 지시관형사 '어떤'은 사람이나 사물, 공간을 가리키는 구체명사와 자유롭게 결합할 수 있다. (51나)에서 '일'과 같은 추사명사와도 결합할 수 있다. 그러나 추상명사 중 '요일, 띠, 필요, 소용' 등과는 결합하기 어렵다. (51다)에서 보듯이 한국어 지시관형사 '어떤'은 보통명사뿐만 아니라 사람이나, 사물, 그리고 장소를 가리키는 '이, 분, 것, 데' 등과 같은 의존명사와도 결합할 수 있다. '어떤'은 의존명사 '것'과 결합하여 '무엇'과 유사한 기능을 보일 수 있다. (51라)에서 지시관형사 '어느'의 쓰임과 유사하다. '어느'와 의미적으로 어느 정도 상통하는 측면이 있기 때문이다. 의존명사와 결합할 수 있다는 특징은 지시관형사 '무슨'과는 다른 점이다.

(51') 가. *哪些人*在工作呢?

나. 他現在做*甚麼事兒*呢?

다. 父母的角色是*甚麼*呢?

라. 聽說*有*[18] 一道*日本菜*非常好吃。

위의 예문을 살펴보면 한국어 지시관형사 '어떤'의 중국어 대응 양상은 복잡하다. 중국어의 '怎樣', '哪', '某', '甚麼', '哪些', '有' 등에

---

18) 여기서 '有'는 어휘적 의미가 없고 담화상의 주제를 소개하는 기능을 한다. 유정성(definiteness, 有定性)이나 한정성을 나타내는 문법 표지로서 후행 명사인 '日本菜'를 한정·수식한다. 최정진(2016)에 따르면 한정성은 명사의 지시대상이 무엇인지 청자가 알고 있거나 쉽게 알 수 있다고 화자에 의해서 가정되는 속성이다. 실질적으로 특수대사 '某'로 대체해도 무방하다. 김혜정(2014)에서는 이런 구문이 보여 주는 통사적인 특징을 보면 '有'를 후행하는 명사구는 '一個', '幾個', '很多'와 같은 수량사구의 수식을 받으며 신정보(unknown information)를 나타낸다. 그리고 일반적으로 일들 명사구 앞에는 '這個', '那個'와 같은 한정성을 나타내는 지시사를 동반한 수식어가 올 수 없다.

의미적으로 대응한다. (51'라)에서 '一道日本菜'란 수량명사구는 일반적으로 비한정적인 성분으로 여겨진다. 한정적인 특성을 표현하려면 비한정적인 특성(無定性, indefiniteness)을 나타낸 문법 표지 '有'와 함께 나타나야 자연스러운 문장이 된다.

(52) 가. 나는 남편이 집에 들어오는 기분이 **어떤 것**인지 짐작할 수 있어.

　　나. *나는 남편이 집에 들어오는 기분이 **무슨 것**인지 짐작할 수 있어.

(52가)에서는 한국어 지시관형사 '어떤'은 의존명사 '것'과 결합하여 쓰이고 있지만 '무슨'은 의존명사 '것'과 결합이 불가능하다. 이는 '어떤'과 '무슨'을 구별할 수 있는 중요한 정보가 된다.

한국어 지시관형사 '어느'는 말뭉치에서 840개 용례가 나타난다. '어느'는 불확정 대상을 가리킬 때 쓰는 관형사이다. 『표준w』에서 제시한 지시관형사 '어느'의 의미에서 출발하여 그 쓰임을 살펴보겠다.

〈표 33〉 지시관형사 '어느'의 사전적 의미

표제어	의미 정보
어느₁	둘 이상의 것 가운데 대상이 되는 것이 무엇인지 물을 때 쓰는 말
어느₂	둘 이상의 것 가운데 똑똑히 모르거나 꼭 집어 말할 필요가 없는 막연한 사람이나 사물을 이를 때 쓰는 말
어느₃	정도나 수량을 묻거나 또는 어떤 정도나 얼마만큼의 수량을 막연하게 이를 때 쓰는 말
어느₄	관련되는 대상이 특별히 제한되지 않음을 이를 때 쓰는 말

'어느'는 둘 이상의 것 중에서 하나를 골라서 묻는 관형사인데 사람

이나 사물에 모두 쓰일 수 있다.

(53) 가. **어느 것**이 맞는 답입니까?

　　나. 산과 바다 가운데 **어느 곳**을 더 좋아하느냐?

(54) 가. 옛날 **어느 마을**에 가난한 형제가 살고 있었다.

　　나. 비가 내리던 **어느 가을** 저녁이었다.

(55) 가. 그가 어젯밤 일을 **어느 만큼** 기억할까?

　　나. 돈을 **어느 만큼** 벌고 나자 다른 욕심이 생긴다.

(56) 가. **어느 것**이나 네 마음대로 가져도 좋다.

　　나. 그는 소설이라면 **어느 것**이든지 가리지 않고 읽는다.

(53~56)은 한국어 지시관형사 '어느'의 네 가지 쓰임을 보여 주는 예문들이다. (53)에서는 '어느'가 의존명사 '것', 보통명사 '곳'을 지시·수식한다. (54)에서는 '어느'가 보통명사 '마을', '가을'을 수식하는데 지시관형사 '어떤'의 쓰임과 유사하다. (55)에서의 '어느 만큼'은 '어느 정도'의 의미로 쓰이고 어떤 행위가 걸린 시간의 정도나 또는 그 행위로 인해 발생한 결과의 정도를 나타낸다. 의존명사 '만큼'에 [+정도]의 자질이 있음을 확인할 수 있다. (56)에서 '어느 것이나', '어느 것이든지'는 '관련되는 대상이 특별히 제한되지 않음을 이를 때' 쓰이고 일종의 강조 기능이 곁들여진다고 여겨진다.

(53') 가. *哪個*是正確答案呢?

　　나. 山和大海中, 更喜歡*哪個地方*呢?

(54') 가. 以前*某個村子*裡住著一對兄弟。

　　나. *某個*下雨的*秋日*傍晚。

(55′) 가. 昨天晩上的事兒, 他記住*多少*呢?

　　　나. 有了*一些*錢, 就會有其他慾望。

(56′) 가. 無論*哪個* 隨便拿就是。

　　　나. 只要是小說, 無論*哪個* 他都會讀。

(53′)에서는 의문대사 '哪' 뒤에 양사가 있다. 한국어의 '어느₁+명사' 구성은 중국어의 '哪++양사+(명사)' 구성과 대응한다. (54′)에서는 중국어 특수대사 '某' 뒤에도 양사가 나타난다. 한국어의 '어느₂+명사' 구성은 중국어의 '某+양사+명사' 구성과 대응한다. (55′)에서는 정도나 수량을 나타내는 '多少', '一些'로 번역하는 것이 자연스러운 문장이 된다. 문맥에 따라 '多少'와 대응되고 '一些'와 대응되기도 한다. (56′)에서는 한국어의 '어느₄+명사' 구성은 중국어의 '哪個'와 대응된다.

　한국어 지시관형사 '어느'는 단순한 미지의 대상을 가리키는 만큼 후행 명사의 폭이 넓어 대부분의 명사와 결합할 수 있다.

(57) 가. 어느 사람, 어느 학생

　　　나. 어느 도시, 어느 꽃

한국어 지시관형사 '어느'는 고유명사와 어울리지 못한다. 대명사 중에서는 미지의 대상을 가리키는 '누구'와는 통합이 가능하다. 이때에도 역시 지시성의 중복으로 강조의 효과가 동반되는 것으로 풀이된다. 수사와 어울리지 못하지만 예외적인 경우가 있다.

(58) 가. 형태나 색깔, 감촉, 냄새, 그중 **어느 하나** 제대로 묘사할 수 없다.

나. 농산물이나 유전자 재조합 식품이라는 표시가 **어느 하나**라
　　도 명기되는가?

한국어 수사 중에서 유일하게 '하나'만이 '어느'에 후행하여 쓰인다.
(58)에서 다른 수의 수사는 '하나'와 대치될 수 없다. 이 역시 의미 한
정의 선택 제약에 의한 것이다. 이처럼 극단적인 예시를 나타내기 위
해서 '하나' 이상의 수를 나타내는 수사는 극단성이 떨어지므로 의미
적으로 '하나'가 적합한 것이다.

'어느'와 어울릴 수 있는 의존명사는 많지 않다. 어휘의 구체적인 의
미가 뚜렷하지 않은 의존명사의 특성 때문일 것이다. 미지의 대상을
가리키는 '어느'는 의존명사 중에서도 비교적 어휘적 의미가 드러나는
것들과는 통합 관계를 가질 수 있다. '것'은 '물건'이라는 기본적인 뜻
에서부터 대부분의 사물을 두루 가리킬 수 있으므로 '어느'에 후행할
수 있고 그 외에 사람을 가리키는 '놈, 분, 자, 치, 이'와 방법을 의미
하는 '식', 부류를 의미하는 '짝, 편, 축', 특정 시기를 나타내는 '무렵'
정도가 가능하다. '정도, 지경, 만큼'과 같이 비교적 자체 의미가 확실
하지 않은 의존명사와도 어울릴 수 있다. 이때에는 양이나 수준의 정
도에 대하여 미지의 상태인 것이다.

(59) 가. **어느 누구**도 좋아하지 않을 거야.
　　 나. **어느 하나**도 놓칠 수 없는 기회이다.
　　 다. **어느 나라** 사람입니까?
　　 라. 나는 **어느 책**으로 인해 죽지 않는다.

(59가)에서 한국어 지시관형사 '어느'는 대명사 '누구'와 결합하여

쓰이는데 이때 지시관형사 '어느'는 '누구'를 강조하기 위하여 쓰인 것이다. (59나)에서는 '어느'가 수사인 '하나'와 결합하여 쓰이는데 강조의 의미로 사용된다. (59다)에서 '어느'는 구체명사와 결합하는 데 특별한 제약을 보이지 않은 것은 지시관형사 '어떤'의 쓰임과 유사하다. (59라)에서는 사물을 가리키는 명사 '책'과 결합하여 쓰인다.

(59′) 가. *誰都*不會喜歡的。

나. *哪一次*機會都不能輕言放棄。

다. 你是*哪國*人?

라. 我不會因為*某本書*而亡。

(59′)의 예문들을 살펴보면 앞선 논의와 다른 양상을 보인다. (59′가)에서 강조의 의미로 쓰인 '어느 누구'를 중국어로 옮길 때 강조의 의미를 살리려면 '谁' 뒤에 부사 '都'를 추가해야 한다. (59나)의 경우는 '哪+一+양사+명사' 구성으로 번역해야 한다. (59라)에서의 '어느'는 중국어 특수대사 '某'와 의미적으로 대응된다.

〈그림 9〉 한국어 '무슨, 어떤, 어느'와 중국어 대응 관계

이 절에서는 우선 한국어 지시관형사 '무슨', '어떤', '어느'의 사전적 의미에서 출발하여 그들의 쓰임을 살펴봤다. 유사성을 보이는 '무

슨'과 '어떤'은 단순히 의미 제시에만 그칠 것이 아니라 유사성 있는 어휘의 공통점과 차이점을 체계적으로 제시하는 것이 학습자의 오류를 줄일 수 있다. 또한 유사한 의미를 가진 '무슨'과 '어떤', '어떤'과 '어느'에 대한 연구가 지속되면 한국어 학습자들이 다양한 의사소통 상황에서 사용상의 오류를 줄일 수 있고 더불어 정확한 한국어 구사가 가능해질 것이다.

(4) 지시관형사 '다른'과 중국어 지시대사 '其他, 別, 另外[19]'

이 절에서는 『표준w』에서 제시한 지시관형사 '다른'의 의미에서 출발하여 그 쓰임을 살펴보겠다. 『표준w』에서 제시되어 있는 지시관형사 '다른'의 의미는 '당장 문제되거나 해당되는 것 이외의'이다.

(60) 가. **다른 사람**들은 어디 있지?

나. **다른 생각** 말고 공부나 해라.

다. 그는 자기 일 밖의 **다른 일**에는 관심이 없다.

라. 편식하지 말고 **다른 것**도 먹어라.

마. 그는 **다른 곳**에서 자라서 이곳 물정을 잘 모른다.

바. 우리에게는 단 한 가지 길만 허용되고 **다른 길**은 용납되지 않아.

---

19) 중국어 '其他', '別', '別的', '另外'를 지시대사 범주로 분류한 논의는 呂叔湘(1999), 張斌(2002), 邢福義(2015), 黃伯榮・廖序東(2011) 등이 있다. 또한 '其他', '別的', '另外'를 대상으로 한 연구는 張世濤(2004), 金晶・石定栩(2015), 郝永冰(2017) 등이 있다. 이상의 논의에서는 '其他', '別的', '另外'가 후행명사와 결합하여 한정어로 사용될 때 '其他+명사/수량구', '別的+명사', '另外+的+명사/另外+수량구' 등 구성이 가능하다.

(60)에서는 지시관형사 '다른'의 쓰임을 보여 주고 있다. '다른'은 후행 보통명사 '사람', '생각', '일', '곳', '길', 의존명사 '것'을 수식한다.

(60') 가. ***其他人***在哪兒?

　　나. 不要有***其他***(=***別的***)***想法***, 要努力學習。

　　다. 他除了自己的事以外, 對***其他的***(=別的)***事***漠不關心。

　　라. 不要挑食, 也要吃***其他的***(=別的)。

　　마. 他在***其他的***(=別的)***地方***長大, 不清楚這裡的情況。

　　바. 對我們來講, 只有一條路可走, 没有***其他的***(=別的)***選擇***。

한국어 지시관형사 '다른'은 중국어의 '其他, 別[20]'와 의미적으로 대응한다. 한국어의 '다른+명사' 구성은 중국어의 '其他(別)+(的)+명사' 구성과 대응된다. 郝永冰(2017)은 중국어 '其他'의 쓰임을 '其他+명사', '其他+수량구' 등으로 나누어 살펴봤는데, 말뭉치에서 '其他+명사' 구성은 전체 출현 빈도의 70%를 차지했다고 하였다. '其他'와 명사 사이에 나타나는 구조조사 '的'는 수의적으로 생략될 수 있다.[21] 중국어 특수대사 '其他'는 현장에 있는 사람이나 사물 이외의 '다른' 사람이나

---

20) 한국어 지시관형사 '다른'을 중국어로 옮기면 '其他', '別', '另外'이다. '其他'와 '別'는 모두 명사 앞에 쓰이며 문장에서 단독으로 주어나 목적어로 쓰일 수 있다. '其他' 뒤에는 수량사가 올 수 있지만 '別' 뒤에는 수량사가 올 수 없다. 대사 '別'는 일반적으로 '的'와 함께 쓰이며, '有' 혹은 '没有' 뒤에는 많이 쓰인다. 중국어에 '其他', '其它'가 있는데 '其他'는 사람이나 사물을 모두 지시할 수 있지만 '其它'는 사물만 지시할 수 있다. 따라서 본 논문에서는 '其他'를 사용하기로 한다.

21) 郝永冰(2017)의 말뭉치 조사 결과에 따르면 '其他+명사' 구성은 총 215회 출현했다. 그 중 '其他+명사' 구성은 201회 나타났으며 '其他+的+명사' 구성은 14회 나타났다. '另外+명사' 구성은 2회 나타났으며, '另外+수량구' 구성은 99회 나타났다. '別+的+명사' 구성은 154회로 전체 출현 빈도의 52.38%를 차지했다.

사물을 지칭한다. 일반적으로 3인칭에 쓰는데 앞의 문장에 이미 출현되어 있을 때 사용된다.

한국어 말뭉치에서 지시관형사 '다른'의 용례는 모두 903개로 나타난다. '다른'의 후행 성분은 보통명사, 고유명사, 의존명사, 대명사, 수사 등으로 나누어질 수 있다. 한국어 말뭉치에 지시관형사 '다른+보통명사' 구성은 모두 766회로 나타난다. 후행하는 보통명사는 '사람 〉 나라 〉 동물 〉 지역 〉 곳 〉 회사 〉 말 〉 한편 〉 일 〉 팀…' 등의 순으로 나타난다. '다른'과 결합하는 54개 의존명사 중 '것'이 23개, '쪽'이 7개, '이'가 3개로 나타난다. '다른'과 결합하는 고유명사는 모두 6개, 대명사는 6개, 수사는 21개로 나타난다.

(61) 가. **다른 사람**에게 폐를 끼쳐서는 안 된다.

나. **다른 발해 불상**들과는 달리 부드러운 미소를 머금고 있었다.

다. 다행히 **다른 데**서 그 물건을 찾았다.

라. **다른 누군가** 이미 해 버렸을 때 조금은 심술이 나지 않아?

마. 그 착취 대상의 하나는 자연이고 **다른 하나**는 인간이다.

(61가)에서 한국어 지시관형사 '다른'은 보통명사와 결합하여 쓰이고 있다. (61나)에서 고유명사와 결합을, (61다)에서는 의존명사와 결합을, (61라)에서는 대명사와 결합을, (61마)에서는 수사와 결합하여 쓰이고 있다. 한국어 지시관형사 '다른'과 결합할 수 있는 보통명사는 '사람, 나라, 동물, 지역, 곳, 회사, 말…', 의존명사는 '것…', 고유명사는 '발해 불상…', 대명사는 '누구, 무엇…' 등이 있다. 수사는 '하나'만 가능하다.

(61′) 가. 不要給***其他人***(=別人)添麻煩。

　　나. 與***其他***(=別的)***渤海佛像***不同，他含著微笑。

　　다. 幸運的是，在***其他***(=別的)***地方***找到了那個東西。

　　라. ***其他人***做完的時候，是不是也有點點嫉妒呢?

　　마. 被壓榨的對象一個是自然，***另外一個***是人類。

　(61가)의 '다른 사람'은 중국어 '其他人'이나 '別人'에 대응된다. 그러나 '別人'은 3인칭을 총괄적으로 가리키며 구어에 많이 쓰인다. 또한 '別人'은 "그 밖의 사람"이라는 의미로도 쓰인다. (61마)에서 '다른+하나' 구성은 중국어 '另外+一個'와 대응한다. 따라서 '다른+수사' 구성은 '另外+수사'와 대응한다. 〈그림 10〉에서 보듯이 한국어 지시관형사 '다른'은 중국어 '其他', '別', '另外'와 대응된다.

〈그림 10〉 한국어 '다른'과 중국어 대응 관계

(5) 지시관형사 '지지난'과 중국어 구별사 '上上22)'

『표준w』에서 제시한 지시관형사 '지지난'의 의미에서 출발하여 그

---

22) 중국어 '上上'에 대한 논의는 朱德熙(1980), 呂叔湘(1980), 陳曉明·姜祝青·羅思明(2014) 등이 있다. '陳曉明 외(2014)는 역사 말뭉치와 현대 말뭉치를 바탕으로 통시적으로 중국어 上上'의 변천을 살펴봤다. '上上'은 주나라(周朝)에서 발단되어 원나라(元朝) 때를 거쳐 명나라(明朝), 청나라(清朝) 때부터 사용 빈도가 점차 높아졌다고 밝혔다. 또한 인지적 차원에서 '上上'이 시간명사와 함께 나타난다는 것을 고찰하였다.

쓰임을 살펴보겠다. 『표준w』에 제시된 지시관형사 '지지난'의 의미는 "지난번의 바로 그전"이다.

  (62) 가. **지지난** 주
       나. **지지난** 봄
       다. **지지난 해**에 하필 수확 직전에 육 년 근이 적부병에 걸려서 전멸했다.

  (62)에서는 지시관형사 '지지난'은 시간명사 '주말', '봄', '해'를 수식하여 시간을 한정한다. (62)에서 제시한 바와 같이 지시관형사 '지지난'의 후행 성분은 시간명사이다.

  (62′) 가. *上上*周
        나. *上上*個春天
        다. *上上個年頭*快要收穫之前, 六年根(紅蔘)得了赤腐病都死了。

  (62′)에서 제시한 바와 같이 한국어 지시관형사 '지지난'에 대응하는 중국어는 '上上'이다. '上上'은 구별사로서 후행하는 시간명사 '周末', '春天', '年頭'를 수식한다. 따라서 한국어의 '지지난+명사' 구성은 중국어의 '上上(+양사)+명사' 구성과 대응한다. 한국어 '지지난'은 시간명사 앞에만 나타난다. 陳曉明 외(2014 : 33)에서 '上上' 뒤에 양사나 시간명사와 함께 쓰이게 된 것은 근대에 와서야 나타난 언어 현상이라고 지적하였다.

  한국어 관형사와 중국어 구별사는 모두 명사 앞에 위치하고 명사의 뜻을 분명하게 한정하는 기능을 지닌다. 한국어 관형사의 가중 중요한 문법적 기능은 체언 앞에 놓여 후행 명사를 수식한다는 것이다. (62)의 '지지난'과 (62′)의 '上上'은 후행 명사의 뜻을 명확하게 수식한다는 것을 확인할 수 있다.

한국어 관형사와 중국어 구별사는 수식어 기능을 한다. 한국어 관형사는 체언의 수식어로만 분류되었고 단독으로 쓰일 수 없으며 뒤에 오는 수식 대상을 대체할 수도 없기 때문에 기능상 수식어로만 존재한다.

중국어 구별사에 대응되는 한국어 지시관형사는 '지지난', '저지난' 등 두 개만 있다.

(6) 지시관형사 '왼, 오른'과 중국어 명사 '左, 右'

『표준w』에서 제시한 지시관형사 '왼, 오른23)'의 의미에서 출발하여 그 쓰임을 살펴보겠다. 『표준w』에 제시된 지시관형사 '오른'은 "오른쪽을 이를 때 쓰는 말"이고 '왼'은 "왼쪽을 이를 때 쓰는 말"이다.

(63) 가. **왼/오른** 다리
    나. **왼/오른** 무릎
    다. 아버지가 **왼/오른 주먹**으로 퍽 하고 아들의 왼쪽 어깨를 갈겼다.
    라. 그 억센 **왼/오른 손아귀**에 아사녀의 왼 손목이 붙잡히고 말았다.

---

23) 한국어 '왼, 오른'은 지시관형사로 신체 부위와 관련된 말과 결합하여 복합어를 이룬다는 점에서 접두사로 처리함이 낫다고 주장한 논의도 있다.

(63)에서 지시관형사 '왼, 오른'은 후행하는 보통명사 '다리', '무릎', '주먹', '손목'을 수식하고 왼쪽이나 오른쪽의 의미를 나타낸다. 이들을 중국어로 옮기면 다음과 같다.

(63′) 가. *左(/右)腿*

　　나. *左(/右)膝蓋*

　　다. 父親用*左(/右)手拳頭*拍了拍兒子的肩膀。

　　라. 他用那有勁的*左(/右)手虎口*按住了女的左手腕。

(63′)에서는 방위사[24) '左, 右'이 후행 명사 '腿', '膝蓋', '拳頭', '手腕'을 수식하고 '左, 右'의 의미를 나타낸다. 한국어 '왼/오른+명사' 구성은 중국어의 '左/右+명사' 구성과 대응한다. 중국어 방위사에 대응되는 한국어 지시관형사는 '왼, 오른' 등 모두 2개이다.

(7) 지시관형사 '여느'와 중국어 형용사 '普通, 一般, 平常[25)'

『표준w』에서 제시한 지시관형사 '여느'의 의미에서 출발하여 그 쓰임을 살펴보겠다. 『표준w』에 제시된 지시관형사 '여느'는 "그 밖의 예

---

24) 중국어 방위사는 방향과 상대의 위치 등의 관계를 나타내는 단어들이다. 방위사는 그 구성상의 특성에 따라 단순 방위사와 합성 방위사로 구분할 수 있다. 단순 방위사는 가장 기본적인 방위사이며 모두 단음절이다. '東, 西, 南, 北, 前, 後, 內, 外' 등이 이에 속한다. '左', '右' 등의 단순 방위사는 결합 능력이 비교적 약하다. 단순 방위사가 명사와 결합할 때 명사 앞에 있거나 뒤에 있거나 간에 그 사이에 '的'를 삽입할 수 없다.

25) 劉淑娥(1981)에서 '平常', '普通', '一般'의 쓰임 차이를 품사별로 고찰하였다. '平常'은 '常見的, 不特別的'의 의미로 쓰이고 '普通'은 '平常, 不特殊'의 뜻으로 쓰이며, '一般'은 '普通'의 의미로 사용된다. 의미로 볼 때 거의 같은 뜻을 지닌다. 그리고 형용사로 쓰일 때 일반적으로 한정어 기능을 한다.

사로운, 또는 다른 보통의" 의미를 나타내며 특정한 무리를 한정하여 가리키는 기능을 한다.

(64) 가. 오늘은 **여느 때**와 달리 일찍 자리에서 일어났다.

　　나. 그들도 **여느 가족**들처럼 오순도순 살고 있다.

　　다. 올여름은 **여느 여름**보다 더운 것 같다.

　　라. 이 병원은 치료비가 **여느 병원**보다 비싸다.

(64)에서 지시관형사 '여느'는 후행 명사 '때', '가족', '여름', '병원'을 수식한다. 한국어 말뭉치에서 지시관형사 '여느'는 모두 27회 출현한다. '여느'와 결합할 수 있는 명사는 '때, 술집, 가정집…' 등이다. 대명사, 수사와는 잘 결합하지 못한다.

(64′) 가. 今天跟***平常的時候***(=以往)不同，起得很早。

　　나. 他們也像***普通家庭***一樣和睦地生活著。

　　다. 今年夏天比***一般夏天***(=以往)要熱。

　　라. 這家醫院的治療費用比***一般醫院貴***。

(64′)에서 형용사 '普通, 一般, 平常'은 후행 명사 '時候', '家庭', '夏天', '醫院'을 수식한다. '普通, 一般, 平常'과 후행 명사 사이에 있는 조사 '的'는 생략이 가능하다. 따라서 한국어의 '여느+명사' 구성은 중국어의 '普通/一般/平常+(的)+명사' 구성과 대응된다.

　중국어의 형용사에 대응되는 한국어 지시관형사는 '여느' 하나뿐이다.

2) 한자어 지시관형사와 중국어 대응어

한국어 고유어 지시관형사에 비해 한자어 지시관형사의 쓰임은 비교적 간단하다. 한국어 말뭉치에 한자어 지시관형사는 총 12개가 나타나는데 이들의 출현 빈도는 다음 표와 같다.

<표 34> 한자어 지시관형사의 출현 빈도

순위	지시관형사	빈도	비율	순위	지시관형사	빈도	비율
1	각(各)	286	42.37%	6	매(每)	6	0.89%
2	전(前)	209	30.96%	7	동(同)	3	0.44%
3	현(現)	111	16.44%	8	당(當)	1	0.15%
4	모(某)	32	4.74%	9	타(他)	1	0.15%
5	본(本)	26	3.85%				

한국어 말뭉치에 나타난 한자어 지시관형사는 '각(各)', '전(前)', '현(現)', '모(某)', '본(本)', '매(每)', '동(同)', '당(當)', '타(他)' 등 9개가 있다. '귀(貴)', '모모(某某)', '전전(前前)' 등은 말뭉치 용례는 나타나지 않았다. 한자어 지시관형사 용례는 총 675회가 출현한다. 그들은 '각(各) 〉 전(前) 〉 현(現) 〉 모(某) 〉 본(本) 〉 매(每) 〉 동(同) 〉 당(當) 〉 타(他)…' 등의 순으로 나타난다.

『표준w』에 제시된 한자어 지시관형사들의 의미에서 출발하여 그들 쓰임과 중국어 대응 표현 양상을 살펴보면 다음과 같다.

(65) 가. **각 지역**에서 발생하는 문제점에 대하여 알아보자.

　　　나. **전 장관**에게서 받은 원문의 일부를 팩스로 보내왔다.

　　　다. 엄밀히 말한다면 권력은 아직도 **현 정부**에 있다.

라. 얼마 전 **모 화랑**에서 선생님의 작품 한 점을 봤다.

마. **본 연구**는 기존 연구에 대한 이러한 비판을 기초로 한다.

바. 그 팀은 **매 경기** 우승했다.

사. 1986년 ○○ 섬유 회사에 입사, **동 회사**에서 3년간 근무했음.

아. **당 열차**는 30초 후 출발하겠습니다.

자. 이것은 **타 지역**에서는 볼 수 없다.

(66가)에서의 '각(各)'은 한자어에서 온 것으로 '각 사람', '각 나라', '각 기관' 등과 같이 고유어 명사에도 두루 어울리는 관형사로 자리를 잡았다. (66라)에서의 '모(某)'는 한자어 명사에만 결합하는 특징을 지닌다. 다만 '모(某)'는 비록 한자어 전용 관형사지만 거의 모든 한자어 명사와 두루 어울릴 뿐 아니라 자립성이 비교적 두드러지므로 한자어에 한정된 관형사로 내세웠다. (66사)에서의 '동(同)'은 한자어 명사 앞에 쓰여 "앞에서 말한 것과 같은"의 의미를 가지고 있는 관형사로 후행 성분인 보통명사를 수식하는 관형적 기능을 한다고 볼 수 있다.

(65′) 가. 了解***各個地區***發生的問題。

나. 收到了***前任部長***發過來的部分傳眞原文。

다. 嚴格來講，權力依然在***現任政府***手裡。

라. 不久前，在***某個畫廊***看到過先生的一幅作品。

마. ***本次研究***以批判先行研究爲基礎。

바. 那支隊伍***每次比賽***都贏。

사. 1986年就職于○○纖維公司，並且在***該公司***已經工作了3年。

아. ***本次列車***30秒後出發。

자. 這在***其他地區***是無法看到的。

(65)에서의 한국어 한자어 지시관형사 '각(各)', '전(前)', '현(現)', '모(某)', '본(本)', '매(每)', '동(同)', '당(當)', '타(他)'에 대응되는 중국어는 '各', '前', '現', '某', '本', '每', '该', '本(此)', '其他' 등이다. (65'가)에서의 '各'는 전체를 구성하는 임의의 개체를 가리킬 때 쓰인다. '各'는 명사와 함께 쓸 수 있으나 함께 쓸 수 있는 명사는 대부분 '各國, 各省, 各民族, 各班…' 등처럼 조직, 기관을 표시하는 명사로 제한된다. 어떤 명사들은 '各'와 직접 결합할 수 없고 중간에 양사가 있어야 한다. '各'와 함께 결합할 수 있는 양사도 '個, 種, 樣, 位 條 類 項…' 등으로 제한되어 있다. (65'라)에서의 '某'는 명사 앞에 직접 쓰인다. 원하지 않거나 말할 필요가 없거나, 또는 말할 수 없는 사람이나 사물을 대신 가리킨다. 또한 '某'는 '某某單位', '某某公司', '某某人' 등과 같이 중첩하여 사용할 수 있다. 어떤 때는 '某'와 명사 사이에 '某種原因', '某個條件' 등과 같이 양사를 사용해야 할 때도 있다. (65'바)에서의 '每'는 명사와 직접 결합하여 쓸 수 없다.26) 즉, '每'와 명사 사이에는 양사 또는 수량사를 써야 한다.

이상으로 한국어 고유어 지시관형사와 한자어 지시관형사의 수식 명사구, 중국어 대응 표현 양상에 대하여 논의하였다. 후행 체언과의 통합 관계는 후행 체언을 자립명사, 의존명사로 나누어 그 통합 양상을 고찰하였다. 이들의 통합 관계는 지시 기능과 크게 관련된다.

---

26) 중국어 '每'는 명사와 결합하여 쓸 수 없다. 단 '每天', '每日', '每月', '每星期', '每人', '每分鐘', '每小时' 등의 준양사(準量詞)는 제외한다.

2. 한국어 수관형사와 중국어 대응어

주지하다시피 한국어는 교착어에 해당하고 중국어는 고립어에 해당한다. 이들 언어에서 수량의 개념은 어휘적인 형태로 존재하지만 통사적으로 의존적이어서 수사나 관형사, 지시사나 지시관형사 등의 수식어와 함께 나타난다. 이 절에서는 한국어 수관형사를 독립적인 범주를 인정하는 관점에 근거하여 중국어 대응 표현을 살펴보겠다. 한국어 수관형사는 단위성 의존명사와 결합하여 수량명사구를 이룬다. 이때 한국어 수관형사는 수나 양을 명확히 하고 단위성 의존명사는 대상 명사에 따라 선택되는 특징을 보인다. 한국어 수량명사구에서 수관형사가 고유어나 한자어 중 어느 것으로 쓰이는지는 일반적으로 단위성 의존명사의 어원에 따라 결정된다. 즉 어원적으로 수관형사는 단위성 의존명사와 같은 계열의 것으로 통합되는데, 단위성 의존명사가 외래어일 때에는 수관형사도 외래어 성격을 띠는 한자어 계열로 선택되는 것이다.[27] 한국어 수관형사와 체언 간의 결합 관계[28]를 제시하면 다음과 같다.[29]

---

27) 우형식(1996) 참고.

28) 김영희(1976)에서는 '수관형사+단위성 의존명사'를 '수량사'로 간주하였고 이익섭(1973)에서는 '수량사구'로 간주하였으면 서정수(1994)에서는 '수량명사구'로 간주하고 있다. 그리고 고영근(1998)에서는 '단위성 의존명사'를 '의존명사'로, 채완(1983), 임홍빈(1991)에서는 '분류사'로, 그리고 서정수(1994)에서는 '수량 단위 명사'로 간주하고 있다.

29) 수관형사와 수사의 관계는 선행 연구에서 밝힌 바가 있다. 한국어 수량 개념을 나타내는 구조는 위의 예문에서 밝힌 유형 외에 '학생 둘'과 같은 '명사+수사' 구조도 있다. 물론 한국어 수량명사구의 구성에 있어 단위성 의존명사가 있는 경우 문장이 자연스럽지만 단위성 의존명사가 결여되는 구성을 허용하는 경우도 있다. 그러나 의존명사가 없는 수량명사구는 명사의 자질과 수사의 수 표현 등의 제약을 많이 받는다. 본 논문에서는 수관형사를 고찰 대상으로 삼기 때문에 이 유형

(66) 가. 학생 한 명

　　　나. 한 학

　　　다. 한 명의 학생

　　박정구(2012)에 따르면 한국어의 단위성 의존명사의 사용은 중국어
에 비해 상대적으로 수의적이며 수량사구와 명사의 위치도 중국어보다
상대적으로 자유로워 보인다. 수량명사구는 명사와 수량사구에 의해
구성된다. 이때 수량명사구는 명사, 수관형사, 단위성 의존명사의 통합
순서에 따라 (66)에서 제시한 바와 같이 세 가지 형식으로 구분된다.
(66가)는 가장 전형적인 한국어 수량사구30)에 해당되며 제약을 받지
않고 쓰일 수 있다. 이는 명사의 자질과 수관형사의 크기에 상관없이
모두 성립된다. 그리고 수관형사와 단위성 의존명사가 이루어진 수량
사구와 명사 사이에는 의미적인 호응 관계가 성립된다. 이것은 단위성
의존명사가 명사 지시물에 대해 의미적인 부류를 표시하는 것과 관련
되는 것으로 이들 사이에는 상호 의미적인 선택 제약이 존재한다. 이
때 수관형사는 단위성 의존명사와 함께 쓰이며 수량사구를 이루어 대
상 명사의 수량을 규정한다. (66나)와 (66다)는 구어 표현에는 쓰이기
어렵다는 특징이 있다. (66나) '수관형사+보통명사' 구성31)은 수관형사

　　의 수량명사구를 고찰하지 않기로 한다.

30) 우형식(1996)에서는 '수관형사+단위성 의존명사'의 통합 관계를 '고유어 수관형
　　사+고유어 단위성 의존명사', '고유어 수관형사+한자어 단위성 의존명사', '한자어
　　수관형사+한자어 단위성 의존명사', '한자어 수관형사+외래어 단위성 의존명사'
　　등 네 가지로 유형화했다.

31) 수관형사를 인정하지 않고 수사만 인정하는 연구에서는 '수사+명사'라고 규정하
　　였는데 본 논문에서는 수관형사를 인정하는 입장을 취하기 때문에 수관형사란 개
　　념을 사용한다. 임홍빈(1978)에서 '수사+명사' 구조가 지시 기능, 즉 화자와 청자
　　에게 이미 알려진 대상일 때만 성립된다고 지적하였다.

가 후행 명사를 한정하여 수식하는 것으로 단위성 의존명사가 사용되지 않고 고유어 수관형사에만 나타난다는 특징이 있다. (66다) '수관형사+단위성 의존명사+의+보통명사' 구성은 단위성 의존명사 뒤에 조사 '의'가 결합되는 것이 일반적이다. 이 구성은 '명사+수관형사+단위성 의존명사'에 대응되는 것이지만 내포된 의미에서 차이를 보인다. 그리고 이 구성은 문어에 주로 나타나며 구어에서는 거의 쓰이지 않는다. 채완(1982)에서 이 구성은 명사가 가리키는 대상 전체를 한 단위로서 인식할 때 쓰이는 표현이라고 지적하였다. 수관형사와 단위성 의존명사의 존재 이유가 명사의 부류와 수량을 나타내는 것이기 때문이다. 이때 보통명사는 구체적으로 지시할 수 있는 사물을 나타내는 것이 보편적이다.

1) 고유어 수관형사와 중국어 대응어

한국어 고유어 수관형사는 수식어로서 반드시 후행하는 체언과 공기해야 한다. 그 체언으로는 명사와 단위성 의존명사가 있다. 이에 대응하는 중국어 수사는 반드시 양사와 결합하여 사물의 수량을 나타내게 된다. 우선 수관형사 수식 명사구의 유형과 출현 빈도를 제시하면 다음과 같다.

〈표 35〉 수관형사 수식 명사구 유형과 출현 빈도(일부)

수관형사+명사	빈도	명사+수관형사+단위성 의존명사	빈도	수관형사+단위성의존명사+의+명사	빈도
두+명사	926	명사+한+단위성 의존명사	759	한+단위성 의존명사+의+명사	62
한+명사	447	명사+두+단위성 의존명사	597	두+단위성 의존명사+의+명사	55

모든+명사	192	명사+몇+단위성 의존명사	199	몇+단위성 의존명사+의+명사	11
첫+명사	130	명사+첫+단위성 의존명사	2	첫+단위성 의존명사+의+명사	1
온+명사	35				
몇+명사	25				
갖은+명사	5				
⋮					

　　한국어 수관형사와 후행 명사의 결합은 '수관형사+보통명사', '보통명사+수관형사+단위성 의존명사', '수관형사+단위성 의존명사+의+보통명사' 등 세 가지 유형이 있는데 '한', '두', '첫', '몇' 등 수관형사는 세 유형의 구성이 모두 가능한 반면에 '모든', '갖은', '온' 등 수관형사는 '수관형사+보통명사' 구성만 가능하다.

　　'보통명사+수관형사+단위성 의존명사' 구성은 전형적인 한국어 수량 표현으로서 명사의 의미 자질과 수관형사의 크기에 상관없이 모두 성립한다.

　　'수관형사+보통명사' 구성은 수관형사가 후행 명사를 한정하여 수식하는 구성으로 단위성 의존명사가 사용되지 않으며 고유어 수관형사에만 나타난다는 특징이 말뭉치에서 확인되었다. 또한 '수관형사+보통명사' 구성은 제약된 양상을 보인다.[32] 수관형사 '한, 두'를 제외하고는 후행 명사와 잘 어울리지 못한다. 다음 표에서 보듯이 수관형사가 선행할 때 후행 명사는 '[+사람]'과 관련된 표현이 압도적으로 많다.

---

[32] 정우영·양호(2013) 참고.

〈표 36〉 '한/두+보통명사33)' 구성의 출현 빈도(일부)

한+명사	빈도	두+명사	빈도
한 사람	104	두 사람	97
한 관계자	29	두 손	47
한 여자	20	두 눈	26
한 손	18	두 배	21
한 나라	16	두 나라	20
⋮		⋮	
	1,517		926

〈표 38〉에서 보면 '한, 두'는 후행 명사와 비교적 잘 어울린다. 그러나 '세, 네, 다섯…' 등과 같은 수관형사의 경우에는 후행 명사와의 결합이 말뭉치에서 검색되지 않았다.

(67) 가. 한 책

　　　나. *?세 비행기

　　　다. *일곱 사과　　　　　　　　　　　　　　　(정우영·양호 2013 : 204)

---

33) '한'은 다른 수관형사에 비해 매우 다양한 용법을 지닌다. 유현경(2008)에서는 수관형사 범주를 인정하면서 수관형사로 쓰인 '한', 지시관형사로 쓰인 '한', 부사 용법의 '한' 등으로 분류하여 '한'의 통합적 양상을 고찰하였다. 이 논의에서 수관형사의 용법이 기본적인 의미이고 이러한 쓰임이 빈도도 가장 높으나 '어떤'이나 '같은'의 의미로 해석되는 지시관형사의 쓰임도 함께 가지고 있다고 지적하였다. 수관형사와 지시관형사의 용법은 문맥에 따라 명확히 구별되지 않아 다의어로 보더라도 부사의 '한'은 동형어로 구별하는 것이 적절할 것이라고 보고 있다. 반면에 김민국(2010)에서는 수관형사 '한'과 지시관형사의 쓰임을 보이는 '한'이 그 분포가 명확하게 차이가 난다는 점을 근거로 다의어가 아닌 동형어로 분리할 수 있다고 보고 있으며 부사의 쓰임을 보이는 '한'의 경우에는 체언수식부사의 일종이라고 보고 있다.

(67)에서 보듯이 수관형사가 선행하는 것으로 '한, 두'를 제외하고는 매우 어색하다. 이는 한국어에서 수사와 수관형사로 통용됨이 제약되는 것과도 관련되어 있다. 그러나 후행 명사가 '[+사람]'일 때에는 이러한 제한에서 벗어나기도 한다(채완 1982 : 164~165).[34]

(68) 가. ?學生一名
　　　나. *一學生
　　　다. *一名的學生

(68)은 (66)의 중국어 대응 표현이다. 중국어도 한국어와 같이 일반적으로 수량명사구를 사용하여 사물의 수량을 나타내는 언어이다. 그러나 예문을 보면 두 언어의 수량명사구의 구성 형식이 좀 다르다. 중국어 수량 표현의 가장 전형적인 유형은 '수사+양사+명사' 구성이다. 그러나 한국어와 같이 중국어도 수량 표현이 발달한 언어이기 때문에 다양한 유형이 존재할 수 있다. 앞에서 제시한 (66가)에서는 보통명사 뒤에서 단위성 의존명사와 함께 수를 나타냈다. (66나)에서는 수관형사가 보통명사와 직접 결합하였고, (66다)에서는 '수관형사+단위성 의존명사+의+명사' 결합 양상을 보였다. (68가)의 '學生一名'은 어색한 표현이다. 오직 한 문장에서 어떤 명사의 수를 나열하는 경우에만 가능하다. (68나) '一學生[35]'과 (68다) '一名的學生'도 비문법적이다.

한국어의 가장 일반적인 유형은 '명사+수관형사+단위성 의존명사' 구성인 반면에, 중국어 수량 표현의 가장 전형적인 유형은 바로 '수사

---

34) 정우영·양호(2013)에서 재인용.
35) 현대 중국어의 수량 표현구에서는 어떤 경우에도 반드시 양사가 수반해야 한다. 물론 고대 중국어의 사자성어, 관용어의 경우에는 '수사+명사' 구성이 존재한다.

+양사36)+명사' 구성이다. 중국어에서 '수사+양사+명사' 구성은 아무 제약 없이 자연스럽게 쓰인다.37)

중국어의 '수사+양사+명사' 구성과 '지시대사+수사+양사+명사' 구성의 차이점은 전자는 특정사물을 지시하는 지시대사가 없기 때문에 특정 개체를 지시하지 않는 비한정 의미로 해석되지만, 후자는 지시대사가 있기 때문에 특정 개체를 지시하는 한정 의미를 갖는다는 점이다. '수사+양사+명사'의 구성은 일반적으로 문장의 주어 또는 화제 위치에는 출현할 수 없다. '*一名學生找你'처럼 주어 위치의 '수사+양사+명사' 구성은 비한정 의미를 가지고 있으므로 비문이 된다.38)

(69) 가. 강아지 아홉 마리
     나. 꽃 세 송이
     다. 맥주 다섯 잔

한국어의 전형적인 수량 표현 '명사+수관형사+단위성 의존명사' 구성은 중국어에 존재하지 않는다. (69)를 중국어 구성으로 옮기면 다음

---

36) 중국어의 양사는 한국어의 분류사, 단위성 의존명사에 해당한다. 논의의 편의상 한국어 수량 표현을 기술할 때 단위성 의존명사를 사용하고 중국어 수량 표현을 기술할 때는 양사란 개념을 사용하기로 한다.

37) 石毓智・李訥(2001 : 315)에서는 선진(先秦)까지의 중국어에는 '명사+수사+양사' 구조만 가능했고 한나라(漢朝) 때부터 '수사+양사+명사' 구조가 나타나기 시작했다고 지적하였다. 15세기에 '수사+양사+명사' 구조가 유일한 중국어 수량구가 되었다. 중국어 원문은 다음과 같다. 先秦漢語的個體量詞, 只能用於 '名+數+量' 格式, 比如 '負服矢五十個《荀子・議兵》'. 到了漢代開始出現 '數+量+名' 格式, 比如'其富人至有四五千匹馬《史記・大宛列傳》' …到了15世紀, 新格式完全戰勝了舊格式而成為唯一合法的數量表達式. 這一轉變的關鍵時期是唐宋初期, '數+量+名' 新格式由少數變成佔優勢的格式.

38) 김광조(2004) 참고.

(69')과 같다.

    (69') 가. *狗九隻

       나. *花三束

       다. *啤酒五杯

한국어와 중국어는 모두 분류사가 발달한 언어이다. 그러나 그 어순은 다르다. 중국어는 양사가 명사 앞에 와야 한다. 한국어는 단위성 의존명사가 명사 뒤에 오는 것이 자연스럽지만 중국어는 명사 뒤에 오면 어색한 표현이 된다. (69')에서와 같이 중국어에서 '명사+수사+양사' 구성은 대부분의 경우에 성립되지 않는다. 앞서 밝혔듯이 중국어의 전형적인 수량 표현 구성은 '수사+양사+명사'이다. (69)에 대응되는 중국어는 '九隻狗', '三束花', '五杯啤酒'이다. 여기서 '只', '束', '杯' 등 양사는 해당 명사만을 수식하는 개체양사이다. 개체양사는 중국어만이 가지는 독특한 양사로 일반적으로 개체 사물을 표시하는 명사 앞에는 모두 특정적인 양사를 필요로 하며 함부로 사용할 수 없다. 또한 이러한 개체양사는 이에 상응하는 명사와 의미상 관련을 가지고 있다.

한국어와 중국어 두 언어에 동일한 어순을 갖는 '수관형사+단위성 의존명사+의+명사'와 '수사+양사+명사' 구성이 있다. 그러나 중국어에서는 양사와 명사 사이에 한국어 격조사 '의'에 해당하는 중국어 구조조사 '的'가 없다. 한국어에서는 조사 '의'가 생략되는 경우도 있지만 일반적으로 '의'가 있어야 된다. 또한 한국어의 이 유형은 일반적으로 문어에서 사용되며 지시 대상이 단위로 인식할 때 사용된다.

(1) 수관형사 '한'과 중국어 대응어 '一₁, 某, 一₂, 大約'[39)

이 절에서는 사전적 의미와 말뭉치 용례 분석을 바탕으로 한국어 수관형사 '한'의 쓰임과 중국어 대응 양상을 고찰하는 데에 목적을 둔다. 한국어의 '한'은 현행 학교문법에서 수관형사로 분류되어 있다. 그러나 사전적 의미와 한국어 말뭉치 용례를 분석해 보면 '한'은 수관형사로서의 쓰임 외에 다양한 특성을 지니고 있다.

김민국(2010 : 27~28)에서는 수관형사 '한'은 수가 어떠한 대상을 대신 가리킨다는 점에서 지니게 되는 지시적 속성과 단수라는 의미적 특성으로 인해 '둘 이상의 수'를 나타내는 여타의 수관형사와는 달리 수관형사 본래의 용법 이외에도 다양한 쓰임을 보인다고 하였다. 본 연구는 '한'의 수관형사 본래의 쓰임과 그 이외의 다른 용법도 함께 고찰한다. 그 이유는 '한'이 보이는 다른 용법이 수관형사 '한'의 본래의 의미에서 기인한 것이기 때문이다.

〈표 37〉 관형사 '한'의 사전적 의미

표제어	의미 정보
한₁	수량이 하나임을 나타내는 말
한₂	'어떤'의 뜻을 나타내는 말
한₃	'같은'의 뜻을 나타내는 말
한₄	'대략'의 뜻을 나타내는 말

(70) 가. **한** 사람

나. 책 **한** 권

다. 말 **한** 마리

---

39) 수관형사 '한'의 다양한 쓰임에 대한 논의는 유현경(2008), 김민국(2010) 등 참고.

라. 노래 **한** 곡

마. 국 **한** 그릇

바. **한 가닥** 빛도 없는 지하실

사. **한 가지**만 더 물어보자.

아. 그는 **한 달 월급**을 모두 도박에 탕진했다.

(70)에서 제시한 바와 같이 수관형사는 명사 앞에 오는 경우도 있지만 대부분은 사물이나 사람을 세는 단위를 나타내는 단위성 의존명사 앞에 온다. (70)의 '한'은 수관형사로서의 전형적인 쓰임이다. (70가)에서는 '한'이 수관형사로서 명사 '사람'을 수식하여 뒤에 오는 명사의 수량을 나타낸다. '사람'은 분류사는 아니지만 분류사의 기능을 하고 있는 명사이다. (70나~아)를 살펴보면 수관형사 '한'은 단위성 의존명사와 결합하여 쓰인다. 이것은 수관형서로서의 가장 전형적인 쓰임이다. 단위성 의존명사와 어울릴 때 앞뒤에 명사 '책', '말', '노래', '국' 등 단위성 의존명사가 관여하는 명사가 분포되어 있다. 예문에서 '권', '마디', '곡' 등은 단위성 의존명사로 분류사의 기능이 본래적인 데 비해 (70가)에서의 '사람'은 분류사로 해석될 수도 있고 자립명사로 해석될 여지도 있다.

(71) 가. 옛날 강원도의 **한 마을**에 효자가 살고 있었다.

　　　 나. 이번 사건에 대해 검찰의 **한 고위 관리**는 다음과 같이 말했다.

우형식(2003)에 따르면 '한'은 가장 적은 수량을 뜻하는 것이므로 지소적인 수량을 뜻하기도 하고, 수량의 의미가 두드러지지 않고 단지 부류적 성격을 띠는 명사를 개체화하는 기능을 보이기도 한다. (71)은 '한'이 '어떤'의 의미로 해석되는 경우이다. '비한정 지시(indefinite reference)'의 용법을 갖는 지시관형사 '어떤'과 그 의미와 용법이 유사하다.

(72) 가. **한** 경기장
　　　나. 전교생이 **한 교실**에 모여 특강을 들었다.
　　　다. 동생과 나는 **한 이불**을 덮고 잔다.

(72)은 '한'이 '같은'의 의미로 해석되는 경우이다. '경기장, 교실, 이불' 등의 생활공간을 나타내는 명사나 '민족, 동족, 핏줄' 등 혈연과 관계되는 명사와 결합될 수 있다.[40] 이 경우 '한'에 '하나의'의 의미는 없다. 예문에서의 '한'은 수식받는 체언의 성질이나 상태를 나타낸다고 보기 어렵기 때문에 지시관형사로서의 의미가 더 크다. (72)의 '한'은 다른 관형사와 어울려 나타나는 경우가 드물다.

(73) 가. **한 20분**쯤 걸었다.
　　　나. **한 30명**의 학생들이 앉아 있다.
　　　다. 초봉은 **한 100만 원** 정도 된다.

(73)에서 제시한 바와 같이 '한'은 수를 나타내는 말 앞에 쓰이면 '대략'이라는 부사적 의미로 해석된다. 여기서 쓰인 '한'이 모든 수사와 결합할 수 있는 것은 아니다. 대부분의 경우 '수사/수관형사+명사'

---

40) 유현경(2008) 참고.

구성만이 '한'의 수식을 받을 수 있다.

한국어 '한'의 쓰임을 정리해 보면 (70)에서의 '한'은 수관형사로서의 쓰임이다. (71)에서의 '한'은 '어떤'의 의미로 쓰인 것이고 (72)에서의 '한'은 '같은'이라는 의미로 해석될 수 있다. (73)에서의 '한'은 관형사로 보기 어려운 경우인데 '대략'이라는 부사적인 의미를 가지고 있다. 위의 예문을 살펴보면 '한'은 같은 부류에 속하는 '두, 세, 네…' 등의 다른 수관형사에 비하여 다양한 의미와 기능을 가지고 있다는 것을 확인할 수 있다. '한'의 쓰임은 뒤에 오는 체언의 기능이나 의미에 기인한 바가 크다.

(70') 가. 一(個)人

　　　 나. 一本書

　　　 다. 一匹馬

　　　 라. 一首歌

　　　 마. 一碗湯

　　　 바. 看不到一縷陽光的地下室

　　　 사. 只問一個(問題)。

　　　 아. 他把一個月的薪水都浪費在賭博上了。

(70')에서 보듯이 한국어의 '한₁+명사' 구성에 대응하는 중국어는 '一₁+양사41)+명사' 구성이다. (70가)의 '사람'이 자립명사로 해석될 경우

---

41) 예문에서 나오는 '本', '匹', '首', '碗' 등은 개체명사이다. 개체명사는 중국어만이 가지는 독특한 양사이다. 일반적으로 개체 사물을 나타내는 명사 앞에는 모두 특정적인 양사를 필요로 하며 마음대로 사용할 수 없다. 적지 않은 개체양사는 이에 상응하는 명사와 의미상 모종의 관련을 가지고 있다.

대응된 중국어 '人'은 보통명사이고, 분류사로 해석될 경우 대응된 중국어 '人'은 차용양사[42]이다. 중국어 차용양사는 본래 명사이기 때문에 일반적으로 형용사 수식어를 사용할 수 있다. 한국어의 경우 수관형사 뒤에 보통명사, 단위성 의존명사 등이 모두 가능하지만 중국어의 경우 '수사+양사+명사'의 구성만 존재한다.

(71') 가. 很久以前, 江原道的**某個村子**裡住著一個孝子。

　　　나. 針對本次案件, 監察部門**某位高官**解釋如下。

한국어 '어떤'의 의미로 사용하는 '한₂'에 대응하는 중국어는 '某'이다.[43] 중국어의 '某'는 특수대사이다. (71)에서의 '한 마을', '한 고위 관리'는 (71')에서의 '某個村子', '某位高官'로 해석된다. 중국어 특수대사 '某'와 후행 명사 '村子', '高官' 사이에 양사가 있는 것도 특징이다. 따라서 한국어의 '한₂+명사' 구성은 중국어의 '某+양사+명사' 구성과 대응된다.

(72') 가. **一個**競技場

　　　나. 全校學生聚在**一間教室**聽講座。

　　　다. 弟弟與我蓋**一床被子**睡覺。

---

42) 박정구(2012)에 따르면 중국어 분류사는 명사로부터의 문법화 과정을 거쳤으며, 공시적으로 동일한 분포를 보이는 명사로부터의 임시적 차용도 존재한다고 하였다.

43) 한₂의 중국어 대응어에 대해 '某' 외에 '有'도 있다는 지적이 있다. '有人找你.'에서 제시한 바와 같이 '有'는 兼語句式을 통해 '存現'을 나타낸다. '한₂'의 지시적 특성을 고려하면 지시대사 '某'가 더 적합하다고 본다. 또 '有'는 실질적 의미보다 유정성(有定性) 표시로 보는 논의(石毓智 2011 : 43)도 있다.

한국어 '같은'의 의미로 해석되는 '한₃'에 대응하는 중국어는 '一₂'이다. 중국어 '一'는 수사 '하나'의 의미 외에 다양한 용법이 있다. 여기서는 '같은'의 의미로 사용되고 있다. (72)에서의 '한 경기장', '한 교실', '한 이불'은 (72′)에서의 '一個競技場', '一間教室', '一床被子'로 해석된다. '一₂'와 후행 명사 사이에 양사가 있다. 따라서 한국어의 '한₃+명사' 구성은 중국어의 '一₂+양사+명사' 구성과 대응된다.

(73′) 가. 走了*大約20分鐘*。

나. 坐了*大約30多個學生*。

다. 第一年年薪*大約100萬*。

한국어 '대략'의 의미로 해석되는 '한₄'에 대응되는 중국어는 '大約'이다. 중국어 '大約'의 품사는 구별사이다. (73′)에서는 시간을 나타내는 명사 '20分鐘', 수량을 나타내는 수량명사구 '30多個學生', '100萬(年薪)' 앞에 위치하여 한정·수식한다. 한국어의 '한₄+명사' 구성은 중국어의 '大約+명사' 구성과 대응된다.

『표준w』의 사전적 의미와 용례를 토대로 관형사 '한'의 네 가지 쓰임을 살펴봤는데, '한'은 수관형사로서의 쓰임 이외에 지시관형사로 쓰이거나 부사적인 의미를 지니는 등 다양한 특성을 지니고 있다. 그러므로 '한'은 관형사로서의 쓰임과 부사로서의 쓰임을 동시에 갖고 있는 어휘이다. 관형사 '한'은 수관형사의 쓰임이 기본적인 의미이다. '어떤'이나 '같은'의 의미로 해석되는 지시관형사의 쓰임도 있다. 수관형사로 쓰인 '한'과 지시관형사로 쓰인 '한'은 의미가 다르다.

〈그림 11〉 한국어 '한'과 중국어 대응 관계

수관형사로서 쓰이는 '한₁'은 중국어 수사 '一₁'과 대응된다. 한국어의 전형적인 수량 표현 구조는 '보통명사+한₁+단위성 의존명사'이다. 이에 대응되는 중국어 구성은 '一₁+양사+명사'이다.

'어떤'의 의미로 쓰인 '한₂'에 대응되는 중국어는 특수대사 '某'이다. '어떤'의 의미로 쓰인 '한₂'는 후행 체언과 결합하여 '한₂+명사' 구성이 된다. 중국어 대응 표현은 '某+양사+명사' 구성이다.

'같은'의 의미로 쓰인 '한₃'에 대응되는 중국어는 '一₂'이다. '같은'의 의미로 쓰인 '한₃'은 후행 체언과 결합하여 '한₃+명사' 구성이 된다. 중국어 대응 표현은 '一₂+양사+명사' 구성이다.

'대략'의 의미로 쓰인 '한₄'에 대응되는 중국어는 '大約'이다. '대략'의 의미로 쓰인 '한₄'는 후행하는 수량이나 시간을 나타내는 명사와 결합하여 '한₄+명사' 구성이 된다. 이에 대응하는 중국어는 '大約+명사' 구성이다.

(2) 수관형사 '두'와 중국어 수사 '兩'

『표준w』에 제시된 수관형사 '두'의 의미에서 출발하여 그 쓰임을 살펴보겠다. 『표준w』에 제시된 수관형사 '두'의 의미는 "그 수량이 둘임을 나타내는 말"이다.

    (74) 가. 두 사람44)

        나. 사과 두 개

        다. 두 볼에 흐르는 눈물.

  (74가)의 '사람'에 대한 해석은 문맥에 따라 달라질 수 있는데 분류사로 해석되기도 하고 자립명사로 쓰이기도 한다. 분류사의 용법으로 쓰인 '사람'은 '명'으로 바꿀 수 있으나 자립명사로 쓰인 '사람'은 분류사 '명'으로 바꿀 수 없다. (74나)에서는 수관형사 '두'의 앞뒤에 보통명사와 단위성 의존명사가 있다. (74다)에서는 수관형사 '두'가 보통명사 '볼'과 통합 관계를 형성하고 이들의 중국어 대응 표현은 다음과 같다.

    (74′) 가. *兩*(個)人

        나. *兩*個蘋果

        다. *兩邊臉頰*上流下的淚水

  (74′)에서 제시한 바와 같이 수사 '兩45)'과 후행 명사 '人', '蘋果',

---

44) 염재일(2007)은 일반적으로 보통명사 앞에 수량사가 올 수 없다고 했지만 모든 수량사가 오지 않는 것은 아니다. 일반적으로 숫자가 작은 경우(한, 두, 세, 네 등) 보통명사 앞에 올 수 있다. 숫자가 적은 보통명사 앞에 옴으로써 특정한 개체를 가리키게 되는데 이것은 적은 숫자의 경우 개체화(individuation)가 가능하다는 것과 관계가 있는 것 같다.

45) 한국어 수관형사 '두'에 대응되는 중국어는 '兩'도 있고 '二'도 있는데 용법은 다르다. 중국의 전통의 도량형 단위(分, 畝, 頃, 升, 鬪, 石, 錢, 兩, 斤 등)에는 대부분 '二'을 사용하고 새로운 도량형 단위(米, 公裡, 平方米, 立方米 등)에는

'臉頰' 등 사이에 양사가 있다. (74가)의 '사람'에 대한 해석에 따라 중국어 대응 표현도 달리 나타난다. 자립명사로 쓰일 경우 '兩個人', 분류사로 쓰일 경우 '兩人'과 대응된다. (74나)의 수량 표현 구조를 중국어로 옮길 경우 어순 구조에 차이를 보인다. (74'나)처럼 '수사+양사+명사'의 구성으로 옮겨야 올바른 중국어 표현이다. (74다)의 '수관형사+보통명사' 구성도 중국어로 옮길 경우 (74'다)에서 제시한 바와 같이 '수사+양사+명사' 구성으로 옮겨야 자연스러운 문장이 된다.

한국어 말뭉치에서 수관형사 '두'의 용례는 모두 1,843개이며 후행 성분 중 보통명사는 926개, 고유명사는 54개, 의존명사는 597개로 나타난다.

중국어 수량을 나타내는 유형도 다양하게 존재한다. 그러나 가장 전형적인 유형은 '수사+양사+명사' 구성이다. 한·중 말뭉치를 통해 확인한 수관형사 '두'와 수사 '兩'의 대응 양상은 다음과 같다.

한국어 말뭉치에서 수관형사 '두' 수식 명사구 중 '두+보통명사' 구성이 50.24%을 차지한다. '보통명사+두+단위성 의존명사' 구성은 32.39%의 비율로 나타나고 '두+단위성 의존명사+의+보통명사' 구성은 2.98%를 차지한다.

(75) 가. **두 친구**가 있다.

　　나. **친구 두 명**이 있다.

　　다. **두 명의 친구**가 있다.

대부분 '兩'을 사용한다. 또한 일반 양사 앞에서는 '兩'을 사용한다(兩件衣服, 兩個房間, 兩本書, 兩次, 兩趟 등). 따라서 본 논문에서 수관형사 '두'에 대응되는 중국어는 '二'이 아니라 '兩'이다.

(75') 가.　*有兩[46]朋友。

　　　나.　?有朋友兩個。

　　　다.　*有兩個的朋友。

(75)의 중국어 대응 표현은 비문이 되거나 어색한 문장이 된다. 이는 중국어 수사의 전형적인 쓰임으로 '수사+양사+명사'의 구성이어야 자연스러운 문장이 되기 때문이다. (75'나)에서의 '朋友兩個', 즉 '명사+수사+양사'의 구성은 어색한데 문장에서 어떤 명사의 수를 나열하는 경우에 가능하다. 아래와 같이 한 문장에서 어떤 명사의 수를 나열할 경우에는 가능하다.

(76) 가. 教室裡有10個學生, *男学生7個, 女学生3個*。

　　　(교실에 학생 10명이 있는데 남학생 7명, 여학생 3명이다.)

　　　나. 家裡有三個孩子, 兒子兩個, 女兒一個。

　　　(집에 세 아이가 있는데 아들 두 명, 딸 한 명이다.)

(76)에서 사람이나 사물을 두 가지 이상을 나열할 때는 '명사+수사+양사'의 구성이 문장에서 쓰일 수 있다. 따라서 한국어 '보통명사+수관형사+단위성 의존명사'의 구성은 아무런 제약을 받지 않지만 중국어의 '명사+수사+양사'의 구성은 숫자를 강조할 경우에만 사용한다. 이 경우는 한국어와 중국어가 주제 중심 언어라는 공통된 특성이 반영된 것으로 볼 수 있다. 중국어는 '수사+양사+명사' 구성이 일반적인 구성이

---

46) 중국어에는 '兩個'의 의미를 뜻하는 '倆'가 있다. 이것은 중국 북방의 구어이며 일반적으로 '兩個'를 사용할 수 있는 곳에는 모두 '倆'를 사용할 수 있다(他们倆, 倆人, 姐妹倆, 倆包子 등). '兩個'를 쓸 수 없는 곳에는 '倆'도 사용할 수 없다. 그러므로 '倆兄弟', '倆天'으로 쓰는 것은 적당치 않다.

지만 명사가 주제화되면 한국어의 '보통명사+수관형사+단위성−의존명사' 구성과 동일하다.

한편 진봉매(2010)에 따르면 한국어의 경우도 사람이나 사물을 나열할 때 '명사+수사' 구성이 가능하다.

(77) 가. 교실에 학생 8명이 있는데 **남자 셋, 여자 넷**이다.

　　나. 우리 집에서는 동물을 많이 키우는데 **토끼 둘, 개 셋, 고양이 넷**이다.

　　다. 문구방에서 문구를 몇을 샀는데 **연필 다섯, 공책 둘, 볼펜 셋**이다.

　　라. **커피 셋, 콜라 둘, 우유 하나**요.　　　　(진봉매 2010 : 88쪽)

그러나 한국어의 '명사+수사' 구성은 '[고유어 수사, 낮은 수]' 등의 조건을 요구하므로 흔하게 사용되는 표현이 아니다.

한국어 전형적인 수관형사 '한, 두, 세, 네…' 등의 수량명사구와 중국어 대응 표현의 구조는 다음과 같다.

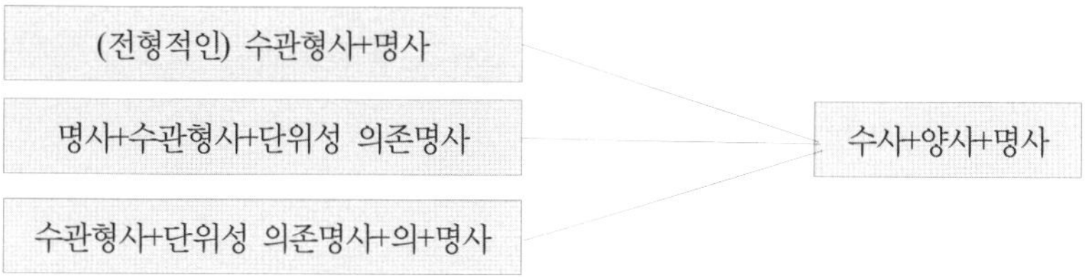

(전형적인) 수관형사+명사	
명사+수관형사+단위성 의존명사	수사+양사+명사
수관형사+단위성 의존명사+의+명사	

〈그림 12〉 한국어 전형적인 고유어 수관형사 수식 명사구와 중국어 대응 표현

(3) 수관형사 '모든'과 중국어 구별사 '所有'[47)][48)]

서정수(2006 : 564)는 '모든'이 본래 '몯다'라는 옛말 동사에서 관형어로 파생된다고 하였다. 이 논의에서는 '모든'이 동사로 쓰였다가 관형사로 굳어졌다고 하였다. 『표준w』에 제시된 '모든[49)]'의 의미는 "빠짐이나 남김이 없이 전부의"이다. 관형사의 분류는 의미와 기능에 따른 것이므로 관형사 자체에 대한 의미 파악이 선행되어야 한다. '모든'의 경우 관형사의 의미로 본다면 '부정수(不定數)'를 아우르는 개념으로 파악하여 수관형사로 분류한다.

(78) 가. **모든** 사람

나. **모든 국민**은 법 앞에 평등하다.

다. **모든 것**이 다 수상하게 보입니다.

(78)에서의 '모든'은 정확한 수를 나타내지 않지만 수량과 관련된 것이므로 수관형사에 포함된다. (78)에서의 수관형사 '모든'은 보통명사 '사람', '국민', 의존명사 '것'을 한정·수식하고 '전체'의 의미를 나타낸다. '모든'은 '여러, 몇, 몇몇' 등과 분포적 면에서 같은 양상을 보이

---

47) 김영민(2011)은 '所有'를 수량형용사로 규정하였고 수량형용사와 명사가 결합할 때 그 사이에 양사를 첨가할 수 없다고 지적하였다.

48) 주위(2019)에서 한국어 '모든'의 중국어 대응어는 '一切', '所有', '全體', '任何', '整個' 등이 있다고 지적하였다. 본고에서는 '所有'만으로 도출된 결론은 자칫 과잉 일반화의 우려가 없지 않다. 이 부분에 대해서 주위(2019) 참고하기를 권한다.

49) 이수미(2008)는 관형사의 의미만으로 본다면 '부정수(不定數)'를 아우르는 개념으로 파악하여 수관형사로 분류할 수 있지만 '부정칭(不定稱)'으로 해석한다면 지시관형사로 분류될 가능성은 있다고 하였다. 그러나 대부분의 논의에서 '모든'이 수관형사로 분류된 것에는 '지시-수-성상'의 관형사가 통합하는 순서를 고려한 결과로 볼 수 있다. 본 논문도 이 논의를 받아들이기로 한다.

지만 '한, 두, 세…' 등 전형적인 수관형사와 다른 분포 양상을 보인다. '모든'은 어휘적으로 '전체'라는 의미를 지니고 있는데 이 '전체'라는 의미가 수량적인 많음과 의미적으로 공유되는 부분이 있기는 하지만 반드시 수량적 의미로만 해석되는 것은 아니다. 전체의 의미에 대응되기도 하나 여러 개를 아우르는 수량적인 의미를 나타내기도 한다.

한국어 말뭉치에 나타난 수관형사 '모든'의 용례는 모두 842개로 후행 성분 중 보통명사는 606개, 고유명사는 6개, 의존명사는 208개, 대명사는 2개이다.

(78′) 가. *所有人*

나. *所有*(=全體50))*公民法律面前平等。*

다. *所有的*看起來都很奇怪。

(78)의 수관형사 '모든'을 중국어로 옮기면 '所有'이다. (78′가, 나)에서 '所有'는 뒤에 오는 명사 '人', '公民'을 수식하고 사물이나 사람의 전체를 나타내고 있다. '所有'는 수식하는 명사를 하나의 범위 전체로 인식하도록 하는 기능을 가진다. 구별사는 구조조사 '的'와 공기할수 있는데, (78′다)에서 제시한 바와 같이 '所有的' 명사구가 이는 한국어의 '모든 것'에 해당한다.

(79) 가. *所有問題*

나. **所有*是我的。

---

50) 한국어의 '모든'을 중국어로 옮기면 '所有', '全部', '全體', '一切' 등이다. '一切'는 범위 전체를 나타내는 의미에서 한 걸음 더 나아가 정도가 심함을 나타낸다.

다. *這件衣服*所有*我。

라. *解決*所有*。

(79)에서 중국어 구별사 구문에서도 수식어 기능 외에는 주어, 서술어, 목적어의 기능을 할 수 없음을 보여 주고 있다. 한국어 수관형사 '모든'과 중국어 구별사 '所有'는 기능적으로도 비슷한 양상을 보인다.

'한, 두, 세…' 등 전형적인 한국어 수관형사는 중국어 수사에 대응되지만 '전체'라는 의미를 가진 '모든'은 중국어 구별사에 대응된다.

한국어 관형사 '모든'과 중국어 구별사 '所有'는 모두 명사 앞에 위치하고 명사의 뜻을 분명하게 제한하는 기능을 지닌다. 구조적으로 한국어 관형사 '모든'과 중국어 구별사 '所有'는 모두 명사 앞에 나타나서 명사를 수식한다. 한국어 관형어 특성을 고려하면 관형사가 수식어의 위치에 있고 피수식어는 명사여야 한다. 그러나 모든 후행 명사가 수식 대상이 되는 것이 아니다. 후행 명사의 의미와 자질에 따라 수식 가능 여부가 결정된다.

중국어 구별사에 대응되는 한국어 수관형사는 '온51), 모든, 온갖, 갖은' 등 4개이다.

2) 한자어 수관형사와 중국어 대응어

한국어 한자어 수관형사는 고유어 수관형사와 달리 보통명사와 직접 결합을 할 수 없고 반드시 단위성 의존명사와 결합을 해야 한다.

---

51) 서정수(2006 : 564)는 '온'이 본디 '백(百)'을 가리키는 말이었는데 그런 뜻으로는 안 쓰이고 전칭적인 수량을 가리키는 말로 남아 있다고 하였다. '온갖'은 '온 가지' 곧 '모든 종류'의 뜻으로 쓰이며 '갖은'은 '가지가지'의 뜻으로 쓰인다고 하였다.

(80) 가. **맥주 이십 잔**

　　나. **20명의 사람**들 중 생일이 같은 사람이 몇 명쯤 될까요?

　　다. **전** 국민

(80′) 가. ?啤酒二**十杯**

　　나. **20個人**當中, 同一天過生日的能有幾個人呢?

　　다. **全體**國民

(80가, 나)에서 제시한 바와 같이 '일, 이, 삼…' 등 같은 한자어 수관형사는 '보통명사+ 한자어 수관형사+단위성 의존명사' 구성과 '수관형사+단위성 의존명사+의+보통명사' 구성이 가능하다. (80′가, 나)의 중국어 대응 표현을 살펴보면 '명사+수사+양사' 구성과 '수사+양사+的+명사' 구성이 모두 어색하다. (80다)에서의 '전(全)'은 한자 전용의 수관형사로 처리되고 있다.

(81) 가. **맥주 이십 잔**을 마셨다.

　　나. **전 대원**이 하나가 되어 전투에서 승리하였다.

(81′) 가. ?喝了啤酒二**十杯**。

　가′. 喝了**20杯**啤酒。

　　나. **全體隊員**團結在一起, 在戰鬥中贏得了勝利。

(81′가)의 '명사+수사+양사' 구성은 비문법적이다. (81′다)의 '全體+명사' 구성은 어색하지 않고 자연스럽다. 한자어 수관형사 수식 명사구과 중국어 대응 표현의 양상은 다음과 같다.

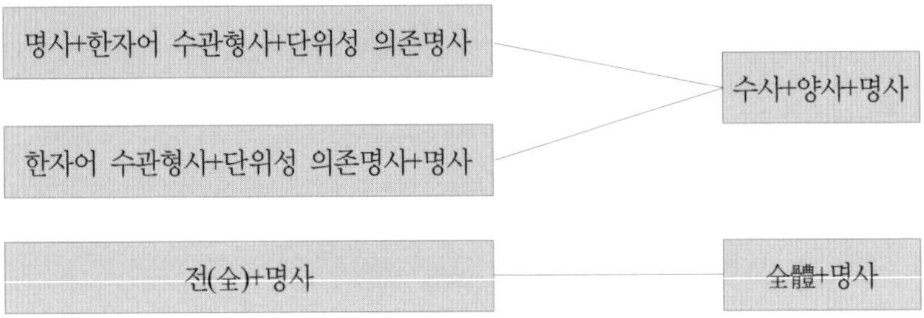

명사+한자어 수관형사+단위성 의존명사	
한자어 수관형사+단위성 의존명사+명사	수사+양사+명사

전(全)+명사	全體+명사

<그림 13> 한국어 한자어 수관형사 수식 명사구와 중국어 대응 표현

위에서 한국어 수관형사와 체언의 결합 양상을 고찰함으로써 다음 과 같은 대조 결과를 추출해 낼 수 있다.

첫째, 한국어의 '보통명사+수관형사+단위성 의존명사' 구성은 전형 적인 유형으로 제약을 받지 않고 쓰일 수 있다. 반면에 중국어의 '명 사+수사+양사' 구성은 대부분의 경우에 성립하지 않는다. 다만 한 문 장에서 어떤 명사의 수를 나열하는 경우에는 가능하다.

둘째, 한국어의 '고유어 수관형사+단위성 의존명사+의+보통명사' 구 성은 문어에 주로 나타나며 구어에서는 거의 쓰이지 않는다. 중국어에 는 '수사+양사+的+명사' 구성이 없으며 '수사+양사+명사'의 구성이 가 장 보편적이다.

셋째, 한국어의 '수관형사+보통명사' 구성은 수관형사가 후행 명사 를 한정하여 수식하는 구성으로 단위성 의존명사는 사용되지 않고 고 유어 수관형사에만 나타난다. 중국어의 '수사+명사' 구성은 제한적이 며, 지시적인 의미를 위해서는 지시대사를 필수적으로 사용해야 한다 는 특징이 있다.

3. 한국어 성상관형사와 중국어 대응어

한국어 성상관형사는 뒤따르는 체언의 상태나 성질을 한정하는 관형사이다. 이들의 수식 기능은 한국어 형용사의 관형사형 형태와 같다. 그러나 성상관형사는 본래부터 체언 수식 기능만으로 고정되어 있고 문법 형태의 첨가 등에 의해 서술어나 그 밖의 기능어로 형태 변화가 없다는 점에서 형용사와는 다르다.

한국어 성상관형사는 그 수가 많지 않다. 성상관형사는 그 기능이 형용사 등의 수식 기능과 같기 때문에 형용사의 관형사형으로 대치되는 일이 많다.

중국어의 형용사는 의미에 따라 크게 사람이나 사물의 성질을 나타내는 성질형용사 와 동작, 행위, 변화의 상태를 나타내는 상태형용사 두 가지로 분류할 수 있다. 성질형용사는 사람이나 사물의 속성을 나타내는 단음절, 혹은 이음절 단어로서 문장 내에서 관형어, 술어 등으로 쓰일 수 있다. 이러한 형용사는 구조조사 '的'를 붙이지 않고도 직접 명사를 수식하는 관형어로 쓰일 수 있으며 대부분이 정도부사 '很' 의 수식을 받을 수 있다. 상태형용사는 동작, 행위, 변화의 상태를 묘사하는 형용사나 형용사의 중첩형, 또는 형용사구로서 문장 내에서 관형어, 술어 등이 될 수 있다. 이러한 형용사는 관형어나 술어로 쓰일 경우 대개 '的'를 붙여야 하고 부사어로 쓰일 경우에는 '地'를 사용해야 하며 정도부사 '很'의 수식을 받을 수 없다.

또한 중국어 형용사의 기능을 보면 문장에서 술어나 술어의 중심부 그리고 관형어로 쓰이며 대부분의 형용사는 명사를 직접 수식할 수 있다. 따라서 한국어 성상관형사는 일반적으로 중국어의 형용사와 의미적 대응 관계를 가진다는 것을 알 수 있다.

1) 고유어 성상관형사와 중국어 대응어

한국어 지시관형사, 수관형사에 비하면 성상관형사는 수량적으로 매우 적을 뿐만 아니라 출현 빈도도 낮은 것으로 나타난다. 한국어의 '성상관형사+보통명사' 구성의 출현 빈도를 보이면 다음과 같다.

<표 38> '고유어 성상관형사+보통명사' 구성의 출현 빈도

순위	고유어 성상관형사	출현 빈도	순위	고유어 성상관형사	출현 빈도
1	새	290	6	뭇	4
2	오랜	83	7	긴긴	2
3	옛	75	8	허튼	1
4	맨	46			
5	헌	12			

한국어 말뭉치에 '고유어 성상관형사+보통명사' 구성은 총 516회 출현한다. 말뭉치 용례를 토대로 성상관형사의 쓰임과 중국어 대응 표현의 양상을 살펴보겠다.

(1) 성상관형사 '새'와 중국어 형용사 '新'

『표준w』에 제시된 성상관형사 '새'의 의미에서 출발하여 그 쓰임을 살펴보겠다. 이수미(2008)에 따르면 '새'는 중세국어에서 명사였으며 아울러 명사, 관형사, 부사로서의 용법을 모두 가지고 있었다고 하였다. 그리고 그 쓰임이 점차 줄어들어 오늘날 관형사적인 쓰임으로만 사용되는 일종의 분포적인 축소를 겪은 것으로 해석할 수 있다.『표준w』에서 제시한 성상관형사 '새'의 의미는 다음과 같다.

〈표 39〉 성상관형사 '새'의 사전적 의미

표제어	의미 정보
새1	이미 있던 것이 아니라 처음 마련하거나 다시 생겨난
새2	사용하거나 구입한 지 얼마 되지 아니한

(82) 가. 다친 손톱이 빠지고 **새 손톱**이 돋다.

　　나. **새 기분**으로 일을 시작하다.

　　다. **새 담배**에 불을 붙이다.

　　라. **새 학기**를 맞이하다.

　　마. 서점에는 날마다 **새 책**이 쏟아져 나온다.

(83) 가. **새** 건물

　　나. **새 옷**을 꺼내 입다.

(82), (83)에서 성상관형사 '새'는 후행 명사 '손톱', '기분', '담배', '학기', '책', '건물', '옷' 등을 수식하여 대상의 성질이나 상태를 구체적으로 한정해 주고 있다. 앞서 밝혔듯이 한국어 성상관형사 '새'는 명사와의 결합이 가능한 경우도 있고 그렇지 못한 경우도 있다. '새'와 결합할 수 있는 보통명사는 '정부, 아침, 생명, 시대…' 등이다. (82)에서의 '새'는 그 형태가 고정되어 있으며 언제나 체언 수식 기능만 한다. 이와 달리 한국어 '새로운'은 '새롭다'라는 형용사에서 전용된 것이므로 차이가 있다.

(82′) 가. 受傷的指甲脫落以後, **新的指甲**長出來了。

나. 以**嶄新的心情**開始工作。

다. 點燃了一支**新的香煙**。

라. 迎接**新學期**。

마. 書店裡每天都有**新書**上架。

(83′) 가. **新**建築

나. 拿出**新衣服**穿上

(82), (83)에서 한국어 성상관형사 '새'에 대응되는 중국어는 형용사 '新'이다. 중국어 형용사 '新'은 뒤에 오는 명사 '指甲', '心情', '香煙', '學期', '書', '建築' 등을 수식한다. 형용사 '新'과 명사 사이에 구조조사 '的'가 있는 경우도 있고 없는 경우도 있다. 예문에서 알 수 있듯이 '的'자 생략이 가능한 경우와 생략이 불가능한 경우가 모두 존재한다. 중국어 단음절 형용사의 경우는 '的'를 쓰지 않고 직접 명사를 수식할 수 있다. 그러나 '的'를 사용하지 않는 '형용사+명사' 구성에서는 서로 어울릴 수 있는 형용사와 명사가 매우 제한적이다. 이러한 제한은 의미 또는 문법상의 근거가 있는 것은 아니며 오랫동안의 언어생활에서 형성된 것으로 관습적인 것이다.

한국어 말뭉치에 성상관형사 '새'는 모두 349회 출현한다. 후행 성분 중 보통명사는 290개, 고유명사는 13개, 의존명사는 20개로 나타나며 대명사나 수사와는 결합할 수 없다. 이는 성상관형사 '새'와 대명사, 수사의 의미 특성에 기인한 것으로 보인다. 즉 '새'는 성상관형사로서 사물의 성질이나 상태를 나타내는 것인데 대명사와 수사는 일정한 실체가 없는 형식 체언이기 때문에 결합할 수가 없는 것이다. 의존명사와의 결합에서는 가능한 것이 매우 제한되어 '것' 외에는 결합하지 못한다. 의존명사 중 '것'만이 성상관형사 '새'와 결합할 수 있는 것은 '것'에 대용적 기능이 있기 때문인 것으로 보인다(조미경 1992 : 67~68).

(84) 가. **새 일자리**를 찾는다는 것은 극히 어려울 것이다.

　　나. '**새 청와대**' 시대가 막을 올리게 됐다.

　　다. 벌써부터 신주머니가 **새 것**이 갖고 싶었는데.

(84') 가. 找***新(的)工作***極度困難。

　　나. ***新青瓦台時代***揭開了序幕。

　　다. 已經迫不及待地想擁有一個***新的鞋袋***。

한국어 성상관형사 '새'는 (84가)에서 보통명사 '일자리'를 수식하고 (84나)에서는 고유명사 '청와대'를 수식하며, (84다)에서는 의존명사 '것'을 수식한다. (84'가)에서 '新的工作'나 '新工作'는 의미 차이가 없으므로 '新工作'는 '新的工作'에서 구조조사 '的'를 생략한 경우로 보아야 한다.

중국어 형용사에 대응되는 한국어 성상관형사는 '고얀, 긴긴, 먼먼, 몹쓸, 새, 옛, 오랜, 외딴, 애먼, 모모한, 빌어먹을, 한다는, 한다 하는, 허튼, 헌' 등이다. 따라서 대부분의 한국어 성상관형사는 중국어의 형용사에 대응된다.

(2) 성상관형사 '맨'과 중국어 부사 '最'

王力(1943)는 정도를 나타내는 부사를 정도부사라고 정의하였다. 그 이후 수많은 학자들이 이 개념을 받아들였다. 그러나 학자마다 정도부사의 범주를 규정하는 데 큰 차이를 보였다. 丁聲樹(1999)은 '最, 很, 極, 太, 更, 比較, 稍, 略, 多, 多麽' 등 10개, 朱德熙(1982)는 '最, 很, 挺, 怪, 更, 太, 忒, 好, 眞, 較, 比較, 非常, 十分, 特別, 尤其, 稍微, 不大' 등 17개, 王力(1985)는 '最, 頂, 極, 第一, 盡, 非常, 格外, 怪, 特別, 十分, 滿, 了不得, 厲害, 太, 過於' 등 15개 단어를 정도부사로 분류하였다.

중국어 정도부사도 형용사나 동사를 수식하는 것이 가장 전형적인 쓰임이지만 명사를 수식하는 쓰임이 많아지고 있다. 張誼生(1997)은 부사가 명사를 수식하는 현상의 근본적인 이유는 부사의 수식을 받는 명사 때문인 것으로 보고, 이러한 명사나 명사구는 항상 성상의 의미를 포함하고 있다고 지적하였다. 시간을 나타내는 명사, 장소를 나타내는 명사, 방향을 나타내는 명사 등 특수 명사 앞에 정도부사가 나타난다.[52]

한국어 성상관형사 '맨'은 그 결합 범위가 매우 제한되어 있다. 『표준w』에 제시된 성상관형사 '맨'의 의미에서 출발하여 그 쓰임을 살펴보겠다. 『표준w』에 제시된 관형사와 접두사로서의 '맨'의 의미는 다음과 같다.

<표 40> 한국어 '맨'의 사전적 의미

유형	의미 정보
관형사	더 할 수 없을 정도나 경지에 있음을 나타내는 말
접두사	(일부 명사 앞에 붙어) 다른 것이 없는

한국어 말뭉치에서 '맨'은 총 67회 출현한다. 관형사로서의 쓰임은 총 63회로 후행하는 보통명사는 '처음(8회). 앞(8회), 아래(6회), 먼저(7

---

52) 서흠금(2015)은 『現代漢語常用詞』에서 실려 있는 56,065개 단어 중 부사와 공기할 수 있는 명사는 267개에 불과하다고 하였다.

회), 마지막(3회), 뒤/뒤쪽(3회), 끝(8회)…' 등이다. 시간명사는 '처음, 먼저, 마지막…' 등이 있고 위치를 나타내는 명사는 '앞, 아래, 뒤, 끝…' 등이 있다. '맨 뒤', '맨 처음'과 같이 '맨'은 공간적 또는 시간적 차례와 관련된 말을 그 수식 대상으로 하여 쓰인다. 그 밖의 대다수 명사와는 어울리지 못하는 제약이 있다. 의존명사, 대명사와 수사와도 결합하지 못한다.

(85) 가. **맨** 처음
 나. 산의 **맨 꼭대기**
 다. **맨** 먼저
 라. 그녀는 **맨 구석 자리**에 조심스럽게 앉아 있었다.
(86) 가. **맨눈**
 나. **맨**다리
 다. **맨**땅
 라. **맨**발
 마. **맨**정신

한국어 성상관형사는 사물의 성질이나 상태를 한정하는 관형사인데 그 형태나 기능이 접두사와 유사하여 이들의 경계가 분명치 않다.[53] (85)의 '맨'은 관형사로서 후행 명사와 결합될 때 관형사 본래의 의미를 바꾸거나 상실하지 않고 독자적인 의미를 유지한다. '맨 처음', '맨 꼭대기'과 같이 '맨'은 공간적 또는 시간적 차례와 관련된 명사를 수식 대상으로 하여 쓰이는 것 외에 다른 대다수 명사와는 잘 어울리지 못

---

53) 서정수(2006 : 567)는 '맨 헛소리만 한다'와 같은 쓰임에서의 '맨'은 부사 기능이고 의미적으로나 구문론적으로 관형사 '맨'과는 구분된다고 주장한 바가 있었다.

하는 제약이 있다. 그러나 (86)의 '맨-'은 접두사로서 뒤의 명사가 바뀌면 그 명사로 인해 갖게 되었던 의미가 다른 의미로 변하기도 한다. 다시 말해 (86)의 단어들은 파생어로서 각각 다른 명사에 동일 형태의 접두사 '맨-'이 붙어서 새롭게 생성되는 의미가 모두 같다고 볼 수 없다. 예를 들면 '맨눈'의 '맨-'과 '맨정신'의 '맨-'은 한정하는 의미가 서로 다르다. '맨눈'의 접두사 '맨-'은 '다른 것이 없는'이라는 뜻이지만 '맨정신'의 '맨-'은 단순히 '다른 것이 없는'의 의미로 쓰였다고 하기 어렵다(최형강 2007 : 16). (86가, 나, 다, 라)의 예들에서는 '맨-'에 후행하는 어근 이외에 다른 것이 추가되지 않았음을 의미하지만 '맨정신'은 '맨-'에 후행하는 명사 '정신'에 다른 것이 섞이지 않음을 의미하기 때문이다. 하지만 관형사 '맨'은 홀로 쓰여도 분명하고 구체적인 의미를 가지며 그 의미는 '맨 처음', '맨 먼저' 등에서와 같이 다른 후행 명사와 결합되어도 '맨'의 의미는 변하지 않는다. 이것이 바로 관형사의 의미 자질인 것이다.

일정한 기준에 따라 품사라는 범주 안에 묶을 수 있으나 어느 하나의 범주 안에만 묶어 놓을 수 없는 요소들이 많다. '맨'이 바로 이러한 요소에 해당한다. '맨'을 포함하여 『표준w』에서 관형사와 접두사 모두 설정된 요소들의 목록을 제시하면 다음과 같다.

〈표 41〉『표준w』에서 관형사와 접두사로 설정된 표제어 목록

표제어	품사	용례	표제어	품사	용례
구(舊)	관형사	구 시민회관	성(聖)	관형사	성 베드로
	접두사	구세대, 구제도		접두사	성가정, 성만찬
귀(貴)	관형사	귀 신문사	수(數)	관형사	수 미터
	접두사	귀부인, 귀금속		접두사	수천, 수백만

단(單)	관형사	단 한 발	연(延)	관형사	연 10만 명
	접두사	단세포, 단벌		접두사	연인원, 연건평
본(本)	관형사	본 협회, 본 사건	총(總)	관형사	총 12명
	접두사	본계약, 본회의		접두사	총감독, 총결산
한	관형사	한 사람, 한 그릇	맨	관형사	맨 처음
	접두사	한걱정, 한겨울		접두사	맨발
온	관형사	온 세상, 온 식구			
	접두사	온달, 온마리			

〈표 41〉에서 보듯이 『표준w』의 표제어 중 접두사와 관형사 통용으로 기술된 요소들은 모두 11개이다. 고유어 통용어는 '한', '맨', '온' 등이고 나머지는 모두 한자어 통용어에 해당한다. 『표준w』에 제시된 관형사, 접두사 각각의 뜻풀이만으로는 이 둘을 구분해 내기란 쉽지 않다. '맨'의 뜻풀이만 보면 관형사와 접두사의 풀이가 약간 다르다. 관형사의 풀이는 '더 할 수 없을 정도나 경지에' 것에 초점을 두고, 접두사의 풀이는 '다른 것이 없는' 것에 초점을 두기 때문에 다른 품사로 설정할 법하다.[54] 그리고 관형사로서의 '맨'은 분포상의 제약이 별로 없고 뒤에 오는 요소와의 사이에 다른 단어를 넣을 수도 있다. 이에 반해 접두사로서의 '맨'은 분포상의 제약이 심하고 뒤에 오는 요소와의 사이에 다른 단어를 넣기 어렵다.

---

54) 김선효(2011) 참고.

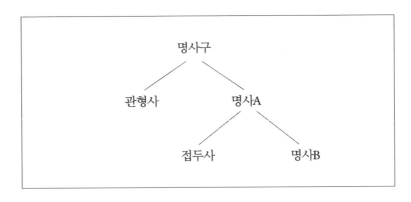

〈그림 14〉 관형사와 접두사의 구조적 차이

    〈그림 14〉처럼 관형사는 명사구의 경계 위치에, 접두사는 명사 내에 위치한다. 이때 관형사의 전형적인 기능은 후행하는 '명사A'를 수식하는 것이다.

    관형사 '맨'에 대응되는 중국어 '最'의 쓰임을 살펴보겠다. 관형사 '맨'에 대응되는 중국어는 (85′)의 예문을 통해 확인할 수 있다. 둘 이상의 같은 종류의 사물을 비교하여 비교 범위 내 가장 높은 곳에 도달했을 때 '最'를 사용하여 수식한다. '最'는 정상에 도달한 의미를 포함하므로 흔히 방위사55) 앞에 사용되어 방위의 극점을 표시한다.

(85′) 가. **最初**
    나. 山的**最高峰**

---

55) 방위사(方位詞)는 방향과 상대의 위치 등의 관계를 나타내는 단어이다. 방위사는 그 구성상의 특성에 따라 단순 방위사와 합성 방위사로 구분할 수 있다. 단순 방위사는 가장 기본적인 방위사이며 모두 단음절이다. '東, 西, 南, 北, 前, 後, 內, 外' 등이 이에 속한다. 단순 방위사 앞에 '以'나 '之'를 첨가하거나 뒤에 '邊', '面', '頭' 등을 첨가하면 합성 방위사가 되며 방향, 장소, 시간을 나타낸다.

다. **最**開始

라. 她小心翼翼地坐在**最邊兒的位置**上。

'맨'에 대응되는 중국어는 부사 '最56)'이다. 현대 중국어에서 '最'는 동사나 형용사 외에도 명사와 결합한다. '정도부사+명사57)' 구조는 현대 중국어에서 새로 나타나는 언어 현상이다. 정도부사 '最'는 일반적으로 동사나 형용사를 수식하고 여러 개체들 간의 비교를 통해 정도를 나타내지만 최근에는 명사와 결합하여 명사 수식 기능이 새로 생겼다.58)59) '最'는 시간명사, 방위사와 결합할 수 있는데 '最'의 지시 기능을 보여 준다. 그러나 모든 부사가 명사를 수식할 수 있는 것이 아니다. 부사가 명사를 수식하는 것은 후행하는 명사의 자질에 달려 있다. '最'는 방위사와 잘 결합한다. 예문(85′)에서 '最'는 '最邊(兒)'을 수식하

---

56) 지금까지 '最'에 대한 연구는 대부분 정도부사의 기능을 중심으로 이루어져 왔으며 주로 기타 정도부사와의 대조를 통한 연구이다. 邢福義(2004)는 '最X'에서 'X'의 의미에 따라 객관적 진술과 주관적 진술로 나타낼 수 있다고 하였다.

57) 장선주(2012 : 47)에 따르면 '最'가 명사를 수식하는 것은 魏晉 南北朝 시기에 보인다고 하였다. (此最風俗之流弊 『三國志 卷16』). '最+명사' 형식이 광범위하게 사용된 것은 20세기 중엽이다. 현대 중국어에서 명사는 부사의 수식을 받을 수 있다. 이것은 특정한 어의나 기능의 변화가 생겼음을 의미한다. '最'는 度量義(상태의미)만을 가진 명사만을 수식할 수 있다. 또한 고춘화(2011 : 49)는 공간 지시 기능과 시간 지시 기능이 있고 일부 시간을 나타내는 형태소, 방위사와 결합할 수 있고 '最初, 最後, 最近, 最末, 最先' 등의 예를 들었다.

58) 한국어의 체언 수식 부사에 대한 논의는 김희선(1985), 이규호(2008), 이수미・김민국(2009), 황화상(2009), 이은섭(2011), 김원경(2013), 이금희(2014) 등이다. 김선희(1985)에서는 체언을 수식하는 부사가 있는데 이것은 통사적인 면에서 관형사적 용법에 해당한다고 지적하였다. 이 연구에서는 체언 수식 부사들의 공통적인 의미특질은 정도(degree)를 나타내는 정도어임을 지적하였고 공존하는 체언과의 상관성을 제시하였다.

59) 중국어의 명사 수식 부사에 대한 논의로는 邢福義(1997), 于根元(1991), 儲澤祥・劉街生(1997), 張誼生(1996) 등이 있다.

여 주어진 범위 내에서 '頂端, 最邊(兒)'의 위치를 차지한다. '最'는 방위사와 비교적 자유롭게 결합하여 주어진 범위 내의 방위의 정점에 위치한 대상을 나타내는 기능을 담당할 수 있다. 또한 '最'는 일부 시간을 나타내는 형태소와 결합하여 시간사60)로 사용된다.

(87) 가. 내 고향 해남은 남도의 **맨 끄트머리**에 위치해 있다.

　　　나. 내가 **맨 처음** 5학년 3반이 되어 공부를 할 때…

(87') 가. 我的故鄉海南位於南島的***最邊兒上***。

　　　나. 我***最開始***是在5年級3班學習…

(87)에서 한국어 성상관형사 '맨'은 후행 명사 '*끄트머리*', '처음'을 수식한다. (87'가)에서 중국어 정도부사 '最'는 '邊兒上'을 수식하여 주어진 범위 내에서 '邊兒上'의 최상의 위치를 차지하고 있는 대상이 '我的故鄉海南'이라는 것을 나타낸다. (87'나)에서 '最'는 '開始'와 결합하여 '开始'라는 기간의 최상의 위치를 차지하는 대상이 '學習'이라는 상황임을 나타낸다.

중국어 부사 '最'에 대응되는 한국어 성상관형사는 '맨'이다.

(3) 성상관형사 '대모한'과 중국어 구별사 '主要'

朱德熙(1982)는 구별사를 명사 혹은 조사 '的'의 앞에만 올 수 있는 점착사(粘着詞)로 정의하였다. 그리고 구별사는 수사의 수식을 받을 수 없고 주어나 목적어가 될 수 없으며 오직 명사를 수식하거나 '的' 앞

---

60) 시간을 표시하는 명사 또는 명사구를 시간사라 한다. 시간사에는 두 종류가 있는데 하나는 '下午', '昨天晚上' 등과 같이 어떤 시점을 나태는 것이며 다른 하나는 시간의 양을 나타내는 '十年', '一個晚上' 등과 같이 시간대를 나타내는 것이다.

에만 나타난다고 하였다. 또한 구별사는 형용사가 아니며 '很'의 수식을 받을 수 없고 서술어가 될 수도 없다고 지적하였다.

앞에서 언급하였듯이 구별사는 주로 한국어의 접두사, 명사, 형용사와 대응 관계를 가지고 있지만 개별적으로 관형사와도 대응 관계를 지닌다.

『표준w』에서 제시한 성상관형사 '대모한'의 의미에서 출발하여 그 쓰임을 살펴보겠다. 『표준w』에 제시된 성상관형사 '대모한'의 의미는 "대체의 줄거리가 되는 중요한"이다. 한국어 말뭉치뿐만 아니라 실제 언어생활에서도 '대모한'의 출현 빈도는 낮은 것으로 보인다.

(88) 가. **대모한 것**부터 말하면 다음과 같다.

나. 이제 삼 층도 **대모한 것**은 거의 끝이 났으니 잔손질만 하면 그만이다.

(88)에서 성상관형사 '대모한'은 의존명사 '것'을 수식한다. 말뭉치에 성상관형사 '대모한'은 총 2회 출현하고 모두 의존명사 '것' 앞에 나타난다.

(88′) 가. *主要内容*如下。

나. 現在三層*主要的活兒*都幹完了, 剩了點兒雜活兒。

한국어 성상관형사 '대모한'에 대응되는 중국어는 '主要'이다. (88′)에서 구별사 '主要'는 후행 명사 '内容', '活兒'을 수식한다. 따라서 한국어 '대모한+명사' 구성의 중국어 대응 표현은 '主要+(的)+명사' 구성이다. 구별사 '主要'와 명사 사이에 조사 '的'가 삽입될 수 있다. 중국어 구별사의 특성 중 하나는 구별사에 조사 '的'를 삽입하여 명사를 수식할 수 있다는 것이다. 呂叔湘(1981)은 '不良, 初等, 封建, 高等, 全副, 特種, 微型, 重型' 등 몇 개 단어만이 명사를 수식할 때에 수식어와 피수식어 사이에 '的'을 삽입할 수 없고 나머지 단어는 '的'를 삽입할 수 있다고 하였다. 중국어의 구별사 수는 본래 매우 적었으나 과학 기술의 발전에 따라 끊임없이 새로운 구별사들이 출현되고 있다. 그러나 새로 나타난 몇몇 구별사들의 사용 범위는 매우 좁아서 다만 과학 기술 또는 과학 기술 명사구에만 사용된다. 그리고 다른 구별사와 달리 '主要'은 '很'의 수식을 받을 수 있다.

중국어 구별사에 대응되는 한국어 성상관형사는 '대모한'이다.

2) 한자어 성상관형사와 중국어 대응어

한국어의 한자어 성상관형사는 수가 그리 많지 않다. 성상관형사는 한자어에서 온 것들인데 이들은 대부분 한자어 명사와 어울리지만 고유어 명사와도 비교적 많이 어울릴 수 있다. 『표준w』에 제시된 한자어 성상관형사들의 의미에서 출발하여 그 쓰임을 살펴보겠다. 한국어 말뭉치에 나타난 한자어 성상관형사와 후행 성분과의 결합 양상을 제시하면 다음 표와 같다.

〈표 42〉 '한자어 성상관형사+보통명사' 구성의 출현 빈도

순위	한자어 성상관형사 +보통명사	빈도	비율	순위	한자어 성상관형사 +보통명사	빈도	비율
1	별(別)+보통명사	51	43.2203%	7	별별(別別)+보통명사	5	4.2373%

2	단(單)+보통명사	13	11.0169%	8	고(故)+보통명사	4	3.3898%
3	일대(一大)+보통명사	13	11.0169%	9	장장(長長)+보통명사	2	1.6949%
4	약(約)+보통명사	10	8.4746%	10	주(主)+보통명사	2	1.6949%
5	만(滿)+보통명사	9	7.6271%	11	구(舊)+보통명사	1	0.8475%
6	순(純)+보통명사	8	6.7797%				

한국어 말뭉치에 '한자어 성상관형사+체언' 구성은 총 118회 출현하는데 '고유어 성상관형사+체언' 구성보다 출현 빈도가 낮다.

(89) 가. 화폐나 지폐 자체에는 **별 가치**가 없다.

　　가′. 사람들은 **별 것**도 아닌 것을 고집한다.

　　나. **단 하나**밖에 없는 혈육

　　다. 그런 의미에서 **일대 변화**라고 한다.

　　라. 두 사람은 **약** 두 시간 동안 이야기를 나누었다.

　　마. 이 일을 **만 하루** 동안 다 끝냈다.

　　바. **순** 한국식

　　바′. 이 사람 말하는 거 **순 거짓말**이야.

　　사. 병을 고치려고 **별별** 처방을 다 써 보았으나 소용이 없었다.

　　아. **고** ○○○ 선생의 유해.

　　자. 그는 **장장** 80리 길을 걸어서 다녀온 것이다.

　　차. 그 무용수는 런던과 파리를 **주** 무대로 활발한 활동을 하였다.

　　카. **구** 시민 회관

　　카′. **구 정치인**과의 시국 대담

(89′) 가. 貨幣或紙幣本身沒有**特別的價値**。

　　가′. 人們執著的, 其實也不是**特別的**(=甚麼大)**事**。

나. *僅*(=只)有的一個親人

다. 從那個意義上講是*一大變化*。

라. 倆人聊了*約*兩小時的天兒。

마. 這件事兒用了*整整*一天時間。

바. *纯*韓國式

바′. 這人說的*純屬謊言*。

사. 為了治病，試了*各種各樣的藥方*，都沒效果。

아. *已故* ○○○先生的遺骸

자. 他這一趟走了*漫长的*80里路。

차. 那個舞者將倫敦和巴黎作為*主要舞台*，積極開展活動。

카. *舊*市民會館

카′. 與*舊式政治人物*的時局對話

　(89)에서 제시한 바와 같이 한자어 성상관형사는 후행 체언과 결합
할 때 복잡한 양상을 보이고 있다. 한자어 성상관형사마다 후행 성분
이 다르고 중국어 대응 표현도 다양한 양상을 보인다. (89가)에서 '별
(別)'의 후행 성분은 보통명사와 의존명사가 모두 가능하다. 한국어의
'별(別)'은 '별 문제', '별 사람' 따위와 같이 한자어나 고유어 명사 앞
에 모두 쓰일 수 있다. '별(別)'은 비록 한자어에서 온 것이지만 두루
쓰이는 관형사로 자리를 굳혔다. 관형사 '별(別)'은 "보통과 다르게 두
드러지거나 특별한"의 의미로 중국어 형용사 '特別, 奇怪, 奇特' 등과
의미적으로 대응된다. (89나)에서 관형사 '단(單)'은 오직 그것뿐임을
나타내는 말로서 대다수 수량을 나타내는 말 앞에 쓰여 오직 그것뿐임
을 나타낸다. 서형국(2009)에 따르면 한국어 관형사 '단'은 '수관형사+
단위성 의존명사' 구성에 선행하는 경우와 수사에 선행하는 두 가지

경우로 국한되어 나타난다. 그리고 관형사 '단'이 출현하는 구성에 고유어 수사, 수관형사가 좀 더 자연스럽게 통합되며『표준w』에 의하면 '오직 ~뿐'을 나타낸다. 한국어 관형사 '단(單)'에 대응된 중국어는 '僅, 只(有)'인데 부사로서 명사구 앞에서 직접 사용되어 수량이 적은 것을 표시할 수도 있다. (89라)에서 '(수량을 나태는 말 앞에 쓰여) 대강', '대략'의 뜻으로 그 수량에 가까운 정도임을 나타내는 의미를 지닌 관형사 '약(約)'은 시간명사나 수량명사 앞에 사용된다. 이에 대응되는 중국어 '約'는 부사이며 시간이나 수량을 나타내는 명사 앞에 위치하여 쓰인다. (89마)는 '만+명사'의 구성을 보이고 있다. 관형사 '만(滿)'은 "날, 주, 달, 해 따위의 일정하게 정해진 기간이 꽉 참을 이르는 말"로서 후행 성분은 '하루, 3주, 9개월' 등과 같은 시간명사이다. 이에 대응되는 중국어 '滿', '整'는 부사로서 시간명사 앞에 나타나서 명사를 수식한다. 그러나 '整'은 개별 수량을 모두 포함하여 모두라는 의미를 나타내지만 '滿'은 '가득', 혹은 '특정 범위 전체'와 같은 의미를 나타낸다. (89바)에서의 '순(純)'은 '다른 것이 섞이지 아니하여 순수하고 온전한'의 의미로 그 분포가 비교적 넓고 한자어 명사, 고유어 명사와 모두 잘 어울린다.[61] (89사)의 '별별(別別)'에 대응되는 중국어는 '各種各樣', '種種' 등인데 형용사이다. (89차)에서의 '주(主)'는 '주요한', '일차적인'의 의미를 나타내는 관형사로 신조어에 쓰이다가 단어화되어 쓰이는 경향이 있다. (89카)에서의 '구(舊)'는 관형사로서의 '구 시민회관', '구 대한 청년단' 등과 같이 "지난날의, 지금 없는"의 의미로 사용

---

61) 서정수(2006 : 568)에서는 '순(純)'과 결합할 수 있는 한자어 명사는 '이익, 한국어, 외국어, 광물질, 설탕, 잡곡, 두부, 애국자…' 등을 들었고 '순(純)'과 결합할 수 있는 고유어 명사는 '우리말, 배달말, 살코기, 국물, 거짓말, 엉터리, 난봉꾼, 쌀밥, 보리밥, 떠돌이, 빈말…' 등이 있다.

되고 있다. 이것은 '구(舊)'가 관형사 '옛'처럼 쓰인 것이다. 이에 대응된 중국어 '旧'는 형용사이다. 접두사로서의 '구(舊)'는 '구시가', '구세대', '구제도' 등과 같이 '묵은' 혹은 '낡은'의 뜻을 더하는 의미로 사용된다.

위에서 한국어 관형사와 중국어 대응어의 대응 양상을 살펴봤다. 한자어 관형사의 중국어 대응어 양상은 다소 복잡하고 규칙성을 찾기가 어렵지만 고유어 관형사의 중국어 대응어들은 공통적인 특징을 찾아낼 수 있다. 그리하여 한국어 고유어 관형사와 중국어 대응어 간의 품사 대응 양상을 다음과 같이 제시할 수 있다.

<표 43> 한국어 고유어 관형사와 중국어 대응어 품사 대응 양상

한국어 관형사		중국어 품사	
지시관형사	이, 그, 저, 요, 고, 조, 이런, 그런, 저런, 요런, 고런, 조런, 고런조런, 그런저런, 이런저런, 요런조런, 이만, 그만, 저만, 요만, 고만, 조만, 이따위, 그따위, 저따위, 요따위, 고따위, 조따위, 까짓, 이깟, 저깟, 그깟, 이까짓, 그까짓, 저까짓, 요까짓, 고까짓, 조까짓, 고깟, 조깟, 요깟, 네까짓, 제까짓, 네깟, 제깟, 네깐, 아무, 아무런, 아무아무, 다른	지시대사	대명사
	어떤, 무슨, 어느	의문대사	
	각, 모	특수대사	
	오른, 왼	명사	
	지지난, 저지난	구별사	
	여느	형용사	
수관형사	너 너댓 너더댓 너더댓째 너덧 너덧째 넉 네 네다섯 네다섯째 네댓 네댓째 넷째 다섯 다섯째 닷 대 대여섯 대여섯째 대엿 맷 맷째 두서너 두서너째 두석 두세 두세째 두어 두어째 둘째 둘지 뒈 마흔 몇 몇몇 모든 서 서너 서너째 서른 석 세 셋째 쉰 스무 스무남은 스무째 스물두째 스물째 아홉 아홉째 아흔 야뜨 여남 여남은 여남은째 여남째 여덟 여덟아홉 여덟째 여든 여러 여섯 여섯째 열아홉 열아홉째 열 열		수사

	두째 열둘째 열아문 열째 열한째 엿 예 예닐곱 예닐곱째 예수남은 예순 일고여덟 일고여덟째 일곱 일곱째 일여덟 일여덟째 일흔 첫 첫째 한 한두 한두째	
	모든, 온,	구별사
	갖은, 온갖, 온가지	형용사
성상관형사	고얀, 긴긴, 먼먼, 몹쓸, 새, 옛, 오랜, 외딴, 애먼, 모모한, 빌어먹을, 한다는, 한다하는, 허튼, 헌	형용사
	대모한	구별사
	맨	부사

한국어 관형사와
중국어 대응어의 대조 결과

제5장 한국어 관형사와 중국어 대응어의 대조 결과

이 장에서는 앞서 제시한 한국어 관형사와 중국어 대응어에 대한 논의를 토대로 이들의 공통점과 차이점을 밝히고, 한국어 관형사 수식 명사구와 중국어 대응 표현의 구조적, 어순의 특성을 고찰하고자 한다.

1. 공통점과 차이점

첫째, 한국어 관형사와 중국어 대응어는 모두 전치적 관형어 특성을 지닌다.

명사구의 중심어(head) 앞에 놓이는 수식 요소를 통틀어 관형어라 한다. 관형어는 명사구를 이루는 필수 요소가 아니고 수의적 성분이지만 실제로 체언이 단독으로 쓰이는 일은 드물기 때문에 관형어는 대부분의 문장에 나타나서 명사구를 만든다. 한국어 명사구에서 명사 앞에는 여러 가지 수식어들이 나타날 수 있는데 체언에 의한 관형어, 용언에 의한 관형어 등이 있다. 한국어 관형어에 관한 논의로는 홍순성 (1992), 김혜영(2011), 민경모(2011), 김건희(2012), 서태룡(2012), 서형국 (2012), 홍용철(2012), 최웅환(2013), 김현지(2014) 등이 있다. 본 연구는

명사를 수식하는 전형적인 수식어인 지시관형사, 수관형사, 성상관형사를 다루었다.[1]

한국어 관형사의 문법적 기능으로 가장 중요한 것은 체언 앞에 놓여 후행 체언을 수식·한정한다는 점이다. 따라서 문장 성분상 관형어의 기능을 하게 된다. 관형사의 문법적 지위는 후행 명사에 의해서 이루어진다. 관형사는 한국어에서 관형어만 기능을 할 수 있는 품사이며 또한 단독적으로 중심어를 수식하는 특징을 갖는다.

한국어 관형사는 피수식어인 체언 앞에 위치하고 중국어 대응어도 중심어 앞에 나타난다는 점에서 동일하다. 현대 중국어에서 관형어는 문장을 이루는 성분 중의 하나로 일반적으로 중심어 앞에 위치하여 중심어를 수식·한정한다. 중국어에서 관형어는 하나의 문장이 되기 위한 기본 성분이 아니지만 보다 더 정확하고 세밀한 의미를 부여하기 위하여 없어서는 안 될 중요한 성분이다. 이는 중심어와 결합하여 중심어의 수량, 범위, 시간, 처소, 성상 등 다양한 의미를 나타낸다. 중국어에서 어떤 형태로든 관형어가 문장 내에 쓰이면 단어 간의 통합 관계를 분명하게 나타내고 또 명사구의 의미를 훨씬 깊이 있고 자세하게 드러냄을 알 수 있다. 전치적 관형어로는 명사, 동사 ,형용사, 구별사, 수사, 대사 등 여러 범주를 들 수 있다. 한국어 관형사의 중국어 대응어는 품사가 다양하지만 모두 후행 성분을 수식하는 관형어이다.

(90) 가. **이 사과**가 맛있게 생겼다.

나. 그 사람은 **무슨 죄**를 지어 붙잡혀 갔대?

---

[1] 기존 논의에서 명사를 수식하는 전형적인 수식어로는 관형사, 관형격 조사 '의'의 결합형, 관형절, '-적' 파생어, 명사를 수식하는 명사, 관형격 조사 '의'가 생략된 것 등들이 있다.

다. **지지난 해**에 하필 수확 직전에 육 년 근이 적부병에 걸려서 전멸했다.

라. 아버지가 **오른 주먹**으로 퍽 하고 아들의 왼쪽 어깨를 갈겼다.

마. 오늘은 **여느 때**와 달리 일찍 자리에서 일어났다.

바. 노래 **한 곡**

사. **모든 국민**은 법 앞에 평등하다.

아. 그녀는 **맨 구석 자리**에 조심스럽게 앉아 있었다.

자. **새 기분**으로 일을 시작하다.

(90ʹ) 가. *這(個)蘋果*看起來很好吃。

나. 那個人犯了*甚麼罪*被抓走了?

다. *上上個年頭*快要收穫的時候, 六年根(紅蔘)得了赤腐病都死了。

라. 父親用*右手拳頭*拍了拍兒子的肩膀。

마. 今天跟*平常的時候*(=以往)不同, 他起得很早。

바. *一首*歌

사. *所有*(=全體)*公民*法律面前平等。

아. 她小心翼翼地坐在*最邊兒的位置*上。

자. 以*嶄新的心情*開始工作。

위의 예문들을 살펴보면 한국어 관형사와 중국어 대응어는 모두 문장에서 관형어 기능을 하고 있다는 것을 확인할 수 있다. 다만 한국어 수량 구조와 달리 중국어 수량사는 주로 명사 앞에서 명사의 범위를 한정·지시 기능을 한다. 주목할 것은 중국어 수량사 또는 수량명사구는 '這'와 '那' 등과 함께 많이 사용되는데 이때는 '這/那+수량사+명사' 구성이 된다.

둘째, 관형사 간의 통합과 중국어 대응 표현의 배열 순서가 일치한다.

중국어와 한국어는 완전히 상반된 어순이라는 오해와 선입견이 있는데 한국어 관형사 수식 명사구와 중국어 대응 표현의 어순도 상반되는지 고찰해 보겠다. 한국어 수식어의 어순과 관련된 기존의 논의로는 남기심·고영근(1985), 김현지(2014) 등이 있다.

언어 현상에 대한 분석은 다른 언어에 내재된 현상을 참고할 필요가 있는데 특히 큰 범위에서 출현하는 보편적 특성일 경우 더욱 그러하다. 한국어 관형사와 중국어 대응어는 모두 중심어의 지시, 수량, 성상 등의 의미를 수식하거나 한정하는 기능을 가지고 있다. 명사구 구성에서 수식어 사이의 배열 순서는 고정적이라기보다는 도상성(iconicity)과 의미적 긴밀성(semantic bonding)에 따라 유동적일 수 있다. 여기서 도상성은 단어의 배열 순서가 실제 세계에서의 사물의 순서와 일치하거나 일반적으로 수용되는 우월성과 현저성의 개념을 반영하는 것을 의미한다. 그리고 의미적 긴밀성은 수식어와 명사가 의미적인 연결이 긴밀하면 긴밀할수록 수식어가 명사 쪽에 가깝게 위치하는 경향을 띤다는 것이다. 명사 수식 구성에서 성상관형사나 성상형용사와 명사는 의미적인 전체를 구성하는 반면에, 수량사는 단지 기수를 더해 주고 지시사는 근접성이나 동일시 가능성을 나타내는 것이어서 전자는 후자에 비해 명사에 가깝게 통합되는 것으로 설명할 수 있다.

한국어는 중국어와 완전히 다른 언어 유형이다. Greenberg(1963)에서 제시한 어순 상관관계와 함축(implication)의 측면에서 볼 때 중국어의 VP는 SVO 유형의 어순 유형과 관련이 있지만 NP의 어순은 SOV 유형의 언어와 비슷한 특징을 공유한다. 그러나 실제 고찰 결과 중국어는 한국어와의 어순이 매우 유사함을 알 수 있다. 결과적으로 한국어 수식 명사구와 중국어 대응 표현의 어순이 일치하고 통사론적 자질들도 공유된다. 그럼에도 불구하고 한국어 관형사 수식 명사구와 중국어 대응 표현의 어순은 그동안 상대적으로 소홀히 취급되었다. 따라서 대조 연구의 차원에서 이들의 어순에 대한 충분한 검토가 필요하다고 본다.

이 절에서는 한국어 관형사 수식어의 어순 경향성(tendency)을 중심으로 논의하겠다. 한국어의 관형어는 다른 성분에 비해 여러 개가 나열될 수 있다. 한국어 수식어(modifier)에 대한 집중적인 논의로는 민경모(2011), 김건희(2012), 서태룡(2012), 홍용철(2012) 등이 있다. 우선 Greenberg(1963)는 관형어가 명사에 선행할 때에는 '지시사+수사+형용사'의 어순을 가진다고 본다. 즉, 속성을 나타내는 형용사 수식어는 명사에 인접하는 경향이 있고, 지시사는 바깥쪽에 위치하는 경향이 있다. 정영주(1999)는 관형사가 여러 개 겹쳐서 나타날 경우에는 '지시관형사−수관형사−성상관형사'가 기본 어순이며 기타 관형어와 관형사가 나열 될 경우에는 '기타 관형어−성상관형사' 순서라고 하였다. 한국어의 관형사는 지시관형사, 수관형사, 성상관형사로 구분되는데, 세 관형사가 동시에 실현되기보다는 하나 또는 두 개의 관형사가 중심어를 수식하는 구조가 일반적이다. 둘 이상의 관형사가 겹쳐질 때는 '지시관형사−수관형사', '지시관형사−성상관형사', '수관형사−성상관형사', '지시관형사−수관형사−성상관형사'로 나타나는 것이 일반적이다.

한국어 '지시관형사−명사'의 배열은 중국어 '지시대사−명사'의 어순에 대응된다. 즉, 중국어는 지시대사도 명사에 선행한다. 주목할 것은 중국어는 양사가 발달하므로 지시대사가 바로 명사를 수식하기는 하지만 '지시대사-양사-명사'의 형태로 실현되기도 한다. 그리고 지시대사와 명사 사이에 양사의 생략은 한정적이다.

한국어 '성상관형사-명사'도 중국어 '형용사-명사'의 배열 순서와 같다. 중국어에서 성상을 나타내는 형용사는 관형어로 사용될 때 반드시 명사 앞에 나타난다. 중국어 형용사가 명사를 수식할 때는 '的'를 부가한다. 특히 2음절 이상의 형용사나 부사의 수식을 받는 형용사는 단독으로 명사를 수식하지 못하고 이 사이에 '的'가 삽입되어야 한다. 한국어 성상관형사와 중국어 형용사는 어순적으로 명사에 선행한다.

앞에서 논의한 바에 의하면 한국어 관형사는 단독으로 후행 체언을 수식하기도 하지만 여러 관형사가 함께 후행 체언을 수식하기도 한다. 관형사 간의 통합이 구체적으로 어떻게 실현되는지를 말뭉치 용례를 통하여 고찰하겠다.

먼저 지시관형사와 수관형사 순으로 통합되는 경우를 살펴보겠다. 수관형사는 후행 체언을 수식하고 앞의 지시관형사는 수관형사와 체언이 있는 명사구[2] 전체를 수식하게 된다. '지시관형사-수관형사'의 배열순서는 고정되어 있다. 즉, 지시관형사가 수관형사보다 앞에 나타나야 한다. 그 반대의 경우는 어색하거나 비문법적이다. 한국어 관형사가 각각 중심어를 수식한다면 관형사의 순서를 바꿔도 지시하는 대상의

---

2) 최현배(1937)와 이희승(1960)에서는 명사 앞에 여러 개의 관형어가 각각 이 명사만을 수식하고 맨 앞의 것이 다음의 것을 또 그것이 그 다음의 것을 수식하는 말이 아님을 말하고 있다. 김병일(1992)은 '명사선행요소+명사'란 명사구 내적 구조에 대해 최현배(1937)와 이희승(1960)의 관점을 비판하면서 관형사가 각각 중심어를 꾸민다면 관형사의 순서를 바꾸어도 지시하는 대상의 의미가 같아야 하고 어색함이 없어야 하는데도 실제로 배열이 달라지면 뜻이 달라지고 받아들여지지 않는다고 해서 여러 개의 관형사가 올 경우에는 그것이 각각 명사를 꾸미는 것이 아니라 명사구를 꾸민다고 보아야 한다고 지적하였다. 본고는 이 관점을 받아들이면서 관형사의 배열 순서를 설명하였다.

의미가 같아야 하고 어색함이 없어야 하는데도 실제로 배열이 달라지면 뜻이 달라지고 받아들여지지 않는다. 따라서 여러 개의 관형사가 올 경우에는 그것이 각각 명사를 꾸미는 것이 아니라 구를 수식한다고 보아야 한다.

(91) 가. 가족의 문제는 **어느 한 사람**의 노력만으로는 풀기 어려우므로 온 가족이 힘을 합쳐야 합니다.

나. 나의 역할은 **이 두 사람**이 정확하게 집을 찾아 배달하는 것을 지도하는 일이었다.

(91′) 가. 單憑**某一個人**的努力很難解決家庭問題，要匯集全家人的力量。

나. 我的職責就是引導**這兩個人**準確地找到地址并送貨到家。

세계의 여러 언어를 관찰한 결과에 따르면 수사는 지시사보다 중심 명사에 더 가깝게 위치하는 경향이 있다. 즉 '지시사-수사-명사'의 어순 유형이 대다수를 차지한다. 이것은 범언어적으로 보이는 보편적인 현상이다. 위의 (91가)에서는 지시관형사 '어느'가 명사 '사람'을 수식하지 않고 '한 사람'을 수식하고 (91나)에서는 '이'가 명사 '사람'이 아닌 '두 사람'을 수식한다. 지시관형사 '어느, 이'는 명사에 대한 관형 성분이 아니라 명사구에 대한 관형 성분이다. (91나)의 '이' 대신 '그, 저'로 교체해도 위의 문장들은 비문이 되지 않는다. 한국어 지시관형사는 수관형사나 성상관형사보다 바깥쪽에 위치하는 경향이 있다. 중국어 대응어의 경우도 수사는 지시대사보다 중심 명사에 더 가깝게 위치한다. 또한 중국어는 기본적으로 어순을 통해 명사구의 지시적 특징을 나타낼 수 있다.

(91) 가. *가족의 문제는 **한 어느 사람**의 노력만으로는 풀기 어려우
　　　므로 온 가족이 힘을 합쳐야 합니다.
　　나. *나의 역할은 **두 이 사람**이 정확하게 집을 찾아 배달하는
　　　것을 지도하는 일이었다.

　　(91″)에서 제시한 바와 같이 '*한 어느 사람', '*두 이 사람'처럼 '수
관형사−지시관형사'로 통합되는 반대의 경우는 성립되지 않는다. 이
는 지시관형사와 수관형사가 가지는 의미적인 차이로 인하여 생기는
현상으로 보인다. 즉, 지시관형사가 가지는 [+지시] 의미 자질이 수관
형사의 [+수] 의미 자질보다 더 큰 개념으로 '수'라는 개념은 [+지시]
뿐만 아니라 [+구체성]도 함께 가지고 있기 때문에 상대적으로 [+지시]
는 [−구체성]을 지니게 된다. 이러한 개념적 차이가 통합 관계에도 반
영되어 이들 순서를 바꾸게 되면 비문이 되는 것으로 보인다.3) 따라서
수관형사는 반드시 명사와 인접하여 나타나야 하고 지시관형사와 수관
형사의 상대적 어순은 고정되어 있다. 즉, 지시관형사가 수관형사보다
앞에 나타나야 한다. 그 반대의 경우는 문장이 어색해지거나 비문이
된다.

(92) 가. 그는 **무슨 몹쓸 사람**도 아닌데…
　　나. 그래서 **그 오랜 시간** 동안 하늘에는 별만큼이나 많은 이야
　　　기가 만들어졌고 오늘날까지 전해지고 있다.
(92′) 가. 他也不是***甚麼坏人***…
　　나. 　所以***那段漫長的歲月***裡發生了多如繁星的故事，並且一直流傳

---

3) 김병일(1992), 박호관(2001), 이수미(2008) 참고.

下來。

위의 예문에서 '지시관형사-성상관형사' 순의 통합 관계는 자연스럽다. 그러나 이 반대의 경우는 성립되지 않는다. (93′)에서 제시한 바와 같이 중국어 대응어도 같은 어순으로 문장을 구성한다.

(93) 가. **무슨 다른 좋은 방법**이 없을까?

나. 어른 앞에서 **이 무슨 방자한 짓**이냐?

(93′) 가. 沒有**甚麼別的好方法**嗎?

나. 大人面前**這是甚麼放肆的行爲**?

한국어 지시관형사 중 가장 대표적으로 '이, 그, 저'는 둘 이상 겹쳐서 나란히 나타나지 않는다. 이러한 현상이 나타나는 이유에 대해서는 이들이 지닌 의미 자질 중 공통된 자질의 중복이거나 또는 함께 올 수 없는 자질의 상충이 일어났기 때문이라고 설명할 수 있다. (93)에서 제시한 바와 같이 '이, 그, 저'를 제외한 다른 지시관형사 중 일부는 나란히 겹쳐지기도 한다.

(94) 가. 이야기는 그 당시 **한 옛 고을**을 배경으로 한 것인데…

나. **한 새 어린아이**.

(94′) 가. 故事的背景是**一個古老的城鎮**…

나. **一個新**(出生的)**嬰兒**

한국어 수관형사는 항상 성상관형사에 선행해서 나타난다. 이 경우에서도 성상관형사가 수관형사 앞으로 나오게 되면 비문이 된다. 성상관형사는 반드시 명사와 인접하여 나타나야 한다. 수관형사와 성상관형사 등의 어순에 대한 제약은 임홍빈(1987/1998), 남지순(2006) 등에서 논의되었다.

'수관형사-수관형사'의 경우를 살펴보자. 대부분의 수관형사는 같은 의미 자질을 공유하므로 중복되어 나타나는 것이 불가능하다. 그러나 수관형사로 분류된 일부 어휘의 경우에는 겹쳐서 나타나기도 한다.

(95) 나는 내가 생각할 수 있는 **온갖 모든**4) **것**을 다 동원해 보았다.

(95') 我動用了能想到的*所有辦法*。

이상의 예문에서 제시한 바와 같이 한국어 관형사 수식어와 중국어 대응 표현 모두 관형어가 명사에 선행하며 '지시사+수사+형용사'의 어순을 나타낸다. 또한 중국어는 양사가 발달한 언어로서 지시사와 명사 사이에 양사를 필요로 한다. 그리하여 '지시사+양사+명사'의 형태로 실현된다. 또한 중국어는 수사와 명사 사이에도 반드시 양사가 삽입되어 '수사+양사+명사'로 나타난다. 한국어는 중국어와 달리 '명사+수사/수관형사+단위성 의존명사'의 순서가 자연스럽다.

한국어 관형사가 여러 개 이어질 때는 일정한 순서가 있다. 관형사가 포괄하는 범위가 큰 것이 순서상 앞에 오는 것으로 보인다. 따라서 대체로 지시관형사가 가장 앞에 나오고, 다음으로 수관형사가 오고, 마

---

4) 홍용철(2010)에서는 수관형사 '모든'은 '한, 두, 세…'와 같은 수관형사 앞에 나타나면 비문법적이고 '온갖, 갖은' 또한 어순에 관계없이 수관형사나 수사와 양립할 수 없다고 지적하였다.

    가. * 모든(온갖, 갖은) 두 학생

    나. * 두 모든(온갖, 갖은) 학생

지막에 성상관형사가 나온다. 이렇게 '지시-수-성상'의 순서가 성립할 수 있는 원인으로 관형사와 후행 체언 간의 수식 관계를 고려할 수 있다. 관형사가 수식언이라는 점을 감안하면 수식어와 피수식어와의 관련성을 배제할 수 없다. 수식어는 피수식어가 가진 의미를 구체화시키거나 한정하는 기능을 한다. 이때 피수식어가 가지는 의미는 피수식어의 속성, 즉 체언이 가지는 속성에 해당한다. 관형사가 구체화시킬 수 있는 의미를 크게 '지시, 수, 성상'의 세 가지로 설정하면 이 중 속성과 가장 가까운 의미는 '성상'이라고 할 수 있다. 성상관형사를 통하여 속성이 정해지고 난 이후 '수'와 '지시'가 차례로 수식되면서 피수식어의 속성을 좀 더 구체화하는 것이다. 관형사 간의 통합 관계에 있어서 성상관형사가 지시관형사나 수관형사보다 선행할 수 없고 이들과 중복되어 나타날 경우에는 후행 체언과 가장 가까운 쪽에 위치하는 것은 이러한 이유에서 비롯된다고 본다.

유형론적인 관점에서 볼 때 중국어 명사구도 한국어와 마찬가지로 문장 성분의 배열이 일정한 원리를 따른다. 고립어에 속하는 중국어는 문법 단위의 문장 내 기능이나 의미를 나타내 주는 형태 표지가 적어 문법 기능 표시의 많은 부분을 어순에 의존한다. 어순은 중국어 문장에서 가장 표면에 드러나는 현상으로서 문법 관계를 파악하는 중요한 수단이다. 따라서 중국어 언어 현상을 기술할 때 적어도 어순 현상만큼은 분명하게 설명해야 한다.[5] 朱德熙(1957)는 관형어가 여러 개 나열되는 순서에 대해 다음 세 가지 규칙을 제시하고 있다. 첫째, 다수의 관형어에 '的'가 출현하지 않을 경우 일반적으로 영속을 나타내는 명사/대명사-수량사-형용사-성질을 나타내는 명사 순으로 배열된다.

---

5) 강병규(2011) 참고.

둘째, '的'를 동반한 관형어에서 영속을 나타내는 명사와 대명사는 가장 앞에 놓인다. 셋째, '的'를 동반한 관형어는 '的'를 동반하지 않는 관형어 앞에 놓인다.

Greenberg(1963)는 관형어가 명사에 선행할 때에는 '지시사-수사-형용사'의 어순을 가진다고 본다. 즉 속성을 나타내는 형용사 수식어는 명사에 인접하는 경향이 있고 지시사는 바깥쪽에 위치하는 경향이 있다. 한국어 성상관형사는 형용사가 아니지만 대상 명사의 속성을 나타낸다. 따라서 피수식어 앞에 여러 관형어가 나타날 때 한국어의 관형사의 순서는 '지시관형사-수관형사-성상관형사'이다. 중국어도 명사구에는 종종 여러 개의 수식어가 사용되는데 그 어순은 일정한 규칙성이 있다. 중국어의 관형어 어순은 '지시대사-수사-형용사6)'의 순서로 된다. 따라서 앞선 논의에서 살펴본 바와 같이 한국어 성상관형사와 중국어 형용사 수식어는 명사와 결합이 긴밀하다. 이 두 언어의 관형어를 대조해 보면 한국어의 지시관형사는 중국어의 지시대사, 의문대사, 명사, 형용사, 구별사와 대응하고, 한국어의 수관형사는 중국어의 수사, 구별사와 대응하고, 성상관형사는 중국어의 형용사, 부사, 구별사와 대응한다.

한국어 관형어와 그 수식을 받는 명사구 사이의 어순은 고정되어 있다. 한국어의 지시관형사와 중국어의 지시대사 등은 모두 중심 명사 앞에 위치한다. 한국어의 성상관형사도 중국어 형용사처럼 대상의 속성을 나타낸다. 한 가지 차이가 있다면 중국어는 수사도 중심 명사 앞

---

6) Greenberg(1963)의 '보편성-20' 이론 참고. 이 이론에 따르면 속성을 나타내는 형용사 수식어는 명사에 가장 인접하는 경향이 있다. 수사는 지시사보다 안쪽, 형용사보다 바깥쪽에 위치하는 경향이 있고 지시사는 수사나 형용사보다 바깥쪽에 위치하는 경향이 있다.

에 온다는 점이다. 한국어의 수분류사(numeral classifier)는 중심명사 뒤에 오는 것이 자연스럽지만 중국어는 반드시 앞에 와야 한다. 이처럼 한국어 관형사 수식 명사구와 중국어 대응 표현의 어순은 많은 유사성을 가진다. 따라서 한국어의 관형어 어순은 중국어 관형어의 어순과 유사하다. 언어유형론에서 한국어는 SOV 언어로 분류되고 중국어는 SVO 언어로 분류된다. 그러나 '관형어−명사' 어순은 같은 것으로 보인다. 즉, 한국어와 중국어의 '관형어−명사' 어순이 완벽히 일치함을 확인했다.

셋째, 한국어 관형사의 후행 성분 중 의존명사가 있지만 중국어 대응어의 후행 성분 중 의존명사란 범주가 존재하지 않는다.

중국어 명사 체계와 달리 한국어 명사 체계에는 의존명사란 범주가 존재한다. 한국어 명사는 자립성의 유무에 따라 자립명사와 의존명사로 나뉜다. 의존명사는 관형어의 선행을 필수적으로 요구한다.

한국어를 기반으로 한 논의에서는 관형어의 수식을 받는 명사의 속성에 대한 논의는 활발하게 이루어지지 않았다. 임유종(2007)은 명사의 하위 유형인 보통명사, 고유명사, 의존명사에 따라 관형사의 결합 양상을 논의하였다. '수식어+명사' 구조에서 수식을 받는 명사의 속성을 논의할 때 명사의 의미나 자립성, 지시 대상의 범위 등을 기준으로 피수식 명사의 속성을 파악하는 것도 의미가 있다고 지적하였다. 주지하듯이 한국어 의존명사(bound noun)는 자립성이 없는 특수한 명사를 일컫는다. 그 앞에 한정 성분이 나타나지 않으면 홀로 쓰일 수 없다. 그 앞에 나타나는 성분들 중 관형사가 있다. 모든 명사는 관형어와 어울릴 수 있는 특성을 지니게 되는데 특히 의존명사는 그 앞에 관형어를 반드시 수반하게 되는 것이다. 이는 의존명사의 두드러진 특성으로서 보통명사와는 다른 점이다. 바꿔 말하면 추상적 의미를 나타내는 의존명사는 실질적 의미를 나타낸다는 자립명사와 뚜렷한 차이를 보인다. 의존명사는 자립명사와는 달리 관형어를 필수적으로 요구하는 것이 큰 특징이다. 이는 최현배(1937) 이후 대부분의 연구에서 언급되었다. 관형어에 속하는 관형사도 의존명사가 필요로 하는 어휘 요소이다. 문장 내에서 필수 요소로 자리하는 점이 구조적으로 주목받을 만하다.

한국어의 의존명사는 앞 관형사와의 어울림에서 그 제약이 매우 다양하다.[7] 이병모(1995)에 따르면 의존명사는 관형사와 통합될 때 제약을 받는 것도 있고 그렇지 않은 것도 있다.[8]

단위성 의존명사와 수관형사의 통합 관계는 우형식(1996), 안효경(2000), 이주행(2009)에서 살펴본 바 있다. 수관형사인 '한, 두, 세, 네'의 경우 의존명사의 선행요소로 올 수 없다고 보았다. 그러나 '한, 두, 세, 네'와 같은 수관형사는 의존명사의 선행요소로 올 수 없다고 보면 '너에게 한 가지만 묻자'와 같은 예에서 '수관형사+단위성 의존명사'의 형태가 성립하는 것을 설명할 수가 없다. 따라서 의존명사는 수관형사

---

7) 서정수(2006 : 472~474)에 따르면 관형사와 두루 어울리는 의존명사는 '노릇, 것, 놈, 만큼, 대로, 분, 자, 치, 지경, 이, 터, 줄, 양, 깐' 등이 있다.

8) 이병모(1995)에서 지시관형사 '이, 그, 저'와 통합할 때 제약을 받지 않는 의존명사는 '것, 녀석, 나름, 년, 놈, 노릇, 대로, 따위, 때문, 만, 만큼, 모양, 무렵, 바람, 분, 뿐, 이, 자, 즈음, 지경, 쪽, 참, 턱, 축, 치, 통, 폭…' 등이 있다. 제약을 받는 의존명사는 '데, 둥, 듯, 등, 바, 법, 뻔, 상, 셈, 수, 양, 적, 줄, 지, 채, 체, 척, 터, 편…' 등이 있다. 한국어 지시관형사 '이런, 그런, 저런'은 한정의 뜻을 지닌다. 제약을 받지 않는 의존명사는 '것, 녀석, 년, 노릇, 놈, 대로, 데, 듯, 등 따위, 때문, 만큼, 모양, 무렵, 바람, 법, 분, 셈, 수, 양, 이, 자, 적, 줄, 지, 지경, 쪽, 차, 참, 채, 체, 척, 축, 치, 터, 통, 편, 폭…' 등이 있고 제약을 받는 의존명사는 '나름, 따름, 만, 바, 뿐, 뻔, 즈음…' 등이 있다.

와 통합이 가능하다고 본다. 다만 모든 의존명사들이 수관형사와 결합하는 것은 아니다. 의존명사 중 단위성 의존명사만 수관형사와 통합이 가능하다. 그리고 이러한 단위성 의존명사는 지시관형사나 성상관형사와 통합이 어렵다는 특성을 지닌다.

(96) 가. 한/두/세 권
　　　나. *이/그/저 권
　　　다. *새/헌/옛 권

(96가)에서는 명사의 수량을 단위의 이름으로 지시한다는 기능상의 특수성을 띠고 있으므로 단위성 의존명사라 한다. 일반적 의존명사는 실질적 의미가 희박하거나 결여되어 있다는 점에서 형식성 의존명사라 부를 수 있다. 단위성 의존명사의 관형어는 수관형사 '한, 두, 세…여러, 몇'에 한정된다. (96나, 다)가 성립할 수 없는 것은 단위성 의존명사의 선택에 의한 것이다. 이는 선행하는 요소의 수량을 한정한다. 따라서 의미적으로 수량과는 상관없는 관형사와는 어울릴 수 없는 것이다. 지시관형사의 의미 기능은 단순한 대상을 가리키는 것에 불과하므로 단위성 의존명사와의 통합은 불가능하다.

단위성 의존명사는 수관형사와 통합하여 수량사구를 이룬다. 이때 수관형사는 수나 양을 명확히 하고 단위성 의존명사는 대상 명사에 따라 선택되는 특징을 보인다. 단위성 의존명사는 어원의 기준에 따라 고유어 계열과, 한자어 계열, 그리고 외래어 계열로 나뉜다. 수관형사가 고유어나 한자어 중 어느 것으로 쓰이는지는 일반적으로 단위성 의존명사의 어원에 따라 결정된다. 즉 어원적으로 수관형사는 단위성 의존명사와 같은 계열의 것으로 통합되는데 단위성 의존명사가 외래어일 때에는 수관형사도 외래어 성격을 띠는 한자어 계열로 선택되는 것이다.9) 단위성 의존명사는 수를 나타내는 수식어를 반드시 필요로 하여 문장 안에서 자립적이지 못하고 통사적으로 의존적인 특성을 지닌다.

넷째, 한국어 관형사의 중국어 대응어는 품사가 다르다.

주지하듯이 한국어와 중국어는 언어 계통이 다르다. 관형사는 한국어만의 특징을 지니고 있는 품사이고 독립적인 품사 체계를 갖추고 있다. 관형사의 의미에 따라 지시관형사, 수관형사, 성상관형사로 분류한다. 이들에 대응하는 중국어의 품사는 다르다. 앞서 논의한 내용에서 제시한 바와 같이 한국어 지시관형사는 중국어의 지시대사, 의문대사, 구별사, 명사, 형용사 등에 대응되고 한국어 수관형사는 중국어의 수사, 구별사에 대응되며 한국어 성상관형사는 중국어 형용사, 부사, 구별사에 대응된다.

---

9) 우형식(1996)은 고유어 수관형사와 통합되는 단위성 의존명사의 어휘 목록과 한자어 수관형사와 통합되는 단위성 의존명사의 어휘 목록을 다음과 같이 제시하였다. 고유어 수관형사와 통합되는 단위성 의존명사의 어휘는 '가닥, 가래, 가마, 가지, 갈래, 갈이, 갓, 거리, 걸음, 겹, 고랑, 군데, 그릇, 길, 꼭지, 꾸러미, 꿰미, 끼, 나절, 님, 닢, 다발, 달, 도막, 돌, 동, 되, 되지기, 두름, 떨기, 마디, 마리, 마장, 말, 마지기, 모, 모금, 모숨, 못, 바탕, 발, 발자국, 방울, 벌, 보지락, 봉지, 뿌리, 사발, 살, 삽, 섬, 손, 송이, 숟가락, 습, 알, 올, 움큼, 자루, 줄, 줄기, 줌, 짐, 집, 쪽, 채, 축, 칸, 켤레, 쾌, 폭, 근(斤), 냥(兩), 번(番), 병(瓶), 분(分), 석(石), 시(時), 시간(時間), 쌍(雙), 잔(盞), 차례(次例), 참(站), 첩(帖), 통(桶), 필(四), 필(疋)'등이 있고 한자어 수관형사와 통합되는 단위성 의존명사의 어휘 목록'기(期), 년(年), 도(度), 두(斗), 두(頭), 리(裡), 리(厘), 보(步), 세(歲), 원(圓), 초(秒), 호(戶)' 등이 있다.

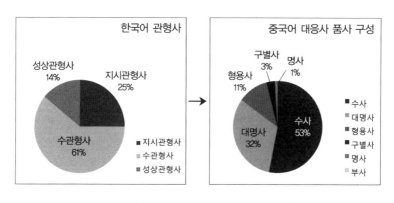

〈그림 15〉 한국어 관형사와 중국어 대응어 품사 구성

〈그림 15〉에서 제시한 바와 같이 한국어 관형사의 중국 대응어 품사 구성은 복잡한 양상을 보인다. 한국어 관형사의 중국어 대응어 중수사는 매우 높은 53%의 백분율로 나타나며 이것은 전체 비율의 절반이상을 차지하고 있다. 그리고 대사는 31%의 비율로 나타나고 있다. 앞선 논의에서 밝힌 바와 같이 중국어의 관형어는 수량, 시간, 장소, 귀속, 범위 등의 면에서 중심어를 설명하거나 성질, 상태, 특징, 용도 등의 면에서 중심어를 묘사한다. 이러한 관형어의 기능을 할 수 있는 품사는 형용사를 비롯하여 명사, 수사, 대명사, 구별사 등 매우 다양하다. 한국어 관형사의 중국어 대응어는 그러한 특성을 모두 지닌다. 한국어 지시관형사, 수관형사, 성상관형사와 중국어 대응어의 품사의 양상을 제시하면 다음 〈그림 16〉과 같다.

〈그림 16〉 유형별 관형사와 중국어 대응 품사 양상

중국어 대사, 수사, 구별사, 형용사, 명사, 부사에 대응하는 한국어 관형사의 목록을 〈표 44〉를 통해 제시한다.

〈표 44〉 중국어 품사에 대응되는 한국어 관형사 목록

중국어 품사	한국어 관형사
대사	이, 그, 저, 요, 고, 조, 이런, 그런, 저런, 요런, 고런, 조런, 고런조런, 그런저런, 이런저런, 요런조런, 이만, 그만, 저만, 요만, 고만, 조만, 이따위, 그따위, 저따위, 요따위, 고따위, 조따위, 까짓, 이깟, 저깟, 그깟, 이까짓, 그까짓, 저까짓, 요까짓, 고까짓, 조까짓, 고깟, 조깟, 요깟, 네까짓, 제까짓, 네깟, 제깟, 네깐, 아무, 아무런, 아무아무, 다른, 어떤, 무슨, 어느
수사	너 너댓 너더댓 너더댓째 너덧 너덧째 넉 네 네다섯 네다섯째 네댓 네댓째 넷째 다섯 다섯째 닷 대 대여섯 대여섯째 대엿 댓 댓째 두서너 두서너째 두석 두세 두세째 두어 두어째 둘째 둘찌 둬 마흔 몇 몇몇 모든 서 서너 서너째 서른 석 세 셋째 쉰 스무 스무남은 스무째 스물두째 스물째 아홉 아홉째 아흔 아뜨 여남 여남은 여남은째 여남째 여덟 여덟아홉 여덟째 여든 여러 여섯 여섯째 열아홉 열아홉째 열 열두째 열둘째 열아문 열째 열한째 엿 에 예닐곱 예닐곱째 예수남은 예순 일고여덟 일고여덟째 일곱 일곱째 일여덟 일여덟째 일흔 첫 첫째 한 한두 한두째
형용사	갖은, 온갖, 온가지, 여느, 고얀, 긴긴, 먼먼, 몹쓸, 새, 옛, 오랜, 외딴, 애먼, 모모한, 빌어먹을, 한다는, 한다하는, 허튼, 헌
구별사	지지난, 저지난, 모든, 온, 대모한
명사	왼, 오른
부사	맨

다섯째, 중국어 대응 표현 구조에 양사가 출현하는 현상이 나타난다.

세계의 모든 언어는 명사의 양을 나타내기 위해서 수(number) 범주를 사용하거나 다양한 양화사(quantifiers)와 양사(classifier)를 사용한다. 한국어와 중국어는 동일한 계통의 언어가 아니지만 모두 수분류사를 가진다. 박정구(2012)에 따르면 한국어 수분류사의 사용이 중국어에 비해 상대적으로 수의적이며 수량구와 명사의 위치도 중국어보다 상대적

으로 자유로워 보인다고 하였다.

한국어와 중국어는 각각 '단위성 의존명사'와 '양사'라는 개념을 통해 이를 실현한다. 중국어는 양사가 발달한 언어로서 '지시대사+양사+명사'의 형태로 실현된다. 이 구성에서 양사는 수량을 헤아리는 단위를 나타낸다. 한국어 분류사인 단위성 의존명사에 대한 논의는 이익섭(1973), 채완(1983), 임홍빈(1991), 서정수(1994), 고영근(1998), 우형식(2001), 근보강(2010), 유정정(2014) 등이 있고 중국어 양사에 대한 논의는 呂叔湘(1999), 郭先珍(2002) 등이 있다.

중국어 명사가 지니는 가장 두드러진 특징은 양사와 함께 나타난다는 점이다. 양사는 수사나 지시사 등과 함께 명사 앞에 나타난다. 그리고 양사는 명사에 따라 선택된다는 특성을 지닌다. 그러나 만약 명사 자체가 임시양사라면 양사를 취하지 않는다.

(97) 가. **이 장소**에서 살인 사건이 일어났다.

　　나. **그 이야기**의 전말은 다음과 같다.

　　다. **저 거리**에는 항상 사람이 많다.

(97′) 가. *這個地方*發生過殺人案件。

　　나. 下面是*那個故事*的來龍去脈。

　　다. *那條街道*上人總是很多。

(97′가)에서 보듯이 지시대사 '這'와 명사 '地方' 사이에 양사 '個'가 있고 (97′나)에서는 지시대사 '那'와 명사 '故事' 사이에 양사 '個'가 있으며, (97′다)에서는 지시대사 '那'와 명사 '街' 사이에 양사 '條'가 있다. (97′)의 중국어 대응 표현을 보면 중국어 양사는 사물을 지시할 때

지시대사의 뒤에 놓여 '지시대사+양사+명사'의 구성을 이룬다. 이러한 경우 보통 수사가 생략되지만 생략되지 않을 경우에는 '지시대사+수사+양사+명사'의 구성이 된다. 인지언어학적 관점에서 볼 때 양사와 명사가 상호 선택적으로 수용된다는 것은 양사가 명사의 대표 개념을 범주화하는 과정을 반영하기 때문이라고 한다. 즉 사람들이 사물의 양을 파악할 때 관찰하는 시각이나 방식에 따라 양사의 사용도 다를 수 있다.

중국어 지시대사와 명사 사이에 양사의 생략은 제한적이다. 현대 중국어에서 양사는 보통 단독으로 문장 성분이 되지 못하고 수사와 함께 사용되어 수량구를 이룬다. 이러한 수량구는 문장에서 각종 성분으로 기능하는데 수량사가 어떠한 성분이 되느냐 하는 것은 양사의 성질과 관련이 있다. 수량구의 주요한 문법 기능은 명사를 수식하거나 명사를 대신하는 것이다. 즉, 수량구가 명사를 수식함에 있어 수량을 나타내는 기능 이외에 후행 명사의 속성을 규정하는 기능을 하기도 한다. 특히 수사 없이 지시대사 '這', '那' 등과 후행 명사가 결합할 경우 그 사이에 위치되는 양사는 더욱이 수량을 나타내는 것과는 거리가 멀다.

<표 45> 중국어 대응 표현 중 양사 출현 여부

관형사			중국어 대응어	양사 첨가 여부
지시관형사	고유어 지시관형사	이, 그, 저	這, 那	○
		이런, 그런, 저런	這樣, 那樣	×
		무슨	甚麼	×
		어떤₁	怎樣	×
		어떤₂	哪	○
		어떤₃	某	○

		어떤₄	甚麼	×
		어느₁	哪	○
		어느₂	某	○
		어느₃	多少, 一些	×
		어느₄	哪	○
		다른	其他	×
			別	×
			另外	×
		지지난	上上	○
		왼/오른	左/右	×
		여느	普通/一般/平常	×
	한자어 지시관형사	각(各)	各	○
		전(前)	前	○
		현(現)	現	○
		모(某)	某	○
		본(本)	本	○
		매(每)	每	○
		동(同)	该	○
		당(當)	本	○
		타(他)	其他	×
수관형사	고유어 수관형사	한₁	一₁	×
		한₂	某	○
		한₃	一₂	○
		한₄	大約	×
		두	兩	×
		모든	所有	×
	한자어 수관형사	이십(二十), 백(百)	二十, 一百	×
		전(全)	全體	×
성상관형사	고유어 성상관형사	새	新	×
		맨	最	×
		대모한	主要	×
	한자어 성상관형사	별(別)	特別	×
		단(單)	僅, 只	×
		일대(一大)	一大	×
		약(約)	約	×
		만(滿)	整	×

순(純)	純	×
별별(別別)	各種各樣	×
고(故)	已故	×
장장(長長)	漫長	×
주(主)	主要	×
구(舊)	舊	×

박정구(2012)에 따르면 분포적으로 중국어 양사는 '수사+[ ]+명사'의 틀에 쓰여 고정적 분포를 보인다. 또한 단위성 의존명사나 양사의 필수적 사용 여부를 살펴보면 한국어는 단위성 의존명사를 쓰지 않거나 무정, 유명 명사가 적절한 단위성 의존명사를 찾지 못하는 경우가 있지만 중국어는 반드시 양사를 동반해야 한다. 한국어의 수량명사구의 어순은 고정적이지 않을 뿐 아니라 단위성 의존명사의 사용이 중국어보다 상대적으로 절대적이지 않음을 알 수 있다.

여섯째, 중국어 대응 표현 구조에 구조조사 '的'가 첨가되는 현상이 나타난다.

앞서 중국어 대응어도 수식어 기능을 한다고 논의한 바가 있었다. 중국어 관형어10)는 명사 중심어를 수식하는 문장 성분인데 현대 중국어에서는 특성 성분이 직접 명사 중심어를 수식하기도 하고 구조조사 '的'와 연결되어 수식하기도 한다. 중국어는 어미가 없기 때문에 조사 '的'에 의해 관형어를 구성한다. 관형어와 '的'에 관한 연구가 많이 진행되었지만 이들 연구에서는 구조조사 '的'의 출현과 생략의 조건을 기술하는 데 그쳤다. '的'의 기능에 대해 심도 있게 관찰한 것으로 朱

---

10) 중국어 관형어는 명사성 구조 앞의 부가 성분을 가리키는 것이다. '的'는 관형어의 뒤에 쓰여 중심어와의 사이에 특정한 관계를 형성한다.

德熙(1982), 劉月華(2001), 陸丙甫(2003), 徐陽春・錢書新(2005) 등을 꼽을 수 있다. 劉月華(2001 : 479)는 형용사가 관형어로 쓰일 때 그 뒤에 오는 '的'의 사용 여부는 형용사의 음절 수에 의해 정해진다고 보았다.[11]

(98) 가. **이런 변**이 있나?

　　나. 행복이란 **이런 거**다.

　　다. **다른 생각** 말고 공부나 해라.

　　라. 오늘은 **여느 때**와 달리 일찍 자리에서 일어났다.

　　마. **새 일자리**를 찾는다는 것은 극도로 어려울 것이다.

(98') 가. 遇到過***這樣的變故***嗎?

　　나. 所謂幸福就是***這樣的***吧。

　　다. 不要有***其他(的)想法***, 要努力學習。

　　라. 今天跟***平常的時候***(=以往)不同, 起得很早。

　　마. 找一份***新(的)工作***極度困難。

형태 표지가 발달하지 않은 중국어에서 수식어는 중심어의 앞에 놓여 중심어와 직접 결합하는 경우가 많다. '的'는 관형어를 나타내는 형식적인 표식이기는 하지만 모든 한정어 뒤에 '的'를 쓰는 것은 아니다. 한정어 뒤에 '的'를 쓰는가의 여부는 한정어로 쓰이는 단어의 성질 및 표시된 문법적 의미와 관계가 있다. 지시대사 또는 의문대사가 수량사와 함께 구성된 구가 한정어로 쓰여 제한 관계를 나타낼 때 그 뒤에 '的'를 쓰지 않는다. 형용사 뒤에 '的'를 사용하는가의 여부는 주로 음

---

11) 강병진(2005) 참고.

절과 관계가 있다. 단음절 형용사일 경우 그 뒤에 '的'의 출현이 제약을 받는다. 어떤 형용사는 강조 또는 대비하기 위해서 그 뒤에 '的'를 넣을 수 있다. 보통 2음절 형용사일 때 일반적으로 '的'를 사용해야 한다. (98'마)와 같이 단음절 형용사 뒤에는 '的'를 쓰지 않는다. 특히 중심어가 단음절로 되어 있으면 그러한 경향이 더욱 두드러진다. 그러나 (98'라)에서 제시한 바와 같이 2음절 형용사가 관형어가 되면 일반적으로 뒤에 '的'를 붙인다. 그러나 중국어의 특성상 구어에서 많이 사용하는 2음절 형용사, 특히 중심어와 결합이 긴밀한 경우는 거의 관용어처럼 '的'가 없이 직접 명사를 수식하는 형식으로 쓰인다. (98'다)의 '其他想法' 등과 같이 '的'가 없이 마치 하나의 복합 명사처럼 사용되는 구조를 중국어에서 많이 볼 수 있다.

(99) 가. **지지난** 주

　　 나. **모든 국민**은 법 앞에 평등하다.

　　 다. **대모한 것**부터 말하면 다음과 같다.

(99') 가. *上上*周

　　 나. *所有*(=全體)*公民*法律面前平等。

　　 다. *主要內容*如下。

위의 예문을 보면 명사를 수식하는 구별사 '上上', '所有', '主要'는 일반 형용사와 다른 특징을 가진다. 이러한 구별사는 일반적으로 명사를 수식하는 관형어만을 담당하고 술어, 부사어 등을 담당할 수 없는 형용사를 말한다. 주요 특성은 '的' 자문을 구성하여 '新來的老師是男的'와 같이 쓰일 수 있으며 '不'로 부정하지 않고 '非'로 부정한다. 또한 대부분 '很'의 수식을 받을 수 없어서 '很男'이라고 할 수 없다. 구별사가 명사를 수식할 때 일반적으로 뒤에 '的'를 쓰지 않는다.

통사적으로 중국어 형용사가 명사를 수식할 때는 대개 동사 수식어와 비슷하게 관계절 표지 '的'를 부가한다. 특히 2음절 이상의 형용사나 부사의 수식을 받는 형용사는 단독으로 명사를 수식하지 못하고 중간에 '的'가 와야 한다. 물론 중국어에도 명사를 직접 수식할 수 있는 단어 부류가 있다. 구별사와 일부 단음절 형용사는 '的'를 사용하지 않고 바로 명사를 수식할 수 있다.

<표 46> 중국어 대응 표현 중 구조조사 '的' 출현 여부

관형사		중국어 대응어	'的' 첨가 여부
지시 관형사	고유어 지시관형사	이, 그, 저	這, 那	×
		이런, 그런, 저런	這樣, 那樣	○
		무슨	甚麼	×
		어떤1	怎樣	○
		어떤2	哪	×
		어떤3	某	×
		어떤4	甚麼	×
		어느1	哪	×
		어느2	某	×
		어느3	多少, 一些	×
		어느4	哪	×
		다른	其他	모두 가능
			別	○
			另外	×
		지지난	上上	×
		왼/오른	左/右	×

		여느	普通/一般/平常	후행명사 음절 수에 따라 결정
	한자어 지시관형사	각(各)	各	×
		전(前)	前	×
		현(現)	現	×
		모(某)	某	×
		본(本)	本	×
		매(每)	每	×
		동(同)	该	×
		당(當)	本	×
		타(他)	其他	×
수관형사	고유어 수관형사	한₁	一₁	×
		한₂	某	×
		한₃	一₂	×
		한₄	大約	×
		두	兩	×
		모든	所有	모두 가능
	한자어 수관형사	이십(二十),백(百)	二十, 一百	×
		전(全)	全體	×
성상관형사	고유어 성상관형사	새	新	후행명사 음절 수에 따라 결정
		맨	最	×
		대모한	主要	모두 가능
	한자어 성상관형사	별(別)	特別	○
		단(單)	僅, 只	×
		일대(一大)	一大	×
		약(約)	約	×
		만(滿)	整	×
		순(純)	纯	×
		별별(別別)	各種各樣	○
		고(故)	已故	×

		장장(長長)	漫長	○
		주(主)	主要	×
		구(舊)	舊	후행명사 음절 수에 따라 결정

위에서 논의한 내용을 토대로 중국어 대응 표현에 출현하는 구조조사 '的'를 사용하는 규칙을 정리할 수 있다. '的'를 사용하는 명사구에서는 수식어와 수식된 명사의 통합은 비교적 자유롭고 반대로 '的'를 사용하지 않는 명사구에서는 수식어와 수식된 명사의 통합이 그다지 자유롭지 못하며 어느 정도의 제한을 받는다.

2. 구조적 특성과 어순의 일치성

앞으로의 대조 연구는 지금까지의 형태에 초점을 둔 연구에서 한층 더 나아가 표현 구조 측면에서의 연구로 이행해 나가야 한다고 본다. 이는 두 나라 언어 표현 구조에서의 차이점에 주목함으로써 외국어 학습에 있어서, 보다 자연스러운 언어 표현 방법을 습득할 수 있다는 점에서 의의가 있기 때문이다. 이상의 논의를 바탕으로 한국어 관형사 수식 명사구와 중국어 대응 표현을 분석함으로써 이들의 구조적 특성, 어순의 일치성을 밝히고자 한다. 대응 양상 분석을 통해 한국어 관형사 수식 명사구가 중국어에서는 '대응어+문법 표지+명사'로 구조화되는 양상을 보인다. 우선 한국어 관형사 수식 명사구와 이에 대응하는 중국어 표현의 경향성을 살펴보고, 한국어 관형사 수식 명사구에 대응되는 중국어 표현 구조에 대한 가설을 세울 것이다. 다만 이 가설은 관형사와 후행 체언과의 관계에 착안하여 어순의 특성을 고찰하는 것이다.

<표 47> 한국어 관형사 수식 명사구와 중국어 대응 표현

관형사			후행 성분	중국어 대응 표현
지시관형사	고유어 지시관형사	이, 그, 저	보통명사 고유명사 의존명사	這/那+양사+명사
		이런, 그런, 저런	보통명사 고유명사 의존명사 대명사	這樣/那樣+的+명사
				這樣/那樣+的
				這樣/那樣+的+인칭대사
		무슨	보통명사 고유명사	甚麼+명사
		어떤₁	보통명사 고유명사 의존명사	怎樣+的+명사
		어떤₂		某+양사+명사
		어떤₃		哪+양사+명사
		어떤₄		甚麼+명사
		어느₁	보통명사 ?고유명사 의존명사 대명사(누구) 수사(하나)	哪+양사+명사
		어느₂		某+양사+명사
		어느₃		多少, 一些
		이느₄		哪
		다른	보통명사 고유명사 의존명사 수사(하나)	其他(別)+(的)+명사
				另外+的+一個
		지지난	보통명사	上上+(양사)+명사
		왼, 오른	보통명사 의존명사	左/右+명사
		여느	보통명사 의존명사	平常/普通/一般+(的)+명사
	한자어 지시관형사	각(各)	보통명사 고유명사	各+양사+명사
		전(前)		前+양사+명사
		현(現)		現+양사+명사
		모(某)		某+양사+명사
		본(本)		本+양사+명사

		매(每)		每+양사+명사
		동(同)		该+양사+명사
		당(當)		本+양사+명사
		타(他)		其他+명사
수관형사	고유어 수관형사	한₁	보통명사 단위성 의존명사	一₁+양사+명사
		한₂		某+양사+명사
		한₃	보통명사	一₂+양사+명사
		한₄		大約+명사
		두	보통명사 단위성 의존명사	兩+양사+명사
		모든	보통명사 ?고유명사 의존명사 대명사	所有+(的)+(명사)
	한자어 수관형사	이십(二十)	단위성 의존명사	수사+양사+명사
		전(全)	보통명사	全體+명사
성상관형사	고유어 성상관형사	새	보통명사 고유명사 의존명사(것)	新+(的)+명사
		맨	보통명사	最+명사
		대모한	보통명사 의존명사	主要+명사
	한자어 성상관형사	별(別)	보통명사 의존명사	特別/奇特/奇怪+的+명사
		단(單)	수사(하나)	僅+수사(一)
		일대(一大)	보통명사	一大+명사
		약(約)	보통명사(시간)	約+명사
		만(滿)	보통명사(시간)	整+명사
		순(純)	보통명사 고유명사	純+명사
		별별(別別)	보통명사	各種各樣+的+명사
		고(故)	고유명사	已故+명사
		장장(長長)	시간명사	漫长+的+명사
		주(主)	보통명사	主要+명사
		구(舊)	보통명사 고유명사	旧+명사

한국어 지시관형사 '이, 그, 저'와 중국어 지시대사 '這, 那', 한국어

지시관형사 '이런, 그런, 저런'과 중국어 지시대사 '這些, 那些', 한국어 지시관형사 '무슨, 어떤, 어느'와 중국어 의문대사 '甚麼, 某, 哪', 한국어 지시관형사 '다른'과 중국어 특수 대명사 '其他', 한국어 지시관형사 '지지난'과 중국어 구별사 '上上', 한국어 지시관형사 '오른, 왼'과 중국어 명사 '右, 左', 한국어 지시관형사 '여느'와 중국어 형용사 '一般, 普通, 平常' 등을 대상으로 후행 성분, 후행 성분과의 결합 양상을 고찰했다.

수관형사 '한'과 중국어 수사 '一', 수관형사 '두'와 중국어 수사 '兩', 수관형사 '모든'과 중국어 구별사 '所有' 등을 대상으로 한국어와 중국어의 수량 표현을 고찰했다.

성상관형사와 중국어 대응어에 대한 대조 내용은 다음과 같다. 성상관형사 '새'와 중국어 형용사 '新', 성상관형사 '맨'과 중국어 부사 '最', 성상관형사 '대모한'과 중국어 구별사 '主要' 등을 대상으로 그들이 후행 체언과의 결합 양상을 살펴봤다.

이상에서 실제 언어 자료에 대한 분석을 통해서 한국어 '관형사+명사' 구성의 중국어 대응 양상을 다음과 같이 구조화할 수 있다.

〈그림 17〉 한국어 '관형사+명사' 구성과 중국어 대응 양상

'한국어 관형사+명사' 구성의 중국어 대응 표현은 양사구와 수식구 등 두 유형으로 나눌 수 있다.

우선 양사구의 구조적 특성을 살펴보겠다. 한국어 관형사 '이, 그, 저, 어떤₂, 어떤₃, 어느₁, 어느₂, 지지난, 각(各), 전(前), 현(現), 모(某), 본(本), 매(每), 동(同), 당(當), 한₁, 한₂, 한₃, 두, 한자어 수관형사' 등은 후행 명사를 수식할 때 '중국어 대응어+양사+명사' 구조와 대응된다. 중국어의 명사구가 지니는 가장 두드러진 특징은 양사가 있다는 점이다. '한국어 관형사+명사' 구성의 대응 표현 중 양사구를 '지시사+양사+명사', '수사+양사+명사' 등 두 유형으로 분류할 수 있다. '지시사+양사+명사' 구성에서 양사가 수사, 지시사와 함께 명사 앞에서 쓰이고 후행 명사에 따라 선택된다는 특징을 지닌다. 이와 같이 양사와 함께 수량명사구를 형성하는 것이 아니라 지시사의 수식을 받는 구성을 이루는 것은 매우 특이한 현상이라 할 수 있다. 이것은 양사가 지니고 있는 부류화 기능을 강하게 드러내는 것으로 설명된다. 우형식(1996)은 양사가 수사와 함께 대상 명사를 수량화(quantification)와 범주화(categorization)를 한다고 하였다. 양사의 수량화 기능은 도량 지시성과 관련되고 범주화 기능은 부류(部類) 지시성과 관련된다. 양사의 근본적인 기능은 문장 구성에서 호응 관계를 이루는 명사 지시물의 의미적인 부류를 표시하는 데 있다. 이러한 부류 표시 기능은 화자의 세계 사물에 대한 범주화 작용과 관련된다. 따라서 양사는 언어로 표현되는 사물을 부류화 하는 것이어서 인간의 인지적인 경험을 대상으로 한다는 데 특징이 있다. 이러한 양사의 기능은 주위 세계에 대한 범주화(categorization)와 관련이 있다. 범주화는 인간이 자신을 둘러싸고 있는 세계를 의미 있는 영역으로 분절하여 파악하는 책략이며 범주(category)는 언어적으로 표현되어 나타나는 분절 단위를 지칭한다. 전통적으로 범주화의 기반은 의미적인 자질(feature)의 유사성에 두어 왔다. 그리하여 유사한 자질을 지닌 사물이나 사건들은 하나의 범주를 구성한다고 이해된다.

Aikhenvald(2000 : 271~274)은 양사의 보편적인 의미 범주를 '생물적 속성(animacy)', '물리적 속성(physical properties)', '기능적 속성(funciton)'으로 구분했다. '생물적 속성'에 따라 [+생물]과 [−생물]로, [+생물]은 다시 [+유정성]과 [−유정성]으로, '물리적 속성' 범주에 속한 [−생물]은 사물의 시각적 형상성 유무에 따라 [+형상성]과 [−형상성]으로 구분된다. 근보강(2010)에 따르면 양사는 명사가 지시하는 사물을 범주화(categorization)하는 원형적인 언어 요소로서 많은 언어에서 다양한 형식으로 존재한다. 우형식(2003)에서는 양사가 주로 명사 지시물의 문법적·의미적 범주를 구분하는 언어적 장치의 하나로 수량사와 함께 양화 구성을 이루어 수량의 단위를 표시한다. 이러한 분류화의 기능은 양사의 근본적인 가치라고 지적하였다. 예를 들면 한국어에서 '학생 한 명, 강아지 한 마리'의 '명, 마리'는 단순히 수량의 단위를 나타내는 것이라기보다는 명사 '학생, 강아지'가 각각 사람, 동물의 부류에 해당함을 표현하는 적극적인 기능을 지니고 있다. 즉 단위로서의 기능은 부류 표현의 가능성을 전제로 하는 것이다.

수식구 유형의 구조적 특성은 다음과 같다. 한국어 관형사 '이런, 그런, 저런, 어떤₁, 다른, 여느, 모든, 새, 별(別), 별별(別別), 장장(長長)' 등은 후행 명사를 수식할 때 '중국어 대응어+的+명사' 구조와 대응된다. 한국어 관형사 '무슨, 어떤₄, 왼, 오른, 한₄, 전(全), 맨, 새, 대모한, 단(單), 일대(一大), 약(約), 만(滿), 순(純), 고(古), 주(主), 구(舊)' 등은 '중국어 대응어+명사' 구조와 대응된다.

수식구 유형에서 '的'를 사용하지 않고 바로 명사를 수식하는 경우에는 의미적으로 중심명사와의 결합이 긴밀하여 하나의 전체 개념으로 이해된다. 이러한 관형어를 의존성이 강한 점합식(粘合式) 성분이라고 한다. 수식구에는 성질형용사, 의문대사, 구별사, 대사 등이 있는데 수식구 뒤에는 '的'가 나타날 수도 있고 나타나지 않을 수도 있어서 수의적이다. 수식구를 강조할 때, 즉 사물의 성질이나 상태 등을 강조할 때 '的'가 있어야 한다.

朱德熙(1982 : 51)에는 수량사가 명사를 수식할 때 일반적으로 뒤에 '的'를 붙이지 않는다고 하였다. 이는 개체양사 뒤에는 '的'를 상입하지 못한다는 본 연구의 논지와 같은 입장을 취한다. <그림 17>과 위의 논의를 통해 중국어 대응 표현의 구조조사 '的'와 양사가 문법적 공통성을 보임을 알 수 있다. 즉, 중국어 대응 표현에서 '대응어+양사+명사' 구조, '대응어+的+명사' 구조, '대응어+명사' 구조를 통틀어서 '대응어+문법적 표지+명사' 구성으로 구조화할 수 있다. 따라서 본 연구에서는 대응어와 명사 사이에 나타난 양사나 구조조사를 일종의 문법적 표지로 간주한다. 그리고 양사나 구조조사 '的'가 모두 나타나지 않을 경우에는 영표지로 간주한다. 나아가 양사와 구조조사 '的'의 문법적 기능이 같다는 것을 상정할 수 있다. 양사나 구조조사 '的'는 선행 수식어와 함께 나타나야 하며 홀로 출현할 수 없다. 또한 양사와 구조조사 '的'의 선행 수식어는 상보적 관계를 보인다. 즉 양사의 선행 수식어는 수사이고 구조조사 '的'의 선행 수식어는 수사 이외의 품사이어야 한다. 상술한 바에 의하면 다음과 같이 구조화할 수 있다.

| 한국어 관형사 | ⇨ | 명사 | ⇨ | 중국어 대응어 | ⇨ | X | ⇨ | 명사 |

<그림 18> 한국어 '관형사+명사' 구성과 중국어 대응 표현 구조

　　한국어 관형사 수식 명사구와 중국어 대응 표현 간의 수식어 어순
의 경향성을 살펴보겠다. 한국어 관형사와 중국어 대응어는 모두 중심
어 앞에 위치한다. 이러한 공통성에 입각하여 한국어 관형사의 속성을
선명하게 드러낼 수 있다. 한·중 언어를 비롯한 세계 언어에서 이러
한 구조적 다양성을 연구하여 보편성이나 경향성을 밝히는 것이 언어
유형론의 목적이라 할 수 있다. 언어유형론은 절대적 보편성(universals)
과 경향성(tendency)으로 나뉜다. 金立鑫(2015 : 92)에 따르면 절대적 보
편성이란 모종의 현상이 인류의 모든 언어에 존재하는 것으로 예외 없
는 현상을 뜻하고 경향성이란 일종의 추세 또는 절대 다수의 가능성으
로 나타나는 것을 의미한다. 주지하다시피 인류 언어에서 문장의 각
성분들을 배열하는 데는 일정한 순서가 있으며, 심지어 일부 언어에서
는 이러한 순서를 문법적 수단으로 사용하고 있기 때문에 성분과 성분
의 전후 위치가 정해진 순서에 반드시 부합해야 하는 강제성을 가진
다. SVO 유형과 SOV 유형의 수식 구성에서 중심어와 수식어의 배열
순서는 차이가 있다. 즉 일반적으로 전자는 중심어가 수식어 앞에 오
는 원심적인 구성을 이루는 데 비해서, 후자는 반대로 중심어가 수식
어 뒤에 오는 구심적인 구성을 이룬다(Greenberg 1966, Hawkins 1983).
이에 따르면 SVO 어순의 언어는 중심어-전치적(head-prepositional)이
어서 수식 성분이 명사 뒤에 온다. 그리고 SOV 어순의 언어는 반대로
중심어가 의존어 뒤에 오는 중심어-후치적(head-final) 구성을 이루는
경향을 띠는 것으로 설명된다. 한국어는 안정적으로 Greenberg의 어순
의 보편적 상관관계에 부합하고 있다. 그러나 중국어는 동사가 목적어

앞에 오는 SOV 언어이므로 언어유형론의 상관관계에 따르면 명사를 수식하는 요소는 명사 뒤에 놓여야 함에도 불구하고 한국어와 마찬가지로 명사를 수식하는 관형사 수식어가 명사 앞에 놓인다. 결국 한국어 관형사 수식 명사구와 중국어 대응 표현은 모두 전치되는 경향을 보인다. SVO 언어는 주요 동사가 중간에 위치하고 있어서 동사는 S와 비교하면 후치한 것이고 O와 비교하면 전치한 것이다. 명사와 관형어 간의 관계를 주술 관계로 오해하는 것을 피하기 위해 관형어는 반드시 표지를 사용해야 한다. 양사나 구조조사 '的'가 나타난 이유는 여기서 기인되었다고 설명할 수 있다.

한국어 관형사 수식 명사구와 중국어 대응 표현에 어순의 유사성이 존재한다는 것을 입증하였다. 이러한 공통적 특성을 말뭉치를 통해 밝혔다. 그러나 주목할 것은 한국어 수량명사구에 나타난 어순이다. 한국어에서 수사나 수관형사가 명사에 전치되는지 후치되는지는 명확한 경향성을 보이지 않는 반면에 중국어의 수사는 명사 앞에 오는 경향이 있다.

〈그림 19〉 한국어 관형사 수식 명사구와 중국어 대응 표현의 문법 표지

결론적으로 한국어 관형사 수식 명사구에는 관형어적 문법 표지가 결여되고 중국어 대응 표현에는 관형어적 문법 표지가 있다. 중국어는 문법 형태소가 발달하지 않아 대부분의 문법 관계를 어순에 의지한다

는 기존의 논의와 달리 중국어 명사구에는 관형어적 문법 표지가 있다는 것을 입증했다. 그리고 양사와 구조조사 '的'의 출현이 배타적 분포를 보임을 논의하였다. 양사구와 수식구의 추상적 형식을 '관형어+문법 표지+중심어'로 표현할 수 있다. 한국어 관형사 수식 명사구의 중국어 대응 표현이 양사구일 때 '的'의 출현은 불가능하고 수식구일 때는 출현할 수 있다. 즉, 양사구가 나타나는 위치와 환경에서는 구조조사 '的'가 나타나지 않으며 수식구가 나타나는 위치와 환경에서는 양사가 나타나지 않는다. 또한 양사나 구조조사 '的'의 기능은 일치한다. 둘 모두 단독으로 출현하지 못하고 수식어와 함께 나타나야 한다. 따라서 한국어 관형사 수식 명사구의 중국어 대응 표현에서 양사와 구조조사 '的'는 상보적 관형어 표지라고 볼 수 있다.

결 론

제6장 결론

    지금까지 한국어 관형사와 중국어 대응어에 대하여 대조 분석의 관점에서 고찰하였다. 한국어에는 관형사 수가 적지만 한국어 교육에 있어서 중요한 위치를 차지하고 있다. 한국어를 교육할 때 한국어 관형사는 중국어의 지시대사, 수사, 형용사, 명사 등을 통해 설명될 수밖에 없는 현실적인 문제가 있다. 또한 한국어 관형사와 중국어의 대응 양상은 매우 복잡할 뿐만 아니라 그 용법에 있어서도 차이를 보인다. 따라서 한국어 관형사 체계는 중국인 학습자에게는 어려운 학습 내용에 속한다고 말할 수 있다. 한국어 관형사를 제대로 파악하지 못하면 실제 언어 사용에 있어서 혼란을 야기할 수 있다. 한국어 관형사와 중국어 대응어 대조 연구의 필요성은 바로 여기에 있다고 볼 수 있다. 한국어 관형사와 중국어 대응어의 대조를 통하여 공통점과 차이점을 검토하는 것은 한국어 학습에서 큰 어려움이 되는 관형사에 대한 문제 해결에 도움이 될 것이다. 한국어 관형사 수식 명사구와 중국어 대응 표현의 구조적 특성과 어순의 일치성을 찾아냄으로써 학습자로 하여금 한국어 관형사를 보다 잘 습득할 수 있도록 하는 데에 도움이 될 것이다.

이에 본 연구는 한국어 관형사와 중국어 대응어의 공통점과 차이점을 찾아내고자 하였다. 이를 위하여 한국어 '연세 문어 균형 말뭉치'와 중국어 'BCC 다분야 말뭉치'를 토대로 용례를 추출하여 한국어 관형사와 후행 명사와의 결합 양상, 결합 제약, 중국어 대응 표현의 양상 등을 고찰하고 이들의 구조적 특성과 어순의 일치성을 밝혔다.

제3장에서는 한국어 말뭉치 자료를 토대로 지시관형사, 수관형사, 성상관형사 등이 후행하는 체언과의 결합 양상을 밝혔다. 기존의 관형사 논의는 범주 문제에 치중되어 있었으나 이 장에서는 관형사의 주 기능인 후행 체언 수식 기능에 초점을 맞췄다. 개별 관형사 속성에 따라 결합 양상과 결합 제약을 면밀히 살펴보았다.

제4장은 한국어 관형사의 중국어 대응 양상에 관한 내용이었다. 한국어 지시관형사 '이, 그, 저', '이런, 그런, 저런', '무슨, 어떤, 어느', '다른', '지지난', '오른, 왼', '여느'; 수관형사 '한', '두', '모든'; 성상관형사 '새', '맨', '대모한' 등을 선정하여 그들이 후행 체언과 결합할 때 대응하는 중국어 표현의 양상을 살펴봤다.

제5장에서는 한국어 관형사 수식 명사구와 중국어 대응 표현에 대한 대조 결과를 논의하였다. 첫째, 한국어 관형사와 중국어 대응어는 모두 전치적 관형어 특성을 지닌다. 둘째, 관형사 간의 통합 순서와 중국어 대응 표현의 수식 순서는 일치한다. 셋째, 한국어 관형사의 후행 성분 중 의존명사가 있다. 넷째, 한국어 관형사의 중국어 대응어는 품사가 다르다. 다섯째, 중국어 대응어의 관형어 구조에 양사가 출현하는 현상이 나타난다. 여섯째, 중국어 대응어의 관형어 구조에 구조조사 '的'가 출현하는 현상이 나타난다.

한국어 관형사 수식 명사구와 중국어 대응 표현의 대조 결과를 토대로 이들의 어순의 일치성, 구조적 특성을 밝혔다. 우선 한국어 관형사 수식 명사구와 중국어 대응 표현의 어순의 일치성을 밝혔다. 중국어와 한국어는 완전히 다른 언어 유형이라는 오해와 선입견이 있기에 중국인 학습자들은 학습 초기부터 부담을 갖고 시작한다. 일반적으로 명사구의 수식 성분은 명사의 앞에 오거나 뒤에 오는 두 가지 어순만을 선택할 수 있다. SVO 유형의 언어인 중국어와 SOV 유형의 언어인 한국어의 수식 구성에서 명사와 수식어의 배열 순서에 차이가 있을 것 같지만 본 연구를 통해 중국어는 한국어와 수식 구조, 특히 어순이 매우 유사함을 확인하였다. 결과적으로 한국어 관형사 수식 명사구와 중국어 대응 표현의 어순이 일치함을 밝혔다.

그리고 한국어 관형사 수식 명사구에는 관형어적 문법 표지가 결여되고 중국어 대응 표현에는 관형어적 문법 표지가 나타난다. 본 연구를 통해 중국어 양사와 구조조사 '的'가 배타적 분포 양상을 보임을 확인하였다. 중국어 대응 표현에 관한 논의를 토대로 양사구와 수식구의 구조 형식을 구조화하면 '수식어+문법 표지+명사'이다. 한국어 관형사 수식 명사구의 중국어 대응 표현이 양사구일 때 '的'는 출현이 불가능하고 수식구일 때 '的'가 출현할 수 있다. 즉, 양사구에 구조조사 '的'가 나타나지 않고 수식구에 양사가 나타나지 않는다. 본 연구는 양사와 구조조사 '的'의 공통적 문법 기능을 지닌 상보적 관형어 표지라고 본다.

따라서 한국어를 배우는 학습자를 위해 한국어 관형사와 중국어의 대응 양상을 대조함으로써 관형사의 속성을 더욱 선명하게 밝혔다.

강국량(2012), 「한국어 '―적(的)'의 교육 내용 구축과 교육 방안 연구」, 경희대학교 석사학위 논문.

강병규(2011), 「중국어 명사구 어순에 대한 언어 유형론적인 고찰」, 『중국문학』 제69집, 한국중국어문학회, 175~207쪽.

강병진(2005), 「현대 중국어 관형어 연구」, 성균관대학교 석사학위 논문.

강은국(1995), 『조선어 접미사의 통사적 연구』, 서울 : 박이정.

강현화 외(2003), 『대조분석론 : 한국어·스페인어 문형 대조를 바탕으로』, 서울 : 역락.

─────(2017), 「중국인 한국어 학습자 말뭉치에 나타난 중간언어 분석 연구」, 『언어사실과 관점』 제41권, 연세대학교 언어정보연구원, 5~47쪽.

경연(2011), 「한국어 접미사 '―적'과 중국어 구조조사 '的'의 대조 연구」, 창원대학교 석사학위 논문.

계봉우(1947), 『조선문법』 권1, 러시아 사회과학원 동방학연구소 소장 유인본.

고영근(1973), 「현대국어의 접미사에 대한 구조적 연구 : 접미적 파생법의 기술방법을 중심으로」, 『어학연구』 제9권 제1호, 한국언어학회, 64~74쪽.

─────(1987), 『표준 중세국어문법론』, 서울 : 탑출판사.

─────(1989), 『국어형태론연구』, 서울 : 서울대학교 출판부.

─────(1998), 『한국어문운동과 근대화』, 서울 : 탑출판사.

고영근·구본관(2008), 『우리말 문법론』, 경기 : 집문당.

고영근·남기심(1985), 『표준국어문법론』, 서울 : 탑출판사.

고춘화(2011), 「현대 중국어 부사 '最'의 의미 기능 연구」, 서울대학교 석사학위 논문.

곽추문(1996), 「한국어 분류사 연구」, 성균관대학교 박사학위 논문.

구본관(1999), 「파생접미사의 범위」, 『형태론』 제1권 제1호, 형태론학회, 1~23쪽.

―――(2001), 「수사와 수관형사의 형태론」, 『형태론』 제3권 제2호, 형태론학회, 265~284쪽.

권영달(1941), 『조선어문정체』, 서울 : 덕흥서림.

근보강(2010), 「한·중 분류사 대조와 한국어 분류사 교육」, 『한국언어문화학』 제7권 제2호, 국제한국언어문화학회, 1~20쪽.

금지혜(1992), 「한·일 양국어의 접미사비교연구: 「-的(적)」을 중심으로」, 건국대학교 석사학위 논문.

기주연(1994), 『근대국어 조어론 연구(Ⅰ)』, 서울 : 태학사.

김광조(2004), 「북경 중국어 명사 어구의 통사 구조와 그 지시에 관하여」, 『중국학』 제26집, 대한중국학회, 1~24쪽.

김광해(1995a), 『국어 어휘론 개설』, 서울 : 집문당.

―――(1995b), 『어휘 연구의 실제와 응용』, 서울 : 집문당.

김군(2013), 「한국어 관형사의 중국어 대응 양상 연구」, 숭실대학교 석사학위 논문.

김규철(1980), 「한자어 단어 형성에 관한 연구」, 서울대학교 석사학위 논문.

―――(2005), 『단어형성과 도상성에 대한 연구』, 서울 : 박이정.

김근수(1947), 『바로 읽고 바로 쓰는 법』, 서울 : 학연사.

김기복(1999), 「국어의 관형어 연구」, 충남대학교 박사학위 논문.

김기석(2016), 「대조언어학과 언어유형론」, 국제한국언어문화학회 제21차 국제학술대회, 24~37쪽.

김계곤(1996), 『현대국어의 조어법 연구』, 서울 : 박이정.

김두봉(1916), 『조선말본』, 서울 : 탑출판사.

김두봉(1924), 『깁더 조선말본』, 서울 : 탑출판사.

김래영(2000), 「국어 관형사 연구」, 충남대학교 석사학위 논문.

김명광(2014). 「사용 어휘적 측면에서 바라본 어휘 교육에 대한 일고」, 『학습자중심교과 교육연구』 제14권 제1호, 학습자중심교과교육학회지, 241~266쪽.

김민국(2010), 「수관형사 '한'의 통시적 고찰」, 『한국언어문학』 제75집, 한국언어문학회, 27~52쪽.

김민수(1955), 『국어문법』, 서울 : 탑출판사.

─────(1981), 『신국어학』, 서울 : 일조각.

김민진(2010), 「관형사와 접두사의 범주 설정에 관한 연구」, 동아대학교 석사학위 논문.

김병일(1992), 「국어 명사구의 내적 구조」, 『우리말 연구』 제2집, 우리말글학회, 77~96쪽.

김선미(2007), 「한국어 관형사의 통사기능과 범주에 관한 고찰」, 『프랑스문화예술연구』 9권 3호, 프랑스문화예술학회, 73~101쪽.

김선효(2002), 「'－적'형의 통사적 범주와 의미」, 『冠嶽語文研究』 제27집, 서울대학교 국어국문학과, 207~223쪽.

─────(2004), 「어휘화한 관형사의 특성과 그 유형」, 『형태론』 제6권 제2호, 형태론학회, 339~354쪽.

─────(2011), 『한국어 관형어 연구』, 서울 : 역락.

김숙이(1998), 「국어 관형사 연구」, 단국대학교 석사학위 논문.

김영민(2011), 「현대 중국어 명사구 양화 표현이 나타내는 양의 성격 고찰」, 『중국언어연구』 37권, 한국중국언어학회, 139~159쪽.

김영복(2005), 「현대 중국어 수사 연구」, 군산대학교 석사학위 논문.

김영희(1976), 「한국어 수량화 구문의 분석」, 『언어』 1권 2호, 한국언어학회, 89~112쪽.

김완진·이병근(1979), 『인문계 고등학교 문법』, 서울 : 박영사.

김용석(1986), 「접미사 '－적'의 용법에 대하여」, 『배달말』 제11권, 배달말학회, 73~90쪽.

김윤경(1948), 『나라말본』, 서울 : 탑출판사.

김원경(2013), 「체언 수식 부사의 범주와 자질」, 『언어학연구』 29권, 한국중 원언어학회, 27~52쪽.

김인균(2003), 「관형 명사구의 구조와 의미 관계」, 『국어학』 제41권, 국어학 회, 197~223쪽.

김재문(1976), 「[N+的]류 명사에 대한 형태 통사론적 고찰」, 『논문집』, 청주 교육대학교, 155~172쪽.

김정렬 외(2012), 『코퍼스언어학과 영어교육』, 서울 : 한국문화사.

김주상(2010), 「용언 활용형에서 기원한 관형사 연구」, 서울대학교 석사학 위 논문.

김현지(2014), 「한국어 '수식어+명사' 구조 사용 양상 연구」, 『언어와 문화』 제10권 1호, 한국언어문화교육학회, 29~54쪽.

김현철(2001), 「현대중국어 정도부사 비교 연구 : 很, 太, 挺, 非常을 중심으 로」, 『중국어문학논집』 제17호, 중국어문학연구회, 295~330쪽.

──(2003), 「몇 가지 중국 어법 용어 정의 문제에 대하여」, 『중국어문학 논집』 제24호, 221~233쪽.

김현철·김시연(2002), 『중국어학의 이해』, 서울 : 학고방.

김현철·양영매(2013), 「한대 중국어 의문대사 호응식 의문대사의 양화의미 연구」, 『중국어문학논집』 제78호, 93 -110쪽.

김형정(2010), 「선행명사구의 유정성과 조사 「에게/에」의 선택」, 『언어사실 과 관점』 제26권, 연세대학교 언어정보연구원, 141~195쪽.

김희상(1909), 『초등국어어전』, 경성 : 유일서관.

김희선(1985), 「체언 수식 부사의 의미 분석」, 『한글』 제187호, 한글학회, 123~140쪽.

남기심·고영근(2005), 『표준 국어문법론(개정판)』, 서울 : 탑출판사.

──(2011), 『표준 국어문법론(제3판)』, 서울 : 탑출판사.

남길임(2009), 「텍스트 장르와 접미사의 사용 양상」, 『한글』 283, 한글학회, 63~91쪽.

남지순(2001), 「명사 전자사전 어휘부 구성을 위한 어기, 접사, <X-的>의 연구」, 『한국어학』 제13집, 한국어학회, 121~150쪽.

노명희(1997), 「한자어 형태론」, 『국어학』 제29집, 국어학회, 309~339쪽.

─── (2003), 「어근류 한자어의 문법적 특성」, 『어문연구』 제31집 2호, 한국어문교육연구회, 73~96쪽.

─── (2005), 『현대국어 한자어 연구』, 서울 : 태학사.

노순점(2003), 「중국어 형용사의 어법특징 및 기능」, 『인문과학논총』 제11권, 순천향대학교 인문과학연구소, 63~75쪽.

─── (2005), 「중국어 수사의 어법 특성 및 기능」, 『순천향 인문과학논총』 16권, 순천향대학교 인문학연구소, 161~173쪽.

도수희(1976), 「'이, 그, 저'의 품사 문제」, 『어문연구』 제9권, 충남대학교 문리과대학 어문연구회.

동뢰(2009), 「접미사 '－적'에 대한 연구」, 한림대학교 박사학위 논문.

로창(2017), 「한국어 관형사의 형태·통사 특성 연구」, 강원대학교 석사학위 논문.

리꽝(2012), 「한국어 관형사의 하위분류에 대하여」, 『중국조선어문』 제5호, 동북3성조선어문협의지도소조 기관지, 38~45쪽.

리우완잉(2017), 「유형론적 관점에서 다시 본 한국어 관형사의 품사 처리 문제」, 『이중언어학』 제66호, 이중언어학회, 1~26쪽.

마문나(2005), 「현대 중국어 구별사 연구」, 성균관대학교 석사학위 논문.

목정수(2002), 「한국어 관형사와 형용사 범주에 대한 연구」, 『언어학』 제31호, 한국언어학회, 71~99쪽.

─── (2003), 『한국어 문법론』, 서울 : 월인.

─── (2008), 「일본어 형용사와 형용동사의 유형론적 함의」, 『언어연구』 제25집 제3호, 경희대학교 언어연구소, 23~37쪽.

─── (2009), 「한국어 명사성 형용사의 설정 문제」, 『국어교육』 제128호, 한국어교육학회, 387~418쪽.

─── (2013), 『한국어, 보편과 특수 사이』, 파주 : 태학사.

민경모(2008), 「한국어 지시사 연구」, 연세대학교 박사학위 논문.

박다래(2014), 「'一(양사)+NP' 주어의 한정성 고찰」, 『중국어문논총』 제65권, 중국어문연구회, 129~165쪽.

박병선(2004), 「한국어 지시관형사의 사용 양상 연구」, 『언어과학연구』 제 28집, 언어과학회, 61~78쪽.

박승빈(1931), 『조선문법론강의요지』, 서울 : 탑출판사.

─── (1935), 『조선어학』, 조선어학연구회.

박영섭(1995), 『국어한자어휘론』, 서울 : 박이정.

박영환(1990), 「지시어 '저'의 의미 기능」, 『한남어문학』 제16권, 한남대학 교 한남어문학회, 85~101쪽.

박은석(2015), 「구별사와 관형사와 연체사 비교 연구」, 『중어중문학』 제61 집, 한국중어중문학회, 391~427쪽.

박정구(2010), 「구별사의 분석을 통한 중국어 품사의 전형성에 대한 기능 적, 동태적 고찰」, 『중국문학』 제62집, 한국중국어문학회, 265~290 쪽.

─── (2012), 「유형론적 관점에서 본 중국어 분류사의 발전 및 그와 한국 어의 관련성」, 『국어학』 제63집, 국어학회, 391~412쪽.

박창수(2007), 「'這, 那'와 '이, 그, 저' 대조 연구」, 『중국어문논역총간』 제 20집, 중국어문논역학회, 75~96쪽.

박창해(1946), 『쉬운 조선말본』, 서울 : 탑출판사.

박태윤(1948), 『중등 국어문법』, 서울 : 탑출판사.

박호관(2001), 「국어 명사구의 유형과 통사 구조」, 『우리말글』 제23집, 우리 말글학회, 25~49쪽.

배진영(2010), 「관형사 범주 설정에 대한 논의 : 체언 수식 용언 활용형을 중심으로」, 『국어교육연구』 제47집, 국어교육학회, 165~188쪽.

서병국(1973), 「중국 운학이 훈민정음 제정에 미친 영향에 관한 연구」, 『교 육연구지』 15.

서상규(1998), 「말뭉치 분석에 기반을 둔 낱말 빈도의 조사와 그 응용 : '연 세 말뭉치'를 중심으로」, 『한글』 제242집, 한글학회, 225~270쪽.

서상규·한영균(1999), 『국어정보학입문』, 서울 : 태학사.

서정수(1994), 『국어문법』, 서울 : 뿌리깊은 나무.

─── (2005), 『한국어의 부사』, 서울 : 서울대학교 출판부.

──(2006), 『국어문법』, 서울 : 한세본.

서정호(2017), 「『표준국어대사전』의 고유어 접두사 연구」, 『동악어문학』 제 71집, 한국어문학연구학회, 221~251쪽.

서허(2009), 「한국어 '-적'과 중국어 '的'의 대조 연구」, 서울시립대학교 석 사학위 논문.

서형국(2009), 「관형사 '단'에 관하여」, 『우리어문연구』 35집, 우리어문학회, 189~220쪽.

──(2010), 「국어 관형사의 문법사 연구 시론」, 『국어사연구』 제10호, 국 어사학회, 199~231쪽.

서흠금(2015), 「한·중 정도부사의 대조 연구」, 서울대학교 석사학위 논문.

石綿敏雄·高田誠(2007), 『대조언어학』, 오미영 역, 서울 : (株) J&C.

설은정(2003), 「수관형사 연구」, 동아대학교 석사학위 논문.

성근춘(2006), 「한·중 접미파생어 대조 연구」, 경희대학교 석사학위 논문.

소일나(2014), 「한국어 의문관형사 '무슨', '어떤', '어느'의 사용 양상 분석 연구」, 한국외국어대학교 석사학위 논문.

손영(2017), 「중국어 구별사의 오류 분석 및 교수·학습방안 연구」, 한국외 국어대학교 석사학위 논문.

송문령(2015), 「중국인 학습자를 위한 한국어 관형사 교육 방안 연구」, 중 앙대학교 석사학위 논문.

송철의(1983), 「派生語形成과 통시성의 문제」, 『국어학』 제12집, 국어학회, 47~72쪽.

──(1992), 『국어의 파생어형성연구』, 서울 : 태학사.

신명균(1933), 『조선어문법』, 『역대한국문법대계』 1부 23책, 서울 : 탑출판 사.

심의린(1949), 『개편 국어문법』, 『역대한국문법대계』 1부 24책, 서울 : 탑출 판사.

심재기(1982), 『국어어휘론』, 서울 : 집문당.

──(1990), 「한자어의 구조와 그 조어력」, 『국어생활』 제8집, 국립국어 원, 25~39쪽.

안병희·이광호(1990), 『중세국어문법론』, 서울 : 학연사.

안소진(2004), 「한자어 접두사에 대한 연구」, 서울대학교 석사학위 논문.

안연령(2011), 「한·중 관형어의 대비 연구」, 충남대학교 석사학위 논문.

양명희(1998), 「부사의 사전적 처리에 대하여」, 『한국어학』 제8권, 173~206 쪽.

염재일(2007), 「두 특정성 표시 '어떤'과 '한'에 대한 고찰」, 『언어와 정보』 11권2호, 한국언어정보학회, 23~47쪽.

오문의(1990), 「현대 중국어 '非謂形容詞' 특성의 고찰」, 『중국문학』 제18집, 한국중국어문학회, 329~344쪽.

────(2014), 「'것'과 '的'」, 『중국문학』 제80집, 한국중국어문학회, 255~280 쪽.

오선자(2006), 「조선어 관형사와 한어 구별사의 비교 고찰」, 『중국조선어 문』 142호, 동북3성조선어문협의지도소조 기관지, 16~20쪽.

왕남(2013), 「현대 중국어 수사 '一'의 의미에 나타난 기능 연구」, 연세대학 교 박사학위 논문.

왕문용·민현식(1993), 『국어문법론의 이해』, 서울 : 개문사.

왕옥주(2011), 「중국어 '적'에 대응하는 한국어 표현 연구」, 인제대학교 석 사학위 논문.

우형식(1996), 「분류사의 수량 명사구 분석」, 『한어문교육』 제4호, 한국언어 문화교육학회, 373~388쪽.

────(2003), 「동아시아 주요 언어에 나타나는 수분류사 구성 형식의 대 조」, 『언어학』 제28권 제3호, 한국언어학회, 427~449쪽.

────(2005), 「한국어 분류사의 원형론적 분석」, 『우리말연구』 제17권, 우 리말학회, 71~95쪽.

유가연·우인혜(2015), 「일본어 명사 구조 '명사+の+명사'에 대응하는 한국 어 표현 구조 연구」, 『언어와 정보사회』 25권, 서강대학교 언어정보 연구소, 95~117쪽.

유길준(1897), 『조선문전』, 서울 : 탑출판사.

유순희(1998), 「한국어의 '-적'에 대한 연구」, 서울대학교 석사학위 논문.

유양(2014), 「『도가니』와 ≪熔爐≫의 지시관형사 대조 연구」, 경희대학교 석사학위 논문.

유창돈(1965), 「관형사사 고구」, 『국어국문학』 제30권, 국어국문학회, 1~20 쪽.

유현경(2008), 「관형사 '한'에 대한 연구」, 『국어학』 제53집, 국어학회, 65~86쪽.

유현경·황은하(2010), 「병렬말뭉치 구축과 응용」, 『언어정보와 사전편찬』 제25권, 연세대학교 언어정보연구원, 5~36쪽.

유효려(2006), 「한국어와 중국어의 지시어 비교 연구」, 목포대학교 석사학위 논문.

이경(2004), 「한국어의 형용사성 명사 설정 가능성에 관한 탐색적 연구」, 『문법교육』 제20권, 한국문법교육학회, 223~248쪽.

이관규(2008), 『학교문법론』, 서울 : 월인.

이광호(2007), 「국어 파생접사의 생산성에 대한 계량적 연구」, 서울대학교 박사학위 논문.

이규영(1920), 『현금 조선문전』, 서울 : 탑출판사.

이규호(2008), 「체언 수식 부사」, 『국어학』 51권, 국어학회, 3~28쪽.

───(2015), 「관형사의 하위분류」, 『국어학』 제74집, 국어학회, 207~232쪽.

이금희(2014), 「체언 수식 부사의 발생과 의미」, 『반교어문연구』 38권, 반교 어문학회, 277~310쪽.

이병모(1995), 「현대 국어 의존명사의 형태론적 연구」, 경상대학교 박사학위 논문.

이사교(2009), 「한·중 직시어 대조 고찰 : '이·그·저'와 '這·那'를 중심 으로」, 전남대학교 석사학위 논문.

이상춘(1925), 『조선어문법』, 서울 : 탑출판사.

───(1946), 『국어문법』, 서울 : 조선국어학회.

이상혁(1991), 「'-적' 파생어의 형태 통사론적 고찰」, 고려대학교 석사학위 논문.

이석주(1994), 『국어형태론』, 경남 : 한샘.

이수미(2008), 「현대 국어 관형사 연구」, 연세대학교 석사학위 논문.

이수미・김민국(2009), 「새로운 유형의 관형사 설정에 관한 연구」, 『한말연구』 제24권, 한말연구학회, 165~195쪽.

이숭녕(1956), 『국어학사』, 『사상계』 4권 6호~12호(통권 36~41).

이연옥(2014), 「'-만큼' 동등 비교 구문 연구」, 『어문학』 제125집, 한국어문학회, 95~116쪽.

이영헌(2002), 「양화 명사구와 조응에 관한 연구」, 『언어학』 10권 2호, 대한언어학회, 43~65쪽.

이운재(2015), 「유형학적 관점에서 본 중국어 명사구의 지시적 특징」, 『중국문학』 제82집, 한국중국어문학회, 241~261쪽.

이은섭(2011), 「체언 선행 부사에 대한 관견」, 『국어학』 61권, 국어학회, 291~321쪽.

이은성(2012), 「한・중 형용사의 대조 연구」, 고려대학교 석사학위 논문.

이익섭(1973), 「국어 수사양구의 통사 기능에 대하여」, 『어학연구』 제9권 제1호, 서울대학교 언어교육원, 46~63쪽.

──(1991), 『국어학개설』, 서울 : 학연사.

──(2004), 『한국어문법』, 서울 : 서울대학교 출판부.

이익섭・채완(1999), 『국어문법론강의』, 서울 : 학연사.

이익섭・이상억・채완(1997/2003), 『한국의 언어』, 경기 : 신구문화사.

이인모(1949), 『재미나고 쉬운 새 조선말본』, 서울 : 탑출판사.

이정심(2016), 「유형론 관점에서 본 중국어 학습을 촉진시키는 긍정적 전이 자질-한국어와 중국어의 어순 일치성을 중심으로」, 『중국문학연구』 제65집, 한국중문학회, 293~317쪽.

이정택(2003), 「관형사의 품사 설정 문제」, 『한말연구』 제13호, 한말연구학회, 167~187쪽.

이주행(2006), 『한국어문법』, 서울 : 월인.

이충구(1976), 「관형사와 접두사의 한계설정」, 충남대학교 석사학위 논문.

이필수(1922), 『鮮文通解』, 서울 : 漢城圖書株式會社.

이패연(2009), 「한국어 교육을 위한 '적(的)' 파생어의 한・중 대조 연구」,

고려대학교 석사학위 논문.

이현규(1983), 「국어 관형사 사적 연구」, 『논문집』, 대구대학교, 53~84쪽.

이현희(2009), 「관형사의 접두사 범주로의 이동양상 연구」, 『국어국문학』 제152호, 국어국문학회, 219~254쪽.

이해윤(2003), 「코퍼스를 이용한 독일어 연구 : 정량적 분석의 응용사례」, 『독일문학』 88, 한국독어독문학회, 390~408쪽.

이화진(2011), 「대조언어학적 접근과 언어 보편성을 통한 한국어 단모음 교육 순서」, 『문법교육』 제15집, 한국문법교육학회, 285~305쪽.

이희승(1949), 『초급 국어 문법』, 서울 : 탑출판사.

이희승(1956), 『고등 문법』(재판), 서울 : 일조각.

임룡(2013), 「한국어와 중국어의 지시어 대조 연구 : '이, 그, 저'와 '这, 那'를 중심으로」, 영남대학교 석사학위 논문.

임유종(2005), 「관형사의 어울림 관계에 따른 하위 유형」, 『텍스트언어학』 제18권, 한국 텍스트언어학회, 205~229쪽.

───(2007), 「관형사의 사용 양상과 한국어 교육」, 『한국언어문화』 제34집, 한국언어문화학회, 381~407쪽.

임홍빈(1998), 『국어 문법의 심층3 – 어휘 범주의 통사와 의미』, 서울 : 태학사.

YI CHAO(2015), 「말뭉치 기반으로 한 한국어 시간관계 연결어미와 중국어 대응 양상 연구」, 연세대학교 박사학위 논문.

장건진(2011), 「'–적(的)'의 용법에 대한 한중 대조」, 한양대학교 석사학위 논문.

장경희(1980), 「지시어 '이, 그, 저'의 의미 분석」, 『어학연구』 제16권 제2호, 서울대학교 어학연구소, 167~184쪽.

장선주(2012), 「'最'의 어법화 연구」, 『동아인문학』 22권, 동아인문학회, 33~51쪽.

장영희(2001), 「국어 관형사의 범주와 기능」, 『한국어 의미학』 제8집, 한국어의미학회, 201~220쪽.

장하일(1947), 『중등새말본』, 『역대한국문법대계』 1부 29책, 서울 : 탑출판사.

———(1949), 『표준말본』, 서울 : 종로서관.

전정예(2013), 「유형론적 관점에서 본 한국어와 중국어의 어순 비교」, 『한
　　　말연구』 제32호, 한말연구학회, 177~211쪽.

정길남(1983), 「관형사의 대한 고찰 : 학교 문법서를 중심으로」, 『문리논총』
　　　제1집, 19~36쪽.

정수현(2017), 「관형사와 접두사 경계의 모호성 고찰」, 『인문과학연구』 제
　　　52집, 강원대학교 인문과학연구소, 267~292쪽.

정승영(2001), 「영어 전치 수식어의 유형과 어순 고찰」, 『교육이론과 실천』
　　　제11권 제1호, 경남대학교 교육문제연구소, 283~294쪽.

정열모(1946), 『신편 고등국어문법』, 서울 : 탑출판사.

정우영·양호(2013), 「한국어와 중국어 수량 표현구의 구조 비교」, 『철학·
　　　사상·문화』 제16호, 동서사상연구소, 189~216쪽.

정인승(1949), 『표준 중등 말본』, 서울 : 탑출판사.

———(1956), 『표준 고등 말본』, 서울 : 신구문화사.

조남호(1988), 「현대국어의 파생접미사 연구-생산력이 높은 접미사를 중심
　　　으로」, 서울대학교 석사학위 논문.

조미경(1992), 「현대국어의 관형사연구」, 전남대학교 석사학위 논문.

조순애(2011), 「중국어 '這/那'와 한국어 '이/그/저'의 대비 연구」, 충남대학
　　　교 석사학위 논문.

주경희(1992), 「국어 대명사의 담화분석적 연구」, 서울대학교 박사학위 논
　　　문.

주시경(1910), 『국어문법』, 서울 : 탑출판사.

주위(2018), 「말뭉치 기반 한국어 지시관형사와 중국어 지시대사 대조 연
　　　구」, 『인문학연구』 110권, 충남대학교 인문과학연구소, 25~46쪽.

———(2018), 「한국어 수관형사 '한', '모든'의 중국어 대응 양상 연구」, 『언
　　　어사실과 관점』 44권, 연세대학교 언어정보연구원, 419~440쪽.

지앙지엔(2014), 「한국어 학습자를 위한 한국어 관형사 교육방안 연구」, 청
　　　주대학교 석사학위 논문.

진봉매(2010), 「한・중 분류사 및 수량명사구의 대비 연구」, 아주대학교 석사학위 논문.

채옥자(2013), 「한국어의 수량 범주와 그 표현 양상」, 『국어학』 제68집, 국어학회, 225~251쪽.

채완(1982), 「국어수량사구의 통시적 고찰」, 『진단학보』 제53권, 진단학회, 155~170쪽.

최광옥(1908), 『대한문전』, 서울 : 탑출판사.

최웅환(2013), 「관형사의 문법적 특징」, 『어문학』 제121집, 한국어문학회, 107~136쪽.

최유택(2002), 「국어 관형사의 특성에 대한 연구」, 충남대학교 석사학위 논문.

─── (2014), 「국어 관형어 연구」, 충남대학교 박사학위 논문.

최정은(1977), 「현대 국어의 접미사에 대한 분류기준 연구」, 이화여자대학교 석사학위 논문.

최정진(2016), 「명사구와 관련된 정보구조와 한정성의 상관관계」, 『한국어 의미학』 제54권, 한국어의미학회, 151~173쪽.

최종원(2011), 「한국어 지시 관형사의 통합 관계 연구」, 울산대학교 석사학위 논문.

최정화(2014), 「한국어 관형사와 중국어 구별사 대조 연구」, 서울시립대학교 석사학위 논문.

최현배(1934), 『중등조선말본』, 서울 : 탑출판사.

─── (1936), 『중등교육조선어법』, 서울 : 탑출판사.

─── (1937/1961), 『우리말본』, 서울 : 정음문화사.

최형강(2007), 「접두사 '생-, 날-, 맨-' 결합어의 의미 비교」, 『한국어 의미학』 제24집, 한국어의미학회, 275~296쪽.

최형용(2010), 「품사의 경계-조사, 어미, 어근, 접사를 중심으로」, 『한국어학』 47, 한국어학회, 61~92쪽.

최홍열(2014), 「성상관형사의 범주 설정에 관한 일고찰」, 『어문논집』 제59집, 중앙어문학회, 85~122쪽.

추애방(2012),「한중 한자어 접두사 특성에 대한 연구」,『중국학논총』38권, 고려대학교 중국학연구소, 91~120쪽.

한송화(1999),「수사와 수량사구」,『사전 편찬학 연구』제9집, 연세대학교 언어정보개발연구원, 265~190쪽.

한영목(1985),「관형사와 접두사의 관한 연구」, 목원대학교논문집』제8집, 목원대학교, 105~127쪽.

한용운(2004),「접두사와 관형사의 상관관계」,『불교어문논집』제9집, 161~178쪽.

허웅(1977),『언어학개론』, 서울 : 정음문화사.

──(1981/2009),『언어학─그 대상과 방법』, 서울 : 샘문화사.

──(1995/2000),『20세기 우리말의 형태론』, 서울 : 샘문화사.

──(2009),『국어학(우리말의 오늘·어제)』, 서울 : 샘문화사.

허웅·김선정(2013),『대조언어학』, 서울 : 소통.

호결(2011),「한국어와 중국어 지시어에 관한 대조 연구 : 한국어 '이, 그, 저'와 중국어 '這/那' 중심으로」, 한양대학교 석사학위 논문.

홍기문(1947),『조선문법연구』, 서울 : 탑출판사.

홍성채(2010),「'-적' 파생어의 효과적인 한국어 교육 방안」, 계명대학교 석사학위 논문.

홍용철(2010),「한국어 명사 외곽 수식어들의 어순과 명사구 구조」,『생성문법연구』제20권 제1호, 한국생성문법학회, 27~50쪽.

홍윤표(2012),『국어정보학』, 서울 : 태학사.

황선희(2014),「한국어 관형사형과 중국어 '적'의 대비를 통한 관형사형 교육 연구」, 충남대학교 석사학위 논문.

황문환(2002),「현대 국어 관형사의 어휘사적 고찰」,『한국문화』제29집, 규장각한국학연구소, 1~19쪽.

황은하(2016).「말뭉치 기반 한외 대조언어학 연구에 대한 일고찰」,『어문론총』69권, 한국문학언어학회, 39~72쪽.

──(2017).「언어 간 연구를 위한 대응어 주석 말뭉치의 구축과 활용」,『언어와정보』제21권 제2호, 연세대학교 언어정보연구원, 137~157

쪽.

황화상(2009), 「관형사와 부사의 품사 설정에 대하여」, 『한국어학』 제42호, 한국어학회, 317~344쪽.

Aijmer, K. & Altenberg, B. (eds.)(1996), 「Text-based contrastive studies on English Presentation of a project. Lexis in Contrast. Corpus-based approaches」. Amsterdam: Benjamins, pp.73~85.

Aikhenvald, Alexandra Y.(2000), *Classifiers: A Typology of Noun Categorization Devices*, London: Oxford University Press.

Alsina, V & DeCesaris, J.(2002), *Billingual lwxicography, overlapping polysemy and corpus use, In B. Altenberg and S. Granger(ed.)*, Newbury House.

Altenberg, B. & S. Granger(2002), *Lexis in Constast. Corpus-based approaches, Amsterdam & Philadelphia,* Benjamins.

Charles N. Li & Sandra A. Thompson(1981), *Mandarin Chinese: A Functional Reference Grammar*, California: California Press; 박정구 외(2007), 『표준중국어문법』, 서울 : 한울.

Graeme Kennedy(2000), *An Introduction to Corpus Linguistics*, 北京 : 外語教學與研究出版社 ; 안동환 역(2010), 『코퍼스언어학개론』, 서울 : 한국문화사.

Greenberg(1963), *Universals of Language.* London: MIT Press.

Johansson & Hofland(1994), "*Coding and aligning the English-Norwegian Parallel Corpus. In A Aijmet et al(eds)*". Languagein Contrast, 1(2), pp.87~112.

Lado, R.(1957), *Linguistics across cultures: Applied linguistics for language-teachers*, University of Michigan Press.

Leech, G(1992), *Corpora and Theories of Linguistic Performance*, Mouton de Gruyter.

Lindasy J. Whaley(1997), *Introduction to Typology*, Thousand Oaks: Sage Publications; 김기혁 역(2008), 『언어유형론』, 서울 : 소통.

Marianne Celce-Murcia(2001), *Teaching English as a Second or Foreign*

Language(Third Edition), Heinle & Heinle Publisher.

Martin, S. E.(1992), *A Reference Grammaar of Korean*, Charles E. Tuttle Company.

Meyer, C. F.(2002), *English corpus linguistics: An introduction*, Cambridge University Press.

Paul J. Hopper, Elizabeth Closs Traugott(1993), *Grammaticalization*, Cambridge: Cambridge University Press; 김은일 외(1999), 『문법화』, 서울 : 한신 문화사.

Ramat, P.(1987), *Linguistic typology*, Mouton de Gruyter: Berlin.

Ridel(1881), *Grammaire coréenne*, 『역대한국문법대계』 2부 6책, 서울 : 탑출 판사.

Scott(1887), *A Corean Manual, or Phrase Book with Introductory Grammar*, 서울 : 탑출판사.

Sinclair, J(1991), *Corpus, concordance*, collection, Oxford University Press.

Underwood(1890), *An Introduction to the Korean Spoken Language*, 『역대 한 국문법대계』 2부 3책, 서울 : 탑출판사.

白水振(1994), 「漢語篇章銜接研究」, 香港遠東學院 博士論文.

北京大學中文系 現代漢語教研室 編(1993), 『現代漢語』, 北京 : 商務印書館; 김 애영·김현철·소은희·심소희 역(2007), 『현대한어』, 서울 : 차이나 하우스.

陳曉明·姜祝青·羅思明(2014), 「上上」的語義、句法功能的歷時演變」, 『現代語 文 : 下旬。 語言研究』 第5期, pp.32~34.

陳校語(2014), 「韓語語法教材中冠形詞及其相關概念的研究」, 『産業與科技論壇』 第13卷 第3期.

儲澤祥·劉街生(1997), 「細節顯現」與「副+名」, 『語文建設』(6).

崔奉春(1989), 『朝漢語語彙對比』, 延邊 : 延邊大學出版社.

崔紅華(2011), 「朝鮮語冠形詞的來源及結構特點」, 『民族語文』 第2期, pp.74~80.

丁聲樹 외(1999), 『現代漢語語法講話』, 北京 : 商務印書館.

范曉(2000), 『短語』, 北京 : 商務印書館 ; 박미애 역(2007), 『구』 서울 : 차이나

하우스.

郭銳(2001),「漢語詞類劃分的論證」,『中國語文』第6期, pp.494~507.

郭銳(2002),『現代漢語詞類硏究』, 北京：商務印書館.

郭毅(2011),「漢語區別詞和相關詞類的共性和個性的硏究」, 湖南師範大學碩士學
　　　位論文.

郝永冰(2017),「韓國學生指示代詞「其他'另外'別的」習得情況考察」, 山東師
　　　範大學 碩士學位論文.

韓玉國(2001),「現代漢語形容詞的句法功能及再分類」,『語言敎學與硏究』第2期.

胡裕樹(1994),「深化漢語的詞法硏究」,『語言敎學與硏究』第3期, pp.131~134.

黃伯榮·廖序東(2008a),『現代漢語(上册)』, 北京：高等敎育出版社.

黃伯榮·廖序東(2008b),『現代漢語(下册)』, 北京：高等敎育出版社.

黃伯榮·廖序東(2011),『現代漢語(增訂五版)』(上下册), 北京：高等敎育出版社.

姜芳(2015),「淺析韓國語數量敎學表達方式」,『當代敎育實踐與敎學硏究』(06).

金晶·石定栩(2015),「句法'語義和語用的互動」,『外語敎學與硏究』47(2),
　　　pp.204~213.

金立鑫(2011),『甚麼是語言類型學』, 上海：上海外語敎育出版社; 최재영 외 역
　　　(2015),『언어유형론이란 무엇인가』, 서울：한국문화사.

具珉正(2005),「漢語'韓語中數詞'一'的非數量用法比較」,『河南社會科學』第13
　　　卷, pp.167~168.

李宇明(1996),「非謂形容詞的詞類地位」,『中國語文』第1期, pp.1~9.

李宇明(2002),『語法硏究錄』, 北京：商務印書館.

劉慶偉(2009),「現代漢語區別詞硏究述平」,『內蒙古大學學報』第41卷 第1期,
　　　pp.115~119.

劉淑娥(1981),「普通 平常 一般」,『語言敎學與硏究』第1期, pp.90~92.

劉月華·潘文娛·故韡(2001),『實用現代漢語語法』, 北京：商務印書館; 김현철
　　　·박정구·오문의·최규발 역(2005),『실용현대한어어법』, 서울：송
　　　산출판사.

劉月華·潘文娛·故韡(2009),『實用現代漢語語法』, 北京：商務印書館.

陸儉明(1984),「的₁'的₂分合問題及其他」,『語言學論叢』第5辑.

陸儉明(2005), 『現代漢語語法研究教程』, 北京：北京大學出版社; 김현철·박정구·최규발 역(2007), 『중국어 어법 연구방법론』, 서울：차이나하우스.

陸脈(2007), 「略論區別詞和形容詞的分野」, 『語言知識』 第4期, pp.81~82.

陸脈·陳茜(2006), 「區別詞和形容詞的界限淺談」, 『言語理論研究』 第2期, pp.31~33.

呂叔湘(1980), 『現代漢語八百詞』, 北京：商務印書館.

呂叔湘·饒長溶(1981), 「試論非謂形容詞」, 『中國語文』1981(2).

呂叔湘(1990), 『呂叔湘文集』, 北京：商務印書館.

呂叔湘(1994), 『試論非謂形容詞』, 北京：商務印書館.

呂叔湘(1999/2010), 『現代漢語八百詞(增訂本)』, 北京：商務印書館.

齊滬揚(1988), 「談區別詞的內部分類」, 『淮北煤炭師專學報』 第2期, pp.187~198.

齊滬揚·張素玲(2008), 「區別詞功能游離的原因」, 『漢語學習』 第4期, pp.3~10.

橋本萬太郎(하영삼 역)(1990), 『언어지리유형학』, 서울：학고방.

佘國秀(2010), 「區別詞與判定標準芻議」, 『科技信息』 第12期, pp.147~147.

沈家煊(1997), 「形容詞句法功能的標記模式」, 『中國語文』 第4期, pp.242~250.

沈家煊(2009), 「語言類型學的眼光」, 『語言文字應用』 第3期, pp.11~13.

沈秀麗(2007), 「區別詞與形容詞的界限淺談」, 『現代語文』 第6期, pp.49~50.

石毓智(1998), 「句子中心動詞及其它賓語之後謂詞性成分的變遷與量詞語法化的動因」, 『語言研究』 第1期, pp.40~54.

石毓智(2000), 「論 '的'的語法功能的同一性」, 『世界漢語教學』 第1期, pp.16~27.

石毓智(2011), 『漢語語法』, 北京：商務印書館.

石毓智·李訥(2001), 『漢語語法化的歷程』, 北京：北京大學出版社.

王保東(1998), 「論漢語非謂形容詞」, 『北方論叢』 第6期, pp.121~123.

王菊泉(2011), 『什麼是對比語言學』, 上海：上海外語教育出版社.

王昊(2013), 「受程度副詞修飾的區別詞的語義研究」, 『赤峰學院學報』 第34卷 第5期, pp.194~195.

王晶(2004), 「從語法角度看區別詞和量詞」, 『克山師專學報』 第1期, pp.96~98.

王若聰(2012), 「不同 ≪現代漢語≫ 著作中 '區別詞'的比較分析」, 『劍南文學』

(9), pp.141~141.

聞靜(2007), 「漢藏語系 '的'字結構研究」, 中央民族大學 博士學位論文.

吳之翰(1965), 「形容詞使用情況的一個考察」, 『中國語文』 第6期, pp.419~431.

吳善子(2006), 「漢語區別詞與韓語冠形詞構詞法的對比」, 『延邊教育學院學報』 第1期, pp.11~15.

吳善子(2006), 「漢語區別詞與韓國語冠形詞對比研究」, 延邊大學 碩士學位論文.

向麗(1997), 「試論區別詞與形容詞之差異」, 『涪陵師專學報社會科學版』 第2期, pp.44~45.

謝琳琳(2011), 「對外漢語教學中的區別詞」, 遼寧師範大學 碩士學位論文.

熊英・劉璐杰(2009), 「現代漢語形容詞狀態詞和區別詞的比較研究」, 『江蘇技術師範學院學報(社會科學版)』 第12期, pp.125~128.

邢福義(1997/2002), 『漢語語法學』, 長春：東北師範大學出版社.

邢福義(2002/2004), 『漢語語法三百問』, 北京：商務印書館; 김현철・유성은・김세미・조은경 역(2011), 『중국어어법 300문』, 서울：차이나하우스.

邢福義・汪國勝(2003), 『現代漢語』, 上海：華東師範大學出版社.

邢福義(2015), 『現代漢語』, 北京：高等教育出版社.

徐東振(1981), 「漢語定語助詞 '的'的朝鮮語譯法」, 『漢語學習』 第5期, pp.52~56.

徐建華(1987), 「漢語非謂形容詞的几個特點」, 『漢語學習』(4), pp.6~7.

徐陽春(2003), 「漢語虛詞 '的'及其相關結構研究」, 復旦大學 博士學位論文.

許余龍(2008), 「對比語言學研究的新趨勢´ 新思考」, 中國英漢語比較研究會第八次全國學術研討會論文集.

楊寄洲・賈永芬(2009), 『1700對近義詞語用法對比』, 北京：北京語言大學出版社.

尹斌庸(1986), 「漢語詞類的定量研究」, 『中國語文』 第6期, pp.428~436.

于根元(1991), 「副+名」, 『語文研究與應用』(1), pp.19~22.

于晶(2010), 「區別詞形態特徵簡論」, 『時代文學月刊』(5), pp.89~90.

袁毓林(1995), 「謂詞隱含及其句法後果」, 『中國語文』 第4期, pp.241~255.

張斌(2002), 『新編現代漢語』, 上海：復旦大學出版社.

張斌(2004), 『簡明現代漢語』, 上海：復旦大學出版社.

張伯江(1995), 「詞類活用的功能解釋」, 『中國語文』 第5期, pp.339~345.

張華(2009),「現代漢語區別詞」,『言語文字』第8期, p.159.

張素玲(2006),「現代漢語區別詞」, 上海師範大學 碩士學位論文.

張素玲・劉慧清(2008),「現代漢語區別詞的詞類地位」,『淮北煤炭師專學報』 第5期, pp.121~125.

張素玲(2011), 「構詞成分對區別詞功能游離的制約」,『淮北煤炭師專學』 第4期, pp.101~104.

張世濤(2004),「現代漢語聯合結構排序原則芻議」,『漢字・漢語・漢文化』, 新世界出版社.

張延俊(2015), 「再談 '數詞+量詞+名詞' 格式的來源問題」,『殷都學刊』 36－3, pp.81~85.

張誼生(1996), 「名詞的語義基礎及功能轉換與副詞修飾名詞」,『語言教學與研究』 (4).

趙燕華(2004), 「新興區別詞的語義認證及其產生發展規律」, 廣西師範大學碩士學位論文.

趙元任(2010),『漢語口語語法』, 北京：商務印書館.

朱德熙(1961a), 「關於動詞形容詞 名物化的問題」, 『北京大學學報』 第4期, pp.53~66.

朱德熙(1961b),「說 '的'」,『中國語文』第12期, pp.5~12.

朱德熙(1966),「关于說 '的'」,『中國語文』第1期, pp.25~34.

朱德熙(1978),「'的'字結構和判斷句」,『中國語文』第12期, pp.45~65.

朱德熙(1980),『現代漢語語法研究』, 北京：商務印書館.

朱德熙(1982),『語法講義』, 北京：商務印書館.

朱麗師(2015),「認知視角下的非謂形容詞研究」,『現代語文：語言研究版』第10期, pp.49~51.

〈사전류〉

국립국어원,『표준국어대사전(웹 버전)』http://stdweb2.korean.go.kr/main.jsp

김민수 외(1996),『금성국어대사전』, 서울 : 금성출판사.

연세대학교 언어정보개발연구원(1998), 『연세한국어사전』, 서울 : 두산동아.

학글학회(1993), 『우리말 큰 사전』, 서울 : 어문각.

李武英(2004), 『現代韓中中韓詞典』, 北京 : 外語敎學與硏究出版社.

李憶民(2005), 『現代漢語常用詞用法詞典』, 北京 : 北京語言大學出版社.

商務印書館 辞书研究中心修订(2007), 『新華詞典2001年修訂版』, 北京 : 商務印書館.

中國社會科學院語言硏究所詞典編輯室 編(2012), 『現代漢語詞典(第6版)』, 北京 : 商務印書館.

〈말뭉치 자료〉

연세대학교 언어정보연구원, 연세 문어 균형 말뭉치(20151210버전)

北京語言大學語料庫中心 BCC語料庫 http://bcc.blcu.edu.cn/zh/cid/0

부 록

| 부록 1 | 『표준w』 한자어 관형사 목록

각(各) (지)	간(澗) (수)(관)	경(京) (수)(관)	고(故) (성)
공(空) (수)(관)	구(九) (수)1)(관)	구(溝) (수)(관)	구(舊) (성)
구십(九十) (수)(관)	귀2)(貴) (지)	극(極) (수)(관)	근(近) (수)
기만(幾萬) (수)	기백(幾百) (수)(관)	기백만(幾百萬) (수)(관)	기십(幾十) (수)(관)
기십만(幾十萬) (수)(관)	기천(幾千) (수)(관)	나술(那術) (수)(관)	나유다(那由多) (수)(관)
나유타(那由他) (수)(관)	단(單) (성)	당(當) (지)	동(同) (지)
막(漠) (수)(관)	만(萬) (수)(관)	만(滿) (성)	만만(萬萬) (수)(관)
매(每) (지)	모(毛) (수)(관)	모(某) (지)	모모(某某) (지)
모모하(某某-) (성)	모호(模糊) (수)(관)	묘(渺) (수)(관)	무량대수(無量大數) (수)(관)
무량수(無量數) (수)(관)	미(微) (수)(관)	백(百) (수)(관)	백만(百萬) (수)(관)
벼라별(--別) (성)	별(別) (성)	별별(別別) (성)	별의별(別-別) (성)
본(本) (지)	분(分) (수)(관)	불가사의(不可思議) (수)(관)	사(四) (수)(관)
사(沙/砂) (수)(관)	사(絲) (수)(관)	사십(四十) (수)(관)	사오(四五) (수)
삼(三) (수)(관)	삼사(三四) (수)	삼십(三十) (수)(관)	수만(數萬) (수)(관)
수백(數百) (수)(관)	수백만(數百萬) (수)(관)	수삼(數三) (수)	수십(數十) (수)(관)
수십만(數十萬) (수)(관)	수억(數億) (수)(관)	수억만(數億萬) (수)(관)	수유(須臾) (수)
수조(數兆) (수)(관)	수천(數千) (수)(관)	수천만(數千萬) (수)(관)	수천수만(數千數萬) (수)(관)
순(純) (성)	순식(瞬息) (수)(관)	십(十) (수)(관)	십만(十萬) (수)(관)
섬(纖) (수)(관)	성(聖) (성)	아승기(阿僧祇) (수)(관)	애(埃) (수)(관)
약(約) (성)	양(兩) (수)(관)	양(穰) (수)(관)	양대(兩大) (수)
억(億) (수)(관)	억만(億萬) (수)(관)	억조(億兆) (수)(관)	억천만(億千萬) (수)(관)
연(延) (수)	염병할(染病-) (관)(성)	오(五) (수)(관)	오륙(五六) (수)
오만(五萬) (수)	오십(五十) (수)(관)	육(六) (수)(관)	육덕(六德) (수)(관)

육십(六十)⟨수⟩⟨數⟩　　육칠(六七)⟨수⟩⟨數⟩　　이(二)⟨수⟩⟨數⟩　　이(釐)⟨수⟩⟨數⟩

이삼(二三)⟨수⟩　　　이십(二十)⟨수⟩⟨數⟩　　일(一/壹)⟨수⟩⟨數⟩　　일이(一二) ⟨수⟩⟨數⟩

일천(一千)⟨수⟩⟨數⟩　　일대(一大)⟨성⟩　　　일백(一百)⟨수⟩⟨數⟩　　자(秭)⟨수⟩⟨數⟩

작(昨)⟨성⟩　　　　　장장(長長)⟨성⟩　　　재(載)⟨수⟩⟨數⟩　　　전(全)⟨수⟩

전(前)⟨지⟩　　　　　전전(前前)⟨명⟩⟨지⟩　정(正)⟨수⟩⟨數⟩　　　정(淨)⟨수⟩⟨數⟩

제(諸)⟨수⟩　　　　　조(兆)⟨수⟩⟨數⟩　　　주(主)⟨성⟩　　　　준순(逡巡)⟨수⟩⟨數⟩

진(塵)⟨수⟩⟨數⟩　　　찰나(刹那)⟨수⟩⟨數⟩　천(千)⟨수⟩⟨數⟩　　천만(千萬)⟨수⟩⟨數⟩

청(淸)⟨수⟩⟨數⟩　　　청정(淸淨)⟨수⟩⟨數⟩　총(總)⟨수⟩　　　　칠(七)⟨수⟩⟨數⟩

칠십(七十)⟨수⟩⟨數⟩　칠팔(七八)⟨수⟩　　타(他)⟨명⟩⟨지⟩　　탄지(彈指)⟨수⟩⟨數⟩

팔(八)⟨수⟩⟨數⟩　　　팔구(八九)⟨수⟩　　팔십(八十)⟨수⟩⟨數⟩　항하사(恒河沙)⟨수⟩⟨數⟩

해(垓)⟨수⟩⟨數⟩　　　허(虛)⟨수⟩⟨數⟩　　허공(虛空)⟨수⟩⟨數⟩　현(現) ⟨지⟩

호(毫)⟨수⟩⟨數⟩　　　홀(忽)⟨수⟩⟨數⟩

---

1) ⟨數⟩부호는 『표준ｗ』에서는 수사로 표시된 항목들이고 ⟨수⟩부호는 수관형사로 표시된 항목들이다. 그리고 ⟨감⟩부호는 감탄사, ⟨성⟩부호는 성상 관형사, ⟨지⟩부호는 지시 관형사, ⟨명⟩ 부호는 명사, ⟨대⟩ 부호는 대명사들이다.

2) 김선효(2011)는 '근', '귀', '동', '매', '연', '전', '총', '타', '현'을 성상관형사로 다뤘다.

갖은(수)3)   고(지)   고까짓(지)   고깟(지)

고따위(지)   고런(지)   고런조런(지)   고만(지)

고얀(성)   그(지)   그까짓(지)   그깟(지)

그따위(지)   그딴(지)   그런(지)   그런저런(지)

그만(지)   긴긴(성)   까짓(감)(지)   난장(亂杖)맞을(성)

난장(亂杖)칠(성)   너(수)   너댓(수)(관)   너더댓(수)(관)

너더댓째(수)(관)   너덧(수)(관)   너덧째(수)   넉(수)

네(수)   네까짓(지)   네깐(지)   네깟(지)

네다섯(수)(관)   네다섯째(수)   네댓(수)(관)   네댓째(수)(관)

네째(수)(관)   넨장맞을(감)(성)   넨장칠(감)(성)   넷째(수)(관)

다다음(지)   다른(지)   다섯(수)(관)   다섯째(수)(관)

닷(수)   대(수)   대모한(성)   대여섯(수)(관)

대여섯째(수)(관)   대엿(수)(관)   댓(수)(관)   댓째(수)(관)

두서너(수)   두서너째(수)(관)   두석(수)   두세(수)

두세째(수)(관)   두어(수)   두어째(수)(관)   두째(수)(관)(명)

둘째(수)(관)   둘찌(수)(관)(명)   뒤(수)   딴(지)

떡을할(성)   마흔(수)(관)   맨(성)   맨탕(성)

먼먼(성)   몇4)(수)(관)   몇몇(수)(관)   모든(수)

몹쓸(성)   무슨(지)   뭇(성)   뭔(지)

바른(=오른)(지)   빌어먹을(감)(성)   새(성)   서(수)

서너(수)   서너째(수)(관)   서른(수)(관)   석(수)

세(수)   셋째(수)(관)   쉰(수)(관)   스무(수)

스무남은(수)(관)   스무째(수)(관)   스물두째(수)   스물째(수)(관)

아무(대)(지)   아무런(지)   아무아무(대)(지)   아홉(수)(관)

아홉째(수)(數)	아흔(수)(數)	애면(성)	야뜨(여럽)(수)(數)
어나(=어느)(지)	어느(지)	어떤(지)	어인(어찌 된)(지)
에문(=애면)(성)	여남(수)	여남은(수)(數)	여남은째(수)(數)
여남째(수)(數)	여느(지)	여늬(지)	여덟(수)(數)
여덟아홉(수)(數)	여덟째(수)(數)	여든(수)(數)	여러(수)
여섯(수)(數)	여섯째(수)(數)	열아홉(수)(數)	열아홉째(수)(數)
열(수)(數)	열두째(수)(數)	열둘째(수)(數)	열아문(수)(數)
열째(수)(數)	열한째(수)(數)	엿(수)	예수(수)
예닐곱(수)(數)	예닐곱째(수)(數)	예수남은(수)(數)	예순(수)(數)
옛(성)	오랜(성)	오른(지)	온(수)
온가지(수)	온갖(수)	올흔(=오른)(지)	외딴(성)
왼(지)	왼(=온)(성)	요(지)	요까짓(지)
요깟(지)	요따위(대)(지)	요런(지)	요런조런(지)
요만(지)	웬(지)	이(대)	이까짓(지)
이내(지)	이따위(지)	이딴(지)	이런(지)
이런저런(지)	이만(지)	일고여덟(수)(數)	일고여덟째(수)(數)
일곱(수)(數)	일곱째(수)	일여덟(수)(數)	일여덟째(수)(數)
일흔(수)(數)	저(대)(지)	저까짓(지)	저깟(지)
저따위(지)	저딴(지)	저런(지)	저만(지)
저지나(지)	제까짓(지)	제깟(지)	제미붙을(감)(성)
제밀할(감)(성)	젠장맞을(감)(성)	젠장칠(감)(성)	조(지)
조까짓(지)	조깟(지)	조따위(지)	조런(지)
조만(지)	지지난(지)	첫(수)	첫째(수)(數)
한(수)	한다는(성)	한다하는(성)	한두(수)
한두째(수)(數)	허튼(성)	헌(성)	

---

3) 리우완잉(2017)에서는 '갖은, 모든, 온갖, 온, 다른, 딴, 여느' 등을 성상관형사, '무슨, 어떤, 어느, 어인, 웬' 등을 의문관형사, '맨' 등을 정도관형사로 처리했다.

4) 김선효(2011)는 '갖은', '고까짓', '고깟', '고따위', '고만', '그까짓', '그깟', '그따위', '그딴', '까짓', '네까짓', '네깐', '네깟', '몇', '몇몇', '바른', '어인', '옛', '오른', '온' '요까짓', '이따위', '저까짓', '저깟', '저따위', '제까짓', '제깟', '조까짓', '조깟', '조따위', '지지난'을 성상관형사로 다루었다.

주위 朱偉

    연세대학교 국어국문학과에서 박사학위를 받았다. 중국 대련외국어대학교 한국어대학 전임강사. 저서로 『標準韓國語會話』(2008, 공편), 『跟老外學最地道的韓語』(2013, 공편) 등이 있고 논문으로 「중국어 '要'와 한국어 '-겠-'의 양태적 용법에 대한 비교 연구」(2012), 「한국어 '的'자 구성과 중국어 대응어에 대한 연구」(2017), 「한국어 수 관형사 '한', '모든'의 중국어 대응 양상 연구」(2018), 「말뭉치 기반 한국어 지시관형사와 중국어 지시대사 대조 연구」(2018), 「중국어 '新'의 한국어 대응 양상 연구」(2018) 등이 있다.

한국어 관형사와 중국어 대응어 대조 연구

초판 1쇄 인쇄 · 2019년 5월 10일
초판 1쇄 발행 · 2019년 5월 15일

지은이 · 주　위
펴낸이 · 한봉숙
펴낸곳 · 푸른사상사

편집 · 지순이 | 교정 · 김수란 | 마케팅 관리 · 김두천
등록 · 1999년 7월 8일 제2-2876호
주소 · 경기도 파주시 회동길 337-16 푸른사상사
대표전화 · 031) 955-9111(2) | 팩시밀리 · 031) 955-9114
이메일 · prun21c@hanmail.net / prunsasang@naver.com
홈페이지 · http://www.prun21c.com

ISBN 979-11-308-1424-7　　93700

값 25,000원

이 도서의 국립중앙도서관 출판예정도서목록(CIP)은
서지정보유통지원시스템 홈페이지(http://seoji.nl.go.kr)와
국가자료공동목록시스템(http://www.nl.go.kr/kolisnet)에서
이용하실 수 있습니다.(CIP제어번호 : CIP2019017163)

한국어 관형사와 중국어 대응어 대조 연구

주 위